Hans Hübner

Wer ist der biblische Gott?

Fluch und Segen der monotheistischen
Religionen

Neukirchener

Biblisch-Theologische Studien 64

Herausgegeben von
Jörg Frey, Ferdinand Hahn, Bernd Janowski,
Werner H. Schmidt und Wolfgang Schrage

© 2004
Neukirchener Verlag
Verlagsgesellschaft des Erziehungsvereins mbH
Neukirchen-Vluyn
Alle Rechte vorbehalten
Satz und Druckvorlage: Marco Voigt
Umschlaggestaltung: Hartmut Namislow
Gesamtherstellung: WB-Druck GmbH & Co. Buchproduktions KG,
                         Rieden
Printed in Germany
ISBN 3–7887–2033–6
ISSN 0930–4800

*Den Hörerinnen und Hörern meiner
Vorlesungen für Hörer aller Fakultäten und
für die Universität des dritten Lebensalters*

Vorwort

Im Sommersemester 2003 habe ich an der Georg-August-Universität Göttingen eine Vorlesung für Hörer aller Fakultäten und für die „Universität des dritten Lebensalters" gehalten, ihr Thema: „Wer ist der biblische Gott? - Fluch und Segen der monotheistischen Religionen". Der Plan zu dieser Vorlesung war innerhalb von Sekunden geboren. Während eines Gesprächs - kein sogenanntes Stammtischgespräch! - über das Verbrechen jener islamistischen Terroristen, durch das das World Trade Center in New York am 11. September 2001 zerstört und ungefähr dreitausend Menschen ermordet wurden, wurde mir gesagt: „Man sollte alle monotheistischen Religionen verbieten! Die Vertreter eines Monotheismus sind notwendig intolerant. Aus ihrer Intoleranz erwächst ein menschenverachtender Fanatismus. Und der führt zum Mord an Menschen anderer Religionen." Ich sah mich durch diese Meinung in die Pflicht genommen. Als Neutestamentler habe ich ja die Aufgabe, das Gottesverständnis des Neuen Testaments forschend zu bedenken und lehrend zu vermitteln. Nun ist der biblische Gott als der drei-eine Gott in den Augen anderer monotheistischer Religionen kein monotheistischer Gott. Vor allem für den Islam ist die christliche Religion eine Drei-Götter-Religion, also eine polytheistische Religion, und das heißt, eine Vielgötterreligion. Also Tritheismus statt Monotheismus!

Geht es uns nun um die doppelte Aufgabe, einerseits um die Frage des Monotheismus, also die Frage nach dem Wesen des Einen Gottes, andererseits aber auch um die Frage nach Fluch und Segen monotheistischer Religionen, dann kreuzen sich beide Aufgaben: Ist es das jeweilige Gottesdogma, das schon in sich den Keim des Fluchs oder des Segens trägt? Kann der jeweils im Dogma einer Religion geglaubte Gott

den Menschen zum Unmenschen pervertieren? Oder kann
er den Menschen zum Segen für andere machen? Dogma
und Verhalten der an den Einen Gott glaubenden Menschen
müssen also auf ihr gegenseitiges Verhältnis untersucht werden.

Vielleicht kommt aber einigen Lesern dieses Buches die
Frage, ob in einer theologischen Fakultät ausgerechnet der
Vertreter der neutestamentlichen Disziplin dazu berufen ist,
sich mit Kompetenz über nichtchristliche monotheistische
Religionen zu äußern? Ich meine schon. Als Neutestamentler muß er sich zunächst auch intensiv mit dem alttestamentlichen Monotheismus beschäftigen. Denn keiner kann
das Neue Testament verstehen, der nicht zugleich das Alte
Testament gut kennt. Auch sollte sich jeder christliche
Theologe mit nichtchristlichen Religionen auseinander-
setzen! Denn allein schon für die Aufgabe, die so unterschiedlichen theologischen, religionswissenschaftlichen, hermeneutischen[1] und philosophischen Denkweisen und Denkstrukturen der einzelnen neutestamentlichen Autoren in ihren jeweiligen Tiefendimensionen zu erfassen, hilft es ihm,
wenn ihm auch Inspirationen durch Religionen außerhalb
der eigenen kommen. Wer etwa über das biblische Verständnis des menschlichen Daseins arbeitet, den vermag z.B.
der Kontrapunkt des hinduistischen Denkens der - monotheistischen! - Religion der Bhagavadgîtâ zu fördern. Die
biblischen Wissenschaften müssen aber auch stets den modernen Verstehenshorizont mitbedenken, wollen sie nicht
hermeneutisch versagen. Ist es nun vor allem der Islam, der
den Glauben an den drei-einen christlichen Gott schärfstens
ablehnt, so dürfte es sich von selbst verstehen, daß ich in
meiner Vorlesung gerade dieser Religion besondere Aufmerksamkeit schenkte und folglich die Darlegungen über sie
recht umfangreich wurden. Übrigens bin ich nicht der erste
Neutestamentler, der sich um ein tieferes Verständnis des
islamischen Eingott-Glaubens bemüht. Ich denke hier vor
allem an den finnischen Neutestamentler Heikki Räisänen,
der Wichtiges zum Islam zu sagen hat.

Ich belasse meinen Text, auch in Absprache mit dem Verlag,
in der Form der Vorlesung, weil dies, wie ich hoffe, der Ver-

---

[1] Hermeneutik ist die Wissenschaft vom Verstehen.

ständlichkeit der angesprochenen theologischen Probleme, die nicht immer die einfachsten sind, dienen dürfte. Ein Hauptproblem ist, wie schon angedeutet, die Frage, wie der drei-eine Gott der Eine und einzige Gott sein kann. Die bekannten Formeln dogmatischer Entscheidungen der ersten vier altkirchlichen Konzilien im vierten und fünften Jahrhundert - vor allem: der *Eine* Gott in *drei* Personen - sind korrekt und für die Kirchen, seien sie römisch-katholisch, orthodox oder evangelisch, verbindlich. Aber diese dogmatischen Formeln sind heute für viele, wenn nicht sogar für die meisten, unverständlich geworden. Sind doch unser heutiger Verstehenshorizont und unsere heutigen Denkvoraussetzungen andere als die des vierten oder fünften Jahrhunderts n. Chr. Also haben wir gerade mit diesem Problem die schwierigste hermeneutische Aufgabe der dogmatischen Gotteslehre vor uns. Ich möchte daher dem denkbereiten Menschen von heute, der auch *theologisch* zu denken bereit ist - diese Bereitschaft muß er schon mitbringen! -, vom heutigen Denken, von heutigen Denkmöglichkeiten aus, einen Zugang zum Verstehen dessen anbieten, was es heißt, an den christlichen Gott als den Einen Gott zu glauben. *Ein* Gott und *drei* Personen, das ist natürlich auch ein mathematisches, ein numerisches Problem. Denken wir nur an Mephisto in der Hexenküche von Goethes Faust! Er macht den Glauben an den drei-einen Gott lächerlich:

Durch Drei und Eins, und Eins und Drei
Irrtum statt Wahrheit zu verbreiten.
So schwätzt und lehrt man ungestört;
Wer will sich mit den Narr'n befassen?
Gewöhnlich glaubt der Mensch, wenn er nur Worte hört,
Es müsse sich dabei doch auch was denken lassen.

Rede ich also als Theologe über den drei-einen Gott, über die Trinität, so muß ich zeigen, daß ich kein Narr bin. Also: Wie gehen, mathematisch gefragt, Eins und Drei zusammen? Bleibt es hier beim mathematischen Widerspruch? Ich werde immer wieder im Verlauf der Vorlesung auf diese Problematik zu sprechen kommen, das numerische Problem wird sich wie ein roter Faden durch unsere Überlegungen hindurchziehen. So möchte ich auf diese Weise einen sicherlich nicht üblichen Weg gehen und auf ihm die Polemik gegen die Trinität bedenken. Wenn ich nun diesen Weg gehe und damit wohl Neuland betrete, so bin ich mir darüber im klaren, daß ich eine nicht einfache Problematik *an*-denke. Ich weiß auch, daß sie *weiter*-gedacht werden muß.

Zu danken habe ich vielen. An erster Stelle nenne ich die Hörerinnen und Hörer der Vorlesung wegen ihres überaus großen Interesses an der Semesterthematik, die sich in vielen Gesprächen und Anfragen äußerte und mich auch immer wieder zu neuem Nachdenken inspirierte! Es zeigte sich, daß die Frage nach Gott Menschen in besonderer Weise bewegt und somit die Rede vom jetzigen „nichtreligiösen Zeitalter" zu oberflächlich ist. Vielleicht war meine Vorlesung seit Jahren diejenige, die die meisten Reaktionen hervorrief.

Herzlichen Dank sage ich Herrn Dr. Volker Hampel vom Neukirchener Verlag für die Bereitschaft, die Vorlesung zu publizieren, in gleicher Weise den Herausgebern der Biblisch-Theologischen Studien.

Für die technische Arbeit zur Herstellung der Druckvorlage wie für die Anfertigung des Bibelstellenregisters danke ich ebenso herzlich meinem Mitarbeiter Herrn Dipl.-Theol. Marco Voigt für seinen selbstlosen Einsatz.

Und wiederum danke ich ganz besonders meiner Frau für ihre sorgsame und kritische Durchsicht des Manuskripts und für wertvolle Anregungen, die in meine Ausführungen eingeflossen sind.

Göttingen / Bad Sooden-Allendorf,   Hans Hübner
Erster Advent 2003

Inhalt

1. Hinführung zur Thematik

Durch den verheerenden Anschlag auf das World Trade Center in New York, den verbrecherischen Akt eines brutalen, ja sadistischen Massenmordes durch islamistische Fanatiker am 11. September 2001 ist der *Islam* als Weltreligion in Verruf geraten. Seit diesem Tage hört man immer wieder, der überaus aggressive Islamismus sei mit seinem oft so blutigen Kampf gegen den „ungläubigen und dekadenten Westen" und mit seiner so fanatisch in Szene gesetzten Weltmission die *notwendige* Konsequenz des monotheistischen Islam, die notwendige Konsequenz also der Religion des *Einen* Gottes Allah. Denn, so argumentiert man, wer nur an Einen Gott, an die Existenz nur eines einzigen Gottes glaubt und diesen als den Herrn der ganzen Menschheit bekennt, der könne ja keinen Glauben an einen anderen Gott oder an andere Götter dulden. Der könne nicht zulassen, daß es Menschen gibt, die andere Götter verehren. Schon die Entstehung des Islam mit seinen die Erdteile übergreifenden Aggressionskriegen zeige, wes Geistes Kind, nein, wes Ungeistes Kind diese sogenannte Religion sei. Der Islam-Wissenschaftler *Hans-Peter Raddatz* wendet sich in seinem Buch „Von Allah zum Terror?" gegen die seiner Meinung nach verharmlosende Auffassung, der Islam habe keine Gewalttradition und somit sei der terroristische Islamismus nicht mit dem „eigentlichen", dem toleranten und friedlichen Islam zu verbinden; eine solche Überzeugung stehe in absurdem Kontrast zu Geschichte und Wirklichkeit.[1] Mit Nachdruck wehrt sich Raddatz gegen alle Blauäugigkeit, mit der man den Islam in seiner vom Wesen her intoleranten Gefährlichkeit unterschätze. Den Kampf

---

[1] *Raddatz*, Von Allah zum Terror?, 9.

gegen die „Ungläubigen", den *djihâd*, habe schon Muhammad ausgerufen.

Nach innen egalisierte der Islam die Menschen durch den Ritus, nach außen schuf er eine kollektive Elite, die dem Rest der Welt mit der *djihâd*-Lizenz zur Eroberung, Plünderung, Versklavung und Tötung gegenüberstand.

Hingegen hat sich die renommierte Islamforscherin *Annemarie Schimmel* in ihrem Standardwerk „Die Zeichen Gottes. Die religiöse Welt des Islam" - es ist ihrem Lehrer Friedrich Heiler, dem bedeutenden Marburger Religionswissenschaftler und Theologen, gewidmet - gegen ein solches Bild dieser Religion energisch zur Wehr gesetzt. Der *djihâd*, das „Sich-Bemühen auf Gottes Wege", sei kein Pfeiler des Islam. Und wo er doch in einigen Suren des Korans als Kampf interpretiert werde, da nur als Kampf gegen Angreifer und Abtrünnige.[2]

Folgender Tatbestand sollte uns aufmerken lassen: In der Islam-Literatur werden weithin der Fanatismus und die Intoleranz in dieser Religion, sei es pro oder contra, nicht primär aus dem Glauben an den Einen Gott begrifflich deduziert. Es ist gerade nicht der monotheistische Gedanke, aus dem Islamisten ihr kriminelles Verhalten herleiten. Das *Wesen* des monotheistischen Gottes, also das, was der Gedanke des *Einen* Gottes von seinem Gehalt her notwendig impliziert und somit, wenn ich es einmal so sagen darf, das *numerische* Moment in Gott ausmacht, genau das ist nicht der eigentliche Antrieb zu solchen Taten. Vielmehr wird der Glaube an Allah als den Einen und einzigen Gott von vornherein als indiskutabel *vorausgesetzt*. Hat sich doch Allah als dieser Eine Gott dem Muhammad geoffenbart. Und aufgrund dieser Selbstoffenbarung Allahs gilt unverbrüchlich all das, was er darüber hinaus an Einzelgeboten geoffenbart hat. Anders gesagt: Es ist lediglich die *formale Autorität* des Offenbarungsgottes Allah, *nicht* aber seine *materiale Autorität* aufgrund seiner Einzigkeit, die seine Willenskundgebung für alle Muslime absolut verbindlich macht.

---

[2]   *Schimmel*, Die Zeichen Gottes, 259f.

Wenn die Islamisten heute die - zeitlich späte! - Scharia[3] mit ihren z.T. grausamen Geboten wie z.B. Steinigung für Ehebruch fordern oder Abhacken einer Hand für Diebstahl, so tun sie dies nicht, weil solche Gebote die unausweichliche Konsequenz aus dem Gedanken des Eingottglaubens wären, sondern einfach, weil es Allah so will. Die *Willensoffenbarung*, nicht die *Wesensoffenbarung* Allahs ist hier das bestimmende Moment. Und was Allah will, das muß der Muslim tun!

Auch im *Judentum* ist es nicht in erster Linie der Glaube an den Einen Gott, der ein fanatisches Verhalten gebiert. Ein bezeichnendes Beispiel aus der gegenwärtigen Situation im Nahen Osten: Jüdische Siedler in Palästina berufen sich für die Enteignung arabischen Landes auf uralte Verheißungen ihres Gottes in ihrer Heiligen Schrift. Diese biblischen Landverheißungen gelten in ihren Augen auch heute noch! Also sind sie davon überzeugt: Göttliches Verheißungsrecht bricht internationales Recht! Es gilt einfach die Behauptung, die man immer wieder in Fernsehdokumentationen aus dem Munde jüdischer Siedler in Palästina hört: *„Das ist unser Land! Gott hat es uns gegeben!"* Wir können solchen Rechtsbruch nicht billigen, müssen aber im Kapitel über den alttestamentlichen Monotheismus zur Kenntnis nehmen, daß sich tatsächlich in der Bibel des Alten Bundes zuweilen Berichte finden - wohlgemerkt: mit Zustimmung der biblischen Autoren geschrieben! -, in denen sich Verehrer des *Einen* Gottes Jahwäh unter Berufung auf den Willen dieses ihres Gottes berechtigt sehen, das Land anderer als ihr eigenes, weil von Gott gegebenes Land zu besetzen. Im Grunde sind die heutigen Siedler freilich inkonsequent. Denn wenn sie sich schon in schroffer fundamentalistischer Argumentation auf die Landverheißungen Gottes berufen, müßten sie dann nicht auch den halben Irak für sich fordern? Heißt es doch in Jos 1,4 als Verheißung Gottes:

Von der Wüste bis zum Libanon und von dem großen Strom Euphrat bis an das große Meer gegen Sonnenuntergang [das Mittelmeer], das ganze Land der Hethiter soll euer Gebiet sein.

---

[3] S. zur Scharia die entsprechenden Ausführungen von *Bassam Tibi* im 4. Kap.

Sagen wir aber schon jetzt in aller Deutlichkeit, in aller Bestimmtheit: Diese Abschnitte des Alten Testaments sind theologisch nicht konstitutiv für den Jahwäh-Glauben! Nur ein fundamentalistisches „Verständnis" der Heiligen Schrift Israels, das in seinem Wesen völlig ungeschichtlich ist, führt zu einem solchen Unrechtsverhalten.

Und das *Christentum*? Auch in christlichen Kirchen findet sich zuweilen schreckliche Engstirnigkeit, die immer wieder in Fanatismus ausartete und ausartet. Daß auch solch christlicher Fanatismus zu grausamen Morden führte - im Namen Gottes! -, ist zur Genüge bekannt. Ich verweise dafür als Beispiel zunächst auf die Kreuzzüge. Nun könnte man aber einwenden, diese seien doch nur Reaktion auf die islamische aggressive Eroberung ganzer Landstriche in Asien, Afrika und Europa gewesen. Natürlich steckt in diesem Argument ein gehöriges Stück Wahrheit. Natürlich, es stimmt schon: Wir als Christen betrachten diese Eroberungen als großes, uns schmerzendes Unrecht; diese Eroberungen waren zweifelsohne das Völkerrecht verletzende Akte militärischer Aggression, motiviert von der Religion des islamischen Monotheismus. Zugleich aber müssen wir mit allem Nachdruck sagen: Ein blutiger Feldzug zur Rückeroberung dieser einst blühenden christlichen Gebiete ist kein gottgewolltes Geschehen. Eine Rechtfertigung der Kreuzzüge ist theologisch illegitim. Ein furchtbarer Höhepunkt des mörderischen christlichen Fanatismus waren auch die Hexenprozesse und Hexenverbrennungen. So sind durch „christliche" Ketzergerichte mehr „Hexen" verbrannt worden, als am 11. September 2001 Menschen in New York und Washington ermordet wurden. Wir müssen festhalten: Alle drei großen monotheistischen Religionen - Judentum, Christentum und Islam - können ihr immenses Schuldkonto *in puncto* mörderischer Fanatismus nicht verleugnen.

Übrigens hat *Odo Marquard*, ein bekannter, wenn auch nicht unumstrittener Professor der Philosophie, eine Abhandlung über das *Lob des Polytheismus*, also das Lob der Vielgötterei, geschrieben.[4] Man müsse viele, sogar einander widersprechende Mythen erzählen dürfen, meint er. Eine

---

[4]   *Marquard*, Lob des Polytheismus, 91-116.

solche Polymythie führe notwendig zum Polytheismus „als Gewaltenteilung im Absoluten durch Pluralismus der Götter".[5,6] Fragen wir also dem nach: Liegt nicht notwendig im Glauben an den *Einen* Gott, der keinen anderen Gott neben sich duldet, der Keim der elenden Intoleranz? Kommt diese Intoleranz nicht schon im Ersten Gebot des Dekalogs zum Ausdruck (2 Mose 20,3; 5 Mose 5,7)? Denn dort heißt es ja:

Du sollst keine anderen Götter haben neben mir!

Und 5 Mose 12,2 heißt es als Folgerung aus diesem Ersten Gebot:

Zerstört alle heiligen Stätten, wo die Heiden, die ihr vertreiben werdet, ihren Göttern gedient haben, es sei auf hohen Bergen, auf Hügeln oder unter grünen Bäumen. Und reißt um ihre Altäre und zerbrecht ihre Steinmale und verbrennt mit Feuer ihre heiligen Pfähle, zerschlagt die Bilder ihrer Götzen und vertilgt ihren Namen von jener Stätte!

War das nicht die in der Tat unübersehbare Aufforderung zu brutaler Intoleranz? Heiden sollen nach 5 Mose 12 vertrieben werden. Also die göttliche Aufforderung zu „ethnischen Säuberungen" in der Bibel! Richten wir noch einmal den Blick auf den Anfang des Buches Josua! Nach Jos 1,2-4 sprach Gott zu Josua, dem Nachfolger des Mose:

Mein Knecht Mose ist gestorben; so mach dich nun auf und zieh über den Jordan, du und dies ganze Volk, in *das Land, das ich ihnen, den Israeliten, gegeben habe.* Jede Stätte, auf die eure Fußsohlen treten werden, habe ich euch gegeben, wie ich Mose zugesagt habe.

Und dann der schon zitierte Vers:

---

[5] Ebd. 107.
[6] Zum Kampf gegen den jüdisch-christlichen Monotheismus und überhaupt den Gottesglaubens schlechthin durch den Schriftsteller *Martin Walser* und den Philosophen *Peter Sloterdijk* s. zur ersten Information den aufschlußreichen Aufsatz von *Jürgen Manemann*, Monotheismus unter Beschuß. Religionskritik in der „Berliner Republik", in: Herder Korrespondenz, August 2003.

Von der Wüste bis zum Libanon und von dem großen Strom Euphrat bis an das große Meer gegen Sonnenuntergang, das ganze Land der Hethiter, soll euer Gebiet sein.

Ist das nicht die monotheistische Aufforderung zum Eroberungskrieg? Doch es kommt noch schlimmer, denn es kommt im Namen Gottes zur Aufforderung zum Massenmord, Jos 6. Nach dem Fall Jerichos - wir kennen ja den Bericht mit den Posaunen von Jericho - beruft sich nämlich Josua auf Gott und fordert in dessen Namen, Jos 6,20-21:

Und als das Volk den Hall der Posaunen hörte, erhob es ein großes Kriegsgeschrei. Da fiel die Mauer um, und das Volk stieg zur Stadt hinauf, ein jeder stracks vor sich hin. So eroberten sie die Stadt und vollstreckten den Bann an allem, was in der Stadt war, mit der Schärfe des Schwerts, an Mann und Weib, jung und alt, Rindern, Schafen und Eseln.

Danach wird berichtet, daß die Stadt in Brand gesteckt wurde. Heutige Leser der Bibel fragen sich zuweilen, z.T. ratlos, z.T. mit Häme, ob nicht das in Jos 6 Erzählte mit dem Massenmord des Osama bin Laden von New York mit Tausenden von Toten an Menschenverachtung und Perversität vergleichbar ist. Der Islamist Osama bin Laden tötete im Namen Allahs, Josua im Namen Jahwähs, des Gottes Israels. Man könnte zur Abmilderung darauf verweisen, daß aufgrund archäologischer Forschungen der Massenmord von Jericho so nicht geschehen sein kann, weil zur Zeit des Exodus keine mit Mauern befestigte Stadt existiert haben dürfte. Doch damit ist noch keineswegs das Ärgernis beseitigt, daß der biblische Autor des Josua-Buchs dem angeblich gottgewollten Mordgeschehen theologisch voll und ganz zugestimmt hat. Und auf die Untaten von Christen habe ich schon deutlich genug hingewiesen.

Nebenbei gesagt: Nicht nur pervers, sondern geradezu paradox war die Situation in den Kriegen vergangener Jahrhunderte. Da kämpften z.B. in den beiden Weltkriegen Christen gegen Christen. Und der Eine Gott wurde von den Feldgeistlichen auf der einen Seite um den Sieg ange-rufen, und derselbe Gott sollte auf der anderen Seite das gleiche bewirken! Welch ein Wahnsinn! Kann man da nicht verstehen, wenn einer sagt: Der Monotheismus gebiert die Intole-

ranz, gebiert den Fanatismus? Kann man da nicht verstehen, wenn gesagt wird, man solle *alle* monotheistischen Religionen verbieten? Gibt es nicht wirklich so etwas wie den *Fluch der monotheistischen Religionen?*
Was ich soeben gesagt habe, habe ich vor Ausbruch des Irak-Krieges niedergeschrieben. Es war noch zu jener Zeit, als wir zwar wußten, daß Präsident George W. Bush diesen Krieg wollte, wir aber dennoch hofften, daß eine friedliche Entwaffnung des Verbrecherregimes von Saddam Hussein durch Hans Blix und seine Inspektoren im letzten Augenblick doch noch möglich sein könnte. Die Hoffnung trog! Der Waffengang wurde geführt - auch ohne Mandat der UNO! Da erreichte mich ein Brief eines Kollegen, der sich in jenen Tagen in den U.S.A. aufgehalten hatte. Er berichtete mir von dort, daß amerikanische Studenten wegen der Haltung ihres Präsidenten, der bekanntlich von einer fundamentalistischen Richtung des nordamerikanischen Protestantismus herkommt, vom Christentum nichts mehr wissen wollten und sich deshalb nun verstärkt dem Buddhismus zuwendeten. Wohlgemerkt: Nicht dem Islam! Christentum und Islam - beide Religionen erschienen diesen Studenten als Religion eines brutalen Gottes, vielleicht soll-ten wir besser sagen, eines brutalen rachsüchtigen Götzen; beide Religionen erschienen ihnen als Religion der Men-schenverachtung, als Religion der Inhumanität.
Um nicht einseitig zu urteilen: Man sollte z.B. mit Klaus Koch auch bedenken, was dieser auf Jan Assmanns Werk „Moses the Egyptian" entgegnete:

Es dürfte schwerfallen, polytheistischen Systemen eine Neigung zur Toleranz nachzuweisen. Ob Poly- oder Monotheismus - bis in die abendländische Neuzeit hinein werden Kriege unter Stämmen und Völkern von Göttern begleitet und legitimiert.[7]

Kommen wir nun zu einer ersten, vorläufigen begrifflichen Klärung dessen, was *Monotheismus* bedeutet. Dieses aus der griechischen Sprache stammende Wort enthält zwei Elemente: 1. μόνος, *mónos*, allein, einzig, und 2. θέος, *theós*, Gott, bzw. ὁ θεός, *ho theós*, der Gott. Monotheistische Reli-

---

[7] *Koch*, Monotheismus als Sündenbock?, 230.

Gott, außer dem es keinen anderen Gott gibt. In zeitlicher Reihenfolge steht zunächst das Judentum, dann das Christentum und schließlich der Islam. Alle drei monotheistischen Religionen sind sich darin einig, daß sie nur *ihren* Gott als den Einen und einzigen Gott verehren und anbeten dürfen. Für alle drei Religionen ist - darin jedenfalls sind sie sich, zumindest in groben Zügen, einig - Gott in *noetischer* Hinsicht der gedanklich Unverfügbare, der allem begrifflichen Denken Entzogene, der nicht wie ein Ding dieser Welt begrifflich definiert werden kann. In *ontischer* Hinsicht ist er für sie der transzendente, also jenseitige Gott, hoch erhaben über aller irdischen Wirklichkeit existierend. Der Eine Gott ist also seinem *Wesen* nach kein immanenter Gott, sein *eigentliches* Sein ist daher kein immanentes Sein.

Jetzt aber das Verwunderliche: *Trotz* seiner jenseitigen Erhabenheit, *trotz* seiner Unbegreiflichkeit und gedanklichen Unverfügbarkeit wird der Gott in der Bibel immer wieder anschaulich beschrieben, vor allem im Alten Testament. Er geht z.B. zur kühlen Abendzeit im Garten Eden spazieren, 1 Mose 3,8. Nach 2 Mose 24,9-11 werden Mose und seine Begleiter von Gott selbst auf den Berg Sinai eingeladen; dort sehen sie den Gott Israels und essen und trinken. Ein himmlisches Mahl, hoch auf dem Berge Gottes! Auch der Prophet Jesaja sieht ihn, jedoch im Tempel, und klagt, Jes 6,5:

Wehe mir, ich habe Gott, den Herrn Zebaoth, gesehen und muß deshalb sterben!

Menschen *sehen* also den *unsichtbaren* Gott! Kann Gott also doch mit menschlichen Augen gesehen und mit menschlichen Ohren gehört werden? Sogar die himmlische Begleitung Gottes wird mit menschlichen Augen erfaßt. Jesaja schaut, wie ein Engel mit feurigen Kohlen zu ihm kommt, um ihn zu entsühnen, Jes 6,7. So braucht er nicht zu sterben, obwohl er Gott gesehen hat.

Nun stoßen wir im Alten Testament sogar auf Aussagen, wonach sich *Gott* im Himmel unter *anderen Göttern* befindet; allerdings stehen diese unter seiner Hoheit, Ps 97,7.9:

Schämen sollen sich alle, die den Bildern dienen und sich der Götzen rühmen. / Betet ihn an, alle Götter! ... Denn du, Herr, bist der Höchste über allen Landen, / du bist hoch erhöht über alle Götter.

Und auch in diesem Psalm ist die Rede davon, daß man die Herrlichkeit Gottes sehen kann, V. 6:

Die Himmel verkünden seine Gerechtigkeit, / und seine Herrlichkeit sehen alle Völker.

Wir werden also noch zur Genüge damit zu tun haben, anscheinend widersprüchliche oder vielleicht auch nur scheinbar widersprüchliche Aussagen über Gott genauer zu bedenken.

Vielleicht ist für den Leser der Bibel noch ärgerlicher, noch anstößiger, was über Gottes Verhalten an dieser oder jener Stelle gesagt ist. So können wir in Hiob 1 und 2 in den Himmel hineinschauen, und zwar in eine Sitzung des himmlischen Rates. Da geht es um *Hiob*. Ist das nicht, so müssen wir fragen, eine reichlich frivole Szene, wenn Gott, „der Vorsitzende" des himmlischen Rates, mit dem Satan um den gerechten Hiob wettet? Gott und Satan diskutieren sozusagen auf gleicher Augenhöhe! Und dabei gibt Gott ausgerechnet den gerechten Menschen in des Satans Verfügungsgewalt! Der darf ihm an Leib und Gut schaden. Er darf sogar dessen Söhne und Töchter umbringen! Bedenken wir auch, daß dies zu einer Zeit niedergeschrieben wurde, als Israel noch nicht an ein Leben nach dem Tode glaubte und somit Hiobs Kinder nach der Vorstellung des alttestamentlichen Autors kein ewiges Leben nach ihrem Tode erwartete! Waren Gott diese Kinder, die er der Vernichtung preisgegeben hat, also weniger wert als deren Vater? Darf ein Gott, dem das Prädikat der Heiligkeit eignet, so leichtfertig, so unbedenklich, so verantwortungslos mit Menschenleben umgehen, nur weil er gerade einmal eine Wette mit dem Satan eingegangen ist?

Oder noch eine andere Szene, nämlich die Berufungsvision des Propheten *Ezechiel* (Ez 1). Eine Schilderung eines geradezu phantastischen Geschehens, voll von bizarren Bildern! Der Prophet sieht, wie sich im Himmel Phantastisches

ereignet. Für unsere jetzigen Überlegungen ist wichtig, daß
uns der Prophet in den Himmel schauen läßt und uns Gottes
eigentümliches und außergewöhnliches Wesen zusammen
mit seinem Hofstaat von grotesken Engelwesen vor Augen
stellt. Ich erspare es mir, Ihnen das ganze erste Kapitel des
Ezechiel-Buchs vorzulesen. Vielleicht lesen Sie es einmal zu
Hause in aller Ruhe und lassen die Bilder auf sich wirken. Es
ist nicht verwunderlich, daß Exegeten darüber nachdachten,
ob Ezechiel womöglich psychisch gestört war! Der Philosoph Karl Jaspers sprach von Schizophrenie, der Neutestamentler Erich Klostermann von Katalepsie (Starrsucht, d.h.
körperlicher Zustand der Reglosigkeit bei verändertem Bewußtsein). Zwar verläßt man in der neueren Ezechiel-
Exegese, wohl mit Recht, die Annahme einer psychischen
Krankheit. Es bleibt aber der Tatbestand, daß uns die vom
prophetischen Seher gezeichneten Bilder schon irritieren
können. Statt Gottes Jenseitigkeit als Unaussagbarkeit zu
qualifizieren, hat er sie als phantastisches Gemälde zum Ausdruck gebracht. Unwillkürlich fühlt man sich an die Arbeiten des spanischen Surrealisten *Salvador Dalí* erinnert.
Deshalb erlaube ich mir die Frage: War Ezechiel normal?
Aber was heißt schon „normal"? Ich frage weiter: Ist Gott
normal? Die Frage klingt, ich gebe es zu, blasphemisch. Ich
präzisiere sie deshalb: Ist Gott - *nach menschlichen Maßstäben* - normal? Doch wohl nicht! Denn wenn wir zur Frage
nach dem Normal-Sein Gottes ausdrücklich diesen Zusatz
„nach menschlichen Maßstäben" hinzufügen, dann war es
doch wohl eine nur im ersten Augenblick blasphemische
Frage. Denn alles, was jenseitig ist, ist nach menschlichen,
nach diesseitigen Maßstäben nun wahrlich nicht normal!
Also sage ich einmal in allem Ernst, sage ich einmal sehr
bewußt: *Gott ist nicht normal.* Wir glauben an einen Gott,
der, eben *weil* er Gott ist, nicht normal ist. Und wenn wir
soeben sagten, daß die Vision des Ezechiel an Dalís Gemälde erinnert, dann liegt das auf genau dieser Linie: Der so
exzentrische Maler malte ja aus seiner schöpferischen Phantasie heraus, in der er eine *andere Wirklichkeit* vor sich sah,
als sie sich uns normalerweise darstellt. Oder vielleicht besser gesagt: Er malte aus dem heraus, was ihm in seiner
Phantasie gegeben war, was er in seinem Inneren sah, ohne
daß er es primär aus seiner eigenen Intellektualität ersann.

Wie viele Künstler lebte ja auch dieser Künstler in einer anderen als der alltäglichen Welt des Durchschnitts-menschen. Phantasie *schaut* nämlich *über* die „normale" Welt *hinaus*, Phantasie *denkt* auch aufgrund des Geschauten *über* sie *hinaus*. Dalí lebte in einer erweiterten, in einer ihm geschenkten Welt. Er lebt gerade nicht in unserer durch Uhren, besonders durch Armbanduhren, diktatorisch regulierten Welt. *Seine* Zeit umfaßte - im wörtlichen Sinne - *undenkbare* Zeiten. Sie kennen vielleicht seine Uhrenbilder. Auf Baumstümpfen liegen kupferne Zifferblätter, völlig verformt, das Kupfer im labilen Zustand des Schmelzens. Die Zeit vergeht ins Nichts, verliert sich in dieses Nichts hinein, weil sich diese Uhren ins Nichts auflösen, ins *nihil*. Dalís Uhren also als Indikator des *Nihilismus*? Die durch Uhren reglementierte Zeit, die sogenannte chronologische Zeit, die mit mathematischer Genauigkeit Sekunde für Sekunde, Minute für Minute, Jahr für Jahr, Jahrtausend für Jahrtausend *ver*-geht, sie vernichtet sich selbst in ihrem *Ver*-gehen. Ist aber der Mensch, mit *Martin Heidegger* gesprochen, Existenz als *Zeitlichkeit*, so wird er in dieser seiner Zeitlichkeit in die Selbstvernichtung der Zeit hineingerissen und somit als menschliche Existenz „genich-tet". Für den Menschen in seinem Empfinden und Lebensgefühl ist jedoch die chronologisch exakte Zeit letzt-lich keinesfalls die *eigentliche* Wirklichkeit der Zeit. Liebe und Leid, Freude und Trauer, das sind keine chrono-logischen Gegebenheiten. Und fragen wir *kosmophysi-kalisch*, so richtet sich das expandierende Weltall nicht nach irgendeiner Uhr auf unserer Erde oder auf irgendeinem Stern, sei es im Sternbild des Orion oder des Großen Bären. Das wissen wir spätestens seit Albert Einstein: Es gibt keine absolute Zeit. Grundsätzlich hat es die konkrete Zeit nach Einsteins Relativitätstheorie jeweils mit der spezifischen Bewegung einer ganz bestimmten Materie irgendwo im Universum zu tun. Für uns aber, die wir in unserem Den-ken so sehr an bildhafte Vorstellungen gebunden sind, bedeutet Einsteins Erkenntnis die Erinnerung an etwas, was wir im Grunde schon immer wissen: Die Wirklichkeit übersteigt unser landläufiges *Vorstellen*, sie übersteigt insofern auch unser *Denken*. Die wahre Wirklichkeit ist nicht das, was wir sehend, hörend, tastend oder riechend erfassen. Wirklichkeit in ihrem *eigentlichen* Sinne ist ent-

schieden mehr als nur das, was wir mit unseren Sinnen erfassen! Wirklichkeit in der Tiefe ihrer eigentlichen Bedeutung und Bedeutsamkeit[8] ist mehr als das für uns Vorfindli-
che. Im Prinzip wußten denkende Menschen schon immer,
daß die vorstellbare Vordergründigkeit der Welt, wie sie sich
unseren Sinnen darbietet, nicht das Eigentliche ist, daß wir
also Vordergründiges auf das Hintergründige hin befragen
müssen. Aber durch die moderne Naturwissenschaft - vielleicht noch mehr durch die Quantentheorie von Max
Planck, Werner Heisenberg und anderen als durch Einsteins
Relativitätstheorie - wurde dieses Wissen noch erheblich in-
tensiviert. Hier nur das vielleicht bekannteste Beispiel, das
wir *Niels Bohr* verdanken: Noch nicht einmal das, was uns
alles optisch wahrnehmen läßt, nämlich das Licht, können
wir uns in seiner Eigentlichkeit vorstellen. Es „besteht" in
seiner Komplementarität sowohl als Korpuskel als auch als
Welle, obwohl sich beides nicht in eine einzige Vorstellung
hineinnehmen läßt. Shakespeare hat schon vor Jahrhunderten gewußt, daß wir an der Oberflächlichkeit hängenbleiben,
wenn wir nur beim Vorstellbaren verweilen (Hamlet I,5):

Es gibt mehr Ding' im Himmel und auf Erden,
als eure Schulweisheit sich träumt, Horatio.
There are more things in heaven and earth, Horatio,
Than are dreams in your philosophy.

Danken wir also Einstein für seine Relativitätstheorie, danken wir also Planck und anderen für ihre Quantenphysik,
danken wir also Dalí für seine Phantasie! Der Vorname
Dalís lautet *Salvador*, auf deutsch: Retter. Ein geradezu
symbolischer Vorname! Er rettet uns aus unserer Begrenztheit, aus unserer Beschränktheit. Vor Dalí hat es der - wiederum! - spanische Dichter *Cervantes* gewußt und uns
schriftlich hinterlassen: Er schilderte uns Don Quijote, der
Windmühlenflügel als Feinde bekämpfte. Natürlich, auf der
Ebene der reinen Vorstellung ein unsinniger Gedanke! Aber
wollte uns Cervantes wirklich nur einen Tölpel vor Augen

---

[8]   Mit *Bedeutsamkeit* meine ich (wie Heidegger) die Bedeutung für
die menschliche Existenz; existentielle Bedeutsamkeit ist eben mehr als
die nur rein sachliche Bedeutung und Wichtigkeit.

stellen? Wollte er uns nicht *mehr* sagen? Wollte er uns nicht *mehr* wissen und verstehen lassen?

Kommen wir nun zur *Theologie*, dem eigentlichen Thema unserer Vorlesung! Bekanntlich werfen Juden und Muslime den Christen vor, sie verträten einen *Tritheismus*, also eine Lehre von drei Göttern, während die Christen betont erklären, sie verträten den *Monotheismus*, denn sie glaubten an den *einen* Gott, diesen allerdings in *drei* Personen. Der *Streit um Gott* ist in dieser Hinsicht ein *Streit um Zahlen*. Schenken wir dem unsere besondere Aufmerksamkeit! Dazu zunächst eine sehr grundsätzliche Frage, eine Frage, mit der wir uns noch recht ausführlich beschäftigen müssen: Ist die Frage, ob eine Religion *mono*-theistisch oder *tri*-theistisch denkt, überhaupt eine Gott angemessene Frage? Mit den Termini „monotheistisch" und „tritheistisch" denken wir ja in Zahlen, d.h. wir denken in *irdisch vorstellbaren Quantitäten*. Somit stellt sich die grundsätzliche Frage: Hat unsere Mathematik überhaupt die Kompetenz, himmlische Quantitäten auszusagen, oder vielleicht besser formuliert: Himmlisches in Quantitäten auszusagen? Kann man mit unseren irdischen Zahlen im Himmel zählen? Ein Blick in mittelalterliche Dispute über Gottes Macht ist hilfreich. Es war eine grundsätzliche theologische Überzeugung der mittelalterlichen franziskanischen Schule: *Gott* ist Wille, *ist freier Wille*. Als der wesenhaft Freie hat er die Welt erschaffen. Doch sofort meldet sich die nächste Frage: Kann Gott mit seiner Macht, mit seiner *potentia*, wirklich *alles* tun? Oder sind nicht auch ihm Grenzen gesetzt? *Duns Scotus* (1265/66 - 1308), einer der führenden franziskanischen Theologen, überhaupt einer der bedeutendsten Theologen des Mittelalters, hat Gott in erster Linie von seinem Wollen, von seiner *voluntas* her zu verstehen versucht. Er unterschied - für unser heutiges Denken vielleicht etwas zu spitzfindig und gekünstelt - zwischen der *potentia Dei absoluta*, der absoluten Macht Gottes, und der *potentia Dei ordinata*, der von ihm selbst angeordneten Macht. Gott ist nach Duns Scotus in seinem Handeln ganz frei, er kann mit seiner absoluten *potentia* alles, was er will, in die Tat umsetzen. Tatsächlich aber schafft er kraft seiner *potentia absoluta* einen *ordo* - gemeint ist: eine Ordnung im Sinne von An-Ordnung -, einen *ordo* also, nach dem er alles *ordinate* anordnet und da-

mit auch sich selbst Schranken unterwirft. Also bindet er
sich selbst kraft seiner absoluten *potentia* an diesen *ordo*
und übt so seine *potentia* als eine *potentia ordinata* aus.
Allerdings kann er sich in seiner absoluten göttlichen Freiheit auch jederzeit dazu entschließen, diese *ordinatio*, diese
Selbstbindung, wieder zu verändern. Und so vermag Gott
aufgrund seiner absoluten Freiheit seine von ihm selbst geschaffene *potentia ordinata* zu überschreiten (*excedens po-
tentiam ordinatam*).[9] Jedoch kennt Duns Scotus zwei Grenzen der *potentia absoluta*; diese beiden Grenzen, so lehrt er,
seien Gottes Gutsein und die Gesetze der Logik. Diese
Grenzen könne selbst Gott nicht überschreiten. So sagt
Reinhold Seeberg, einer der bedeutendsten Dogmenge-
schichtler:

Diese *potentia absoluta* Gottes hat zur Schranke nur das logisch Un-
mögliche sowie das eigene Wesen Gottes oder seine *bonitas*.[10]

Nochmals, das ist für uns eine wohl zu spitzfindige Argumentation, sie mag uns überaus gekünstelt und überhaupt
nicht überzeugend vorkommen. Und ich will Sie auch keineswegs dazu bewegen, der so subtilen Argumentation des
Duns Scotus zu folgen.
Das uns vielleicht so gequält vorkommende Argumentieren
des Duns Scotus könnte uns aber immerhin folgende grundsätzliche Problematik nahebringen: Wie weit kommen wir,
wenn wir *Gott denken* wollen, mit *unserer Denkstruktur*
innerhalb des uns bestimmenden Ordnungsprinzips dieser
Welt, also - mit Duns Scotus gesprochen - innerhalb unserer
ordinatio, deren Grenzen wir grundsätzlich nicht überspring-
gen können? Zu dieser Ordnung unseres Denkens, also zur
Schöpfungsordnung, gehört aber auch das *mathema-tische
Denken*, das Denken mit Zahlen, das Rechnen mit Zahlen,
wie wir es schon als Kinder im ersten Schuljahr der Volks-
schule bzw. Grundschule gelernt haben. Können wir uns mit
diesem Zählen, mit diesen Zahlen - eins, zwei, drei u.s.w. -
dem Denken „über" Gott nähern? Ganz primitiv gefragt:
Zählt man im Himmel bis drei: erste Person, zweite Person,

[9] *Duns Scotus*, Opera Omnia., Bd. VI, 364, 3f.
[10] *Seeberg*, Lehrbuch der Dogmengeschichte, 3. Bd., 654.

dritte Person der Gottheit? Denkt man im Himmel mit den Rechengesetzen, mit den mathematischen Gesetzen, wie wir es tun, wie wir es gar nicht anders vermögen? Unser Einmaleins leuchtet uns normalerweise als ein unabänderlicher Denkvollzug ein. Für uns bleibt sieben mal sieben undiskutierbar neunundvierzig. Analog gilt das für alle Rechenarten, über die wir Menschen mittels unseres Gehirns, unseres Denkvermögens verfügen! Unser Gehirn ist so eingerichtet, daß für uns die mathematischen Denkgesetze allem Anschein nach unabänderlich sind. Also: Gilt im jenseitigen Bereich Gottes - genau wie in unserer diesseitigen Welt - unsere diesseitige irdische Mathematik? Ist auch für Gott fünf mal fünf unverrückbar fünfundzwanzig? Konnte daher Gott nur eine solche Welt erschaffen, in der *unsere* Mathematik gilt, weil sie aufgrund der logischen Gesetze aller denkbaren Welten auf keinen Fall außer Kraft gesetzt werden kann? Gilt in *jeder* denkbaren Welt die Zahlenfolge eins, zwei, drei u.s.w.? Oder hätte Gott kraft seiner *potentia absoluta* womöglich auch eine Welt schaffen können, die nach einer anderen Mathematik konstruiert ist? War Gott bei der Erschaffung der Welt vielleicht doch nicht an diejenige Mathematik gebunden, an die wir Menschen gebunden sind?[11] Mit derartigen Fragen stehen wir jedoch vor folgender unüberwindlicher Schwierigkeit: *Wir* sind grundsätzlich nicht in der Lage, in unserem Denken, in unserem an diese Welt gebundenen Denkvermögen eine Welt zu denken, die nach einer anderen Mathematik geschaffen wäre. Denn wir sind Teil einer Seinsordnung und somit auch einer von uns nicht modifizierbaren Erkenntnisordnung, die Gott nach seiner

---

[11] Könnte in diesem Zusammenhang die Unterscheidung von *entdeckter* und *erfundener* Mathematik hilfreich sein? *Platon* glaubte, daß die Mathematik außerhalb von uns und unabhängig von unserer Erkenntnis existiere (also entdeckte Mathematik), womit ihr eine Art absoluter Wahrheit zugeschrieben würde („Realisten" unter den Mathematikern). Vom hermeneutischen Denken her ist dieser Wahrheitsbegriff freilich fraglich. *Leopold Kronecker* (1823-1891) hielt dieser „präexistenten" Mathematik entgegen, daß Gott die ganzen Zahlen geschaffen habe, alles andere aber Menschenwerk sei. Eine gute Einführung in diese Problematik bietet für Nichtmathematiker *Allan Calder*, Professor an der Universität von New Mexico, in: Das Unendliche - Prüfstein des Konstruktivismus.

potentia ordinata geschaffen hat. *Wir als irdische Wesen sind im Käfig unserer irdischen Denkweise gefangen.* Was wir lediglich denken können - und genau das tun wir jetzt -, ist, daß wir die Frage stellen, ob es nicht doch eine anders konstruierte Welt geben könnte.[12] Diese *Frage* kann uns keiner verbieten! Noch nicht einmal ein Gott! Wenn ich auch nicht die Frage beantworten kann, ob Gott nicht doch die Möglichkeit gehabt hätte, eine andere Welt mit einer anderen Mathematik zu erschaffen, so erlauben Sie mir doch bitte, daß ich an dieser Stelle unserer Überlegungen ein paar Gedanken vortrage, die vielleicht zumindest die Vermutung zulassen, Gott könnte nicht an unser menschliches mathematisches Denken gebunden sein. So will ich nun trotz meines eigenen sklavischen Gebundenseins an die Mathematik, die ich einmal als Schüler gelernt habe und von der ich mich selbst mit den raffiniertesten Tricks nicht befreien kann, einmal einen Gedanken wagen, der möglicherweise zu phantastisch ist, dem aber vielleicht doch ein gewisses Wahrheitsmoment innewohnen könnte. Ich denke dabei gar nicht so sehr an die Mathematik, sondern zunächst an die *Astrophysik.* Und ich bemühe dazu einen der größten naturwissenschaftlichen Denker, der uns auf diesem Erdball geschenkt wurde, nämlich den in dieser Vorlesung schon genannten *Albert Einstein.* Dieser hat uns ja mit der Erkenntnis überrascht, daß Raum und Zeit keine absoluten Größen sind. Folglich gibt es keine für das ganze Weltall zugleich geltende Weltzeit. Und was den Raum betrifft: Er kann gekrümmt sein, obwohl diese *Möglichkeit des Denkens* für unsere jahrtausendelange Denktradition keine *Möglichkeit des Vorstellens* ist. Mit dieser Erkenntnis Einsteins veränderten sich sogar solche physikalische Überzeugungen, die nach unserem uralten mathematischen und naturwissenschaftlichen Denken unveränderlich schienen. Die dem Menschen im voreinsteinschen Zeitalter einleuch-

---

[12]   Man denke nur an die von einigen Physikern vertretene Auffassung, es gäbe Parallelwelten zu unserer Welt, womöglich unendlich viele solcher Parallelwelten; s. dazu das Kap. „Die divergierenden Universen", darin das Gespräch des französischen Philosophen *Jean Guitton* mit den Physikern *Grichka* und *Igor Bogdanov,* in: *Guitton,* Gott und die Wissenschaft, 123-135. *Guitton* selbst lehnte diese Annahme ab.

tende euklidsche Geometrie und newtonsche Physik waren auf einmal ihrer Allgemeingültigkeit beraubt. Und die in diesen Denkbahnen Euklids und Newtons denkenden Menschen, die also in einer mathematischen und physikalischen Welt dachten, welche menschlicher *Vorstellungs*-Kraft entsprach, sahen sich auf einmal einer Physik gegenüber, die befremdet, weil sie auf letztlich *unvorstellbare* Weise ihrer Plausibilität entnommen ist. Schon *Bernhard Riemann*, der Schöpfer der nach ihm benannten riemannschen Geometrie, - Riemann (1826-1866) war, was ich doch wohl in einer Vorlesung in Göttingen nicht verschweigen sollte, Professor der Mathematik an unserer Universität - dachte ja bereits *mathematisch* den Gedanken der Raumkrüm-mung und schuf so erhebliche Abweichungen von der euklidschen Geometrie. Riemanns Geometrie war immer-hin eine der mathematischen Voraussetzungen für die einsteinsche Relativitätstheorie. Die Abstraktion dieser Geometrie und der ihr entsprechenden Physik entthronte die Alleinherrschaft derjenigen Physik, die im erheblichen Ausmaße an die *Vorstellungs*-Kraft von uns Menschen appellierte. Der Physiker *Gerd Hartmann*, emeritierter Professor am Max-Planck-Institut für Aeronomie in Katlen-burg-Lindau, sieht das vorherrschende europäisch geprägte „Selbst"- und „Welt"-Verständnis durch die neuen Erkenntnisse der Physik zutiefst beunruhigt. Und nicht nur im Blick auf die Naturwissenschaftler sagt er, was überaus bedenkenswert ist:

Ob sich das wissenschaftliche Denken in der Deutung und Formulierung dieser Erkenntnisse dem Sog der Trends ‘von gestern’ entziehen kann, bleibt offen. Daß dies eine ungewöhnliche Kraft und Eigenständigkeit im Denken erfordert, die der Einzelne womöglich kaum aufzubringen vermag, ohne Schaden zu leiden an seiner Seele, die sich paradoxer Weise losreißen und aussondern muß, um ihr Einbezogensein erfahren und verstehen zu lernen, zeigt sich u.a. auch in den Theologien und Philosophien unserer Tage, die sich nur zögernd, wenn überhaupt, auf diese neu aufgebrochenen Grundprobleme einlassen.[13]

Wir hören, was der Naturwissenschaftler sagt: „Schaden zu leiden an seiner Seele"! Vielleicht hat er recht.

---

[13]   *Hartmann*, Komplementarität im Abendland und Nicht-Abendland, 136f.

Warum dieser Ausflug in die Geschichte der Wissenschaften von Mathematik und Physik? Warum Riemann und Einstein in einer Vorlesung an der Theologischen Fakultät? Ich denke, dieser Ausflug ist hilfreich, um eine *theologische Frage* zu stellen - unabhängig davon, ob wir uns auch in der Lage befinden, eine *Antwort* zu geben. Denn es ist doch sehr die Frage, ob die *Mathematik der Trinität* - der *eine* Gott in *drei* Personen -, ob also diese Mathematik des Dogmas von dem einen und zugleich drei-einen Gott wirklich dem *eigentlichen* Sinn dieses Dogmas angemessen ist. Ich möchte diese Frage einmal so formulieren: *Ist es dem jenseitigen Gott, dem Gott der himmlischen Transzendenz, angemessen, daß er in der mathematischen Denkweise des Zählens mit Kardinalzahlen (Grundzahlen) dogmatisch fixiert wird,* also in einer Denkweise der Immanenz? Kann überhaupt der Weg einer irdisch gedachten Mathematik der Weg zur Wahrheit Gottes sein? Noch grundsätzlicher gefragt: *Ist Gott mathematisch aussagbar?* Ist er in mathematisch paradoxer Weise aussagbar? Die Frage eines Kindes ist vielleicht verräterisch. In Herne wurde vor etwa vierzig Jahren die Dreifaltigkeitskirche gebaut. Das Kind konnte sich unter diesem Namen nichts vorstellen und fragte deshalb seine Mutter, als sie an der Kirche vorbeikamen: „Mama, was ist das, eine Doppelfaltkirche?" Aber was können wir Erwachsenen uns unter einer Dreifaltigkeit vorstellen, also vor Augen stellen?

Ich bin mir darüber im klaren, daß meine Frage nach der Mathematik für die Gottesthematik eine weitere Frage provoziert: Relativieren die im Zusammenhang mit der Mathematik gestellten Fragen nicht den christlichen Glauben an den drei-einen Gott, der doch in den dogmatischen Entscheidungen der ersten vier Ökumenischen Konzilien des vierten und fünften Jahrhunderts und in der *Confessio Augustana* von 1530 verbindlich für die evangelisch-lutherische Kirche bezeugt ist? Ich zitiere jetzt nur den Anfang des ersten Artikels dieses Augsburger Bekenntnisses (Von Gott. *De Deo*):

Erstlich wird einträchtiglich gelehrt und gehalten, lauts Beschluß *Concilii Nicaeni*, daß ein einig göttlich Wesen sei, welchs genennt wird und wahrhaftiglich ist Gott, und seind doch drei Personen in demselben

einigen gottlichen Wesen, gleich gewaltig, gleich ewig, Gott Vater, Gott
Sohn, Gott heiliger Geist, alle drei ein gottlich Wesen, ewig, ohn
Stuck[14], ohn End, unermessener Macht, Weisheit und Gute, ein Schöp-
fer und Erhalter aller sichtbarn und unsichtbarn Ding.[15]

Dazu die zunächst vorläufige Antwort: Unbestreitbar sind
diese Konzilsentscheidungen auch heute noch bindendes
christliches Glaubenszeugnis. Unbedingt *interpretationsbedürftig* ist aber die im damaligen Denk- und Verstehenshorizont formulierte *antike Begrifflichkeit* der dogmatischen
Formulierungen der Trinität. In diesem Begriffshorizont
wurde der christliche Gottesglauben *damals* angemessen
formuliert. Denn ich kann ja von den Konzilsvätern im damaligen Nizäa, Konstantinopel, Ephesus und Chalcedon
nicht verlangen, daß sie vorausahnen konnten, welchen den-
kerischen Fortschritt wir im Laufe von zwei Jahrtausenden
Denkgeschichte machen werden. Ein Konzilsvater, vielleicht
der Bischof von Nizäa oder der Bischof vom ägyptischen
Alexandrien, war damals wohl kaum mit der Frage befaßt,
ob die irdische Mathematik auch die himmlische sei. In aller
Deutlichkeit sei gesagt: Was das Dogma der Trinität *theologisch* sagen will, also die ureigene Intention dieses Dogmas,
wurde im Koordinatensystem des damaligen Denkens optimal formuliert. Und wer dagegen die heutige Philosophie,
die heutige Mathematik oder die heutige Physik ins Feld
führen wollte, würde geschichtlich naiv argumentieren! Er
würde die notwendige Forderung geschichtlichen Denkens
ignorieren und somit beckmesserisch hinter dem zurückblei-
ben, was damals in bewundernswerter Weise geistig geleistet
wurde. Es ist, wie wir alle wissen, leicht, auf demagogische
Art mit ungeschichtlicher Argumentation die Lacher auf
seine Seite zu bringen und dabei in Wirklichkeit völlig an
der Sache vorbei zu argumentieren! Es gibt auch Demago-
gen, die in mangelnder Denkfähigkeit ihre eigene Demago-
gie nicht durchschauen, weil sie nicht durchdachte Phrasen

---

[14] „ohn Stuck" = unteilbar; so zutreffend *Kinder / Haendler*, Lutherisches Bekenntnis, 30.
[15] Aus dem lateinischen, dem maßgeblichen Text die zentrale Aussage: „*... decretum Nicaenae synodi de unitate essentiae divinae et de
tribus personis verum et sine ulla dubitatione credendum esse ...*"

nachplappern und sich dabei sogar auch noch im Wahn befinden, sie ständen in der Freiheitstradition der Aufklärung!
Den Gedanken, die Zahl und das Zählen aus dem Gottesgedanken herauszunehmen, hat der zunächst von der Theologie herkommende Philosoph *Martin Heidegger* in einer erst
posthum veröffentlichten Schrift ausgesprochen, in den
„Beiträgen zur Philosophie" (1936-38). Man sollte in diesem
Zusammenhang wissen, daß er sich nach dem Abbruch seines Studiums der katholischen Theologie zum Winter-
semester 1911/12 bei der naturwissenschaftlichen Fakultät in
den Fächern Mathematik, Physik und Chemie immatriku-
lierte, dabei aber seine philosophischen Studien fortsetzte. In
einem Brief an den Professor der Kunstgeschichte Josef
Sauer schreibt der Student Heidegger im Blick auf die reli-
giös-kulturelle Entwicklung der katholischen Kirche:

> Wenn das Ganze nicht eine fruchtlose Nörgelei und ein scholastisches
> Aufdecken von Widersprüchen sein soll, dann muß das Raum- und
> Zeitproblem unter Orientierung an der mathematischen Physik einer
> vorläufigen Lösung mindestens nahegebracht werden. Diese Arbeit
> wird nun dadurch erschwert, daß gegenwärtig in der Physik durch die
> Relativitätstheorie alles in Fluß geraten ist.[16]

Wenn also Heidegger in seinen späteren „Beiträgen zur
Philosophie" die Gottesfrage vom mathematischen Operie-
ren mit Zahlen befreien will, so darf man nicht aus den Augen verlieren, daß er das gerade als einer sagte, der sowohl
von der Theologie als auch von der Mathematik und Physik
herkommt. Seine Aufmerksamkeit galt also auch und gerade der Relativitätstheorie.
Nun sind Heideggers „Beiträge zur Philosophie" wohl seine
am schwersten zu lesende Schrift. Ich mute Ihnen nicht zu,
diesen schwierigen Text zu verstehen. Zur Kenntnis nehmen
sollten wir aber, daß er den Gedanken der Lösung der Gottesfrage von der mathematischen Frage der Zahl im Kontext der *Frage nach dem Sein* geäußert hat, also im Zusammenhang mit der *eigentlichen*, der ureigenen philosophi-

---

[16]   Zitiert in: *Ott*, Martin Heidegger. Unterwegs zu einer Biographie,
73.

schen Frage.[17] In eben diesem Zusammenhang hat Heidegger auffälligerweise nicht von Gott, sondern, im Plural, von
den *Göttern* gesprochen. Geschah das mit der Absicht, den
Monotheismus, also den Glauben an den *Einen* Gott, zu
leugnen? Wollte er den antiken Polytheismus wiederbele-
ben? Geschah das in Vorwegnahme dessen, was später Odo
Marquard vorschlug? Nein, das wollte er gerade nicht. Heidegger nennt auch ausführlich den Grund, warum er nicht
im Singular von Gott spricht:

> Doch die Rede von den 'Göttern' meint hier nicht die entschiedene
> Behauptung eines Vorhandenseins einer Vielzahl gegenüber einem
> Einzigen, sondern bedeutet den Hinweis auf die Unentschiedenheit des
> Seins der Götter, ob eines Einen oder Vieler.[18]

Er formulierte so, weil er die Frage nach Gott nicht mit der
Frage nach dem *Sein der Götter*, anders formuliert: dem
Sein der Gottheit, vermischen wollte. Er wollte nämlich of-
fenhalten, ob dergleichen wie *Sein* den Göttern zugesprochen werden darf. Ich sage es einmal mit meinen Worten:
Was hier im Bereich der Diesseitigkeit, der Immanenz also,
vorhanden ist, das ist da, das „*ist*". Es ist *Seiendes*, dem
Sein zukommt. Der Hörsaal *ist*, die Bänke *sind*, das Kathe-
der *ist*, Sie *sind*, ich *bin*. Kann ich aber von Gott als dem
Jenseitigen, dem Transzendenten, ein *solches* Sein aussagen?
Ist das Verb „*sein*" - als Vollverb, nicht als Hilfsverb verstanden! - in den beiden Aussagen „ich *bin*" und „Gott *ist*"
im gleichen Sinn verstanden? Heidegger will sich mit seiner
Rede von den Göttern nicht festlegen - „Götter": eine un-
bestimmte Aussage; denn er sagt nicht, wie viele Götter es
sind, es läßt in dieser Hinsicht alles offen. *Heidegger will
nichts über das **Sein** der Gottheit aussagen.* Er begründet
seine Unentschiedenheit hinsichtlich der Alternative Monotheismus oder Polytheismus mit der „Fragwürdigkeit, ob
überhaupt desgleichen wie Sein den Göttern zugesprochen
werden darf, ohne alles Gotthafte zu zerstören".[19] Er will

---

[17]   Daß es Philosophen gibt, die die Frage nach dem Sein anders
beurteilen, weiß ich. Aber hier ist nicht der Ort, eine ontologische
Streitfrage zu diskutieren.
[18]   Ebd. 437; dazu *Hübner*, Martin Heideggers Götter, 137ff.
[19]   *Heidegger*, Beiträge zur Philosophie, 437.

keine Option für den Monotheismus anmelden. Schon die
Aussage über den Singular „Gott" scheint ihm eine unzulässige Aussage hinsichtlich des Göttlichen zu sein. Denn die
Rede von dem Einen Gott ist in seinen Augen eine begriffliche Verfügung über die Gottheit, eine *Verobjektivierung*
Gottes, also eine Aussage, in der der Mensch mit seinem
Denken Gott in seine denkerische Herrschaft nimmt. Wenn
er also davon Abstand nimmt, den Göttern Sein zuzuspre-
chen oder das Gotthafte als Singular zu verstehen, weil er
das Gotthafte nicht zerstören will, so sollten wir das zunächst einmal als seine Ehrfurcht vor dem Gotthaften, in
unserer Diktion: als Ehrfurcht vor Gott, interpretieren. In
gerade dieser Intention scheint ihm die zahlenmäßige Fixie-
rung der Gottheit ein unerlaubter begrifflich-metaphysischer
Zugriff auf Gott zu sein, nämlich ihn in das Korsett der
Quantifizierung hineinzuzwängen. Damit würde ja Gott
zum Objekt menschlicher Mathematik gemacht. Mit der
Zahl „eins" würde Gott zum quantifizierbaren und quantifi-
zierten Gott degradiert, also „entgottet". Denn ein begrifflich *quantifizierter Gott* ist kein Gott mehr, sondern ein
vom menschlichen Intellekt konstruierter Zahlengötze. Der
Mensch würde dem Himmel seine irdische Mathematik
überstülpen, der Mensch würde sich selbst auf diese Weise
zum Mathematiklehrer des Himmels ernennen. Sagten wir
als Menschen, als irdische Wesen, daß dieser oder jener
himmlischen Wesenheit die Zahl eins, drei oder siebzehn
zukäme, dann hätten wir etwas über das *Sein* dieser jenseitigen Wesenheiten ausgesagt. Wir hätten dann Göttliches als
etwas *bloß Vorhandenes* hinsichtlich seiner Quantität bestimmt, oder sagen wir: wir hätten es *quantifizierend fixiert*.
Würden wir also ein solches quantifizierendes Urteil über
Gott fällen - der Mensch als der über Gott Urteilende! -,
dann hätten wir uns mittels der alten, von Aristoteles her-
kommenden Metaphysik über Gott erhoben. Und so sagt
denn auch Heidegger, „daß alles Aussagen über 'Sein' und
'Wesen' der Götter von ihnen [...] nicht nur nichts sagt,
sondern ein *Gegenständliches* vortäuscht, an dem alles
Denken zuschanden wird, weil es sogleich auf Abwege ge-
drängt ist".[20] Daher darf es keine metaphysische, also

---

[20]   Ebd. 437f.; Kursivierung durch mich.

seinsphilosophische Betrachtung Gottes geben, denn so würde Gott seiner Gottheit beraubt. Zur Erläuterung sei aber an dieser Stelle ausdrücklich gesagt, daß zu Heideggers Trennung von Gott und Sein mehr zu sagen wäre, als es in der heutigen einführenden Vorlesung angebracht ist. Auf die Frage nach dem *Sein* Gottes müssen wir noch im Verlauf des Semesters ausführlich eingehen.

Hätten wir also Heidegger zu seinen Lebzeiten die Frage vorgelegt, ob er es mit den Christen hielt, die einen trinitarischen Monotheismus vertreten, oder mit den Muslimen, die die Trinität für gottlos halten, weil sie einen radikalen Monotheismus lehren, so hätte er ihnen geantwortet:

Ihr denkt beide Gott nicht radikal genug. Ihr bleibt beide einer reaktionären, einer gottlosen Metaphysik verhaftet! Ihr wollt beide über Gott quantifizierend-begrifflich verfügen.

Und dann in recht polemischer Diktion:

Ihr streitet theologisch um Gottes Bart, nein, ihr streitet *un*-theologisch, sogar *anti*-theologisch um einen Bart, den Gott nicht hat.

Oder erlauben Sie mir, es mythologisch zu sagen: Wenn Paulus und Muhammad im Himmel nach dem morgendlichen Halleluja ihre theologische Plauderstunde halten, dann lachen sie über den theologischen Quantifizierungs-streit. Sie gestehen sich zu, daß ihre Anhänger auf Erden mit unzulänglicher Begrifflichkeit gegeneinander streiten, daß aber Gott ihnen diesen Streit vergeben wird, weil sie ihn eben in menschlicher Unvollkommenheit führen.

Eine kurze Nachbemerkung: Schützenhilfe erhalte ich von dem Benediktiner *Georg Braulik*, Professor des Alten Testaments an der Katholisch-Theologischen Fakultät der Universität Wien, der 1998 in der 3. Auflage des „Lexikons für Theologie und Kirche" den Artikel „Monotheismus, III. Biblisch-theologisch, 1. Altes Testament" geschrieben hat. Darin sagt er:

Diskutiert wird, inwieweit der Monotheismus-Polytheismus-Raster für eine adäquate Klassifikation der biblischen Gotteserfahrung geeignet ist.[21]

Danach ist also für Braulik, dem wir wichtigste Publikationen zur alttestamentlichen Monotheismus-Problematik verdanken (s. 2. Kapitel, 2. Teil), mit dem Begriff „Monotheismus" überhaupt noch nicht das Eigentliche gesagt, was das Verhältnis des Menschen zu Gott angeht. Können wir so weit gehen, daß wir sagen, Gott, der keinesfalls mit einem Begriff „definiert", also in logische Schranken gesperrt werden darf, dürfe auch nicht in den Begriff „Monotheismus" eingezwängt werden, weil er damit in die blasphemische begriffliche Verfügungsgewalt des Menschen käme? Ich lasse diese Frage noch offen. Wir werden aber später sehen, daß die Aussagen der Heiligen Schrift einen *begrifflich* gefaßten Monotheismus so eindeutig gar nicht zum Ausdruck bringen.

Es ist schon eigentümlich! Da sind sich die drei großen monotheistischen Religionen in ganz entscheidenden religiösen Überzeugungen völlig einig. Da heißt es in der Bibel des Judentums, zugleich dem Alten Testament des Christentums, also in der Bibel des Judentums und des Christentums, 2 Mose 34,6:

Herr, Herr, Gott, barmherzig und gnädig und geduldig und von großer Güte.

Und die erste Sure des Korans beginnt mit den Worten:

Im Namen Allahs, des Allbarmherzigen! Lob und Preis sei Allah, dem Herrn aller Weltbewohner, dem gnädigen Allerbarmer, der am Tage des Gerichts herrscht.

Gott ist also zunächst für Israel, dann für die christliche Kirche und schließlich für den Islam der *Gott des Erbarmens*, der *Gott der Barmherzigkeit*. In dieser so zentralen, dieser so entscheidenden Glaubensauffassung von Gott sind sich also alle drei Religionen durch und durch einig. Und ebenso

---

[21]   *Braulik*, LThK, Bd. 7, 424.

ist Gott auch für alle drei Religionen der *Richter*, wie es laufend in der Bibel und im Koran zum Ausdruck kommt. Dann aber mag man sich fragen, ob die Diskussion über die göttliche Dreiheit in der göttlichen Einheit des auch vom Christentum behaupteten Einen Gottes die Diskussion lohnt, die zum Teil mit Erbitterung geführt wird. Ich frage in allem Ernst: Ist nicht das, was von Gott hinsichtlich seines originären, seines *eigentlichen* Wesens ausgesagt wird, entschieden wichtiger, ist es nicht von entschieden wichtigerer existentieller Bedeutsamkeit als eine Auseinandersetzung um mathematisch-quantifizierende Lehrsätze in der Theologie? Ist nicht die ureigene *theologische Intention* der Trinitätsaussage das *Wesen* Gottes, das in *irdischer* Denkweise eben mit der mathematischen Paradoxie der Identität von eins und drei formuliert ist? Ist der Streit um theoretische theologische Fragen wirklich um so viel wichtiger als die existentielle Gotteserfahrung? Wird hier nicht die *Theorie* über Gott der *Praxis* einer lebendigen Beziehung des Menschen zu Gott übergeordnet? Das sind nicht nur rhetorische Fragen. Aber die Theorie darf nicht einfach um der Praxis willen abgewertet werden. Am Ende werden uns unsere eigenen theoretischen Überlegungen zeigen, daß Theorie und Praxis einander wesentlich bedingen. Theologie ist eine Aufgabe strengen Denkens, eines Denkens freilich, das seinen ureigenen Grund in der Wirklichkeit besitzt. Und zur Wirklichkeit gehört die Praxis. Sagen wir es so: Das Denken verbindet Theorie und Praxis.

2. Das Alte Testament und der Monotheismus
Erster Teil: Das Zeitalter der Monolatrie

Ist das Alte Testament das Zeugnis des Monotheismus, also das Zeugnis der monotheistischen Offenbarungsreligion Israels? Wahrscheinlich werden viele unter Ihnen der Überzeugung sein, daß diese Frage mit einem eindeutigen Ja zu beantworten sei. Ohne zu differenzieren wäre jedoch eine bejahende Antwort für eine lange Epoche der Geschichte Israels schlechthin falsch. Beginnen wir mit einer kleinen, aber bezeichnenden Episode aus dem Buch der Richter. In ihm wird die frühe Zeit nach Beginn der Besiedlung Palästinas durch die Israeliten geschildert. Wir befinden uns ungefähr im 11. Jahrhundert v. Chr. Israel war noch kein Königreich, es wurde durch Richter regiert. Deren Aufgabe ist jedoch mit dem Wort „Richter" nur unzulänglich umschrieben. Wiederholt wird im Richterbuch berichtet, daß Israel sündigte und Gott es deshalb in die Hand von Feinden geraten ließ. Dann aber schrien die Israeliten zu Jahwäh. Und deshalb ließ dieser seinen Geist über einen Mann kommen, der mit militärischer Gewalt das Volk befreite.[22] Gottes Geist ist nach dieser Vorstellung ein militärischer Geist. Und somit oblag den Richtern weithin eine militärische Aufgabe. Sie sprachen aber auch Recht. So wird z. B. geschildert, wie *Debora*, eine Prophetin, den Israeliten Recht sprach. Wir lesen Ri 4,4:

---

[22] Daß diese Darstellung das Schema der deuteronomistischen Theologie zum Ausdruck bringt, braucht hier nicht diskutiert zu werden. Im Verlauf der Vorlesung werden wir uns aber noch näher mit dieser Theologie des deuteronomistischen Geschichtswerks befassen müssen.

Debora aber, eine Prophetin, das Weib Lappidoths, sprach den Israeliten Recht zu jener Zeit. Sie hatte ihren Sitz unter der Deborapalme zwischen Rama und Bethel auf dem Gebirge Ephraim.

Und weil Jahwäh Israel gerade einmal wieder wegen seiner Sünden in die Hand der Kanaanäer gegeben hatte, beauftragte sie einen gewissen Barak, gegen diese Feinde zu kämpfen. Doch der will nur dann militärisch vorgehen, wenn Debora mitzieht. Diese willigt ein, erklärt aber zugleich, daß dann der Kriegsruhm nicht der seine sein werde, sondern eine Frau seinen Gegner, den Sisera, töten werde (Ri 4). Wichtig ist vor allem, daß gemäß dem Siegeslied Deboras Jahwäh mit den Helden Israels mitzog und vom Himmel her die Sterne gegen Sisera kämpften. Gott selbst kämpft also mit den Kräften des Himmels für Israel (Ri 5; dieser poetische Text ist älter als der erzählende von Ri 4). Deboras Lied erinnert an Ex 15, das Siegeslied der Miriam, der Schwester des Mose, nach der Errettung aus dem Roten Meer:

Singet Jahwäh, hoch und erhaben ist er. Roß und Reiter warf er ins Meer.

Darauf kommt es hier an: Gott selbst hat die eigentliche militärische Tat vollbracht! Gott ist sein eigener Feldmarschall! Mehr als Debora - obwohl Israel ohne diese Frau damals sein Ende gefunden hätte! Israel verdankt also einer Frau seine Existenz! - interessiert uns aber im Zusammenhang mit der Frage nach dem Monotheismus Israels der Richter *Jephtha*, der Sohn einer Dirne. Auch er kämpfte gegen Israels Gegner, diesmal gegen die Ammoniter. Deren König beschwerte sich: „Israel hat mein Land weggenommen, als es aus Ägypten heraufzog." Und er verlangte die Rückgabe des Landes. Wir brauchen nicht die ganze Geschichte dieses Streites zu verfolgen. Ein Satz jedoch, den Jephtha zum König der Ammoniter sprach, ist für unsere Überlegungen wichtig, Ri 11,24:

Nicht wahr, wen *dein Gott Kamos* vertreibt, dessen Land nimmst du in Besitz. Und wen immer *Jahwäh, unser Gott,* vor uns vertrieben hat, dessen Land besetzen wir.

Anscheinend sieht Jephtha in Kamos den real existierenden Gott der Ammoniter, der sich um dieses sein Volk kümmert, der ihm Land kraft seiner göttlichen Macht verschafft hatte. Wie die Sache ausging, können Sie sich vorstellen, selbst wenn Sie Ri 11 nicht mehr genau in Erinnerung haben. Der König der Ammoniter läßt sich nicht auf ein Gottesurteil ein. Und also gibt Jahwäh, der Gott Israels, die Ammoniter in Jephthas Hand.

Hat nun Jephtha über den König der Ammoniter gesiegt, so heißt das im Sinne von Ri 11 und somit im Sinne des biblischen Autors, daß Jahwäh über Kamos gesiegt hat. Der eine Gott war folglich mächtiger als der andere. Damals stand also *Gott gegen Gott*. Der irdische Kampf der himmlischen Götter gegeneinander geschieht in dieser Hinsicht um ihrer Völker willen. Jedes Volk hat nach der Auffassung von Ri 11 seinen eigenen Gott, der für es sorgt, der für es eintritt, der aber unter Umständen auch einem rivalisierenden Gott unterlegen ist. Israel verehrt seinen Gott Jahwäh, er allein ist für Israel zuständig. Wir nennen terminologisch dieses Gebundensein an einen einzigen Gott, obwohl es auch andere Götter gibt, *Monolatrie*. Die Elemente dieses Begriffs sind: μόνος, *mónos*, auf deutsch: allein, einzig, und λατρεία, *latreía*: Verehrung. Somit ist Monolatrie die Religion der Verehrung von nur einem einzigen Gott, obwohl man die Existenz anderer Götter zugibt. Jephtha war also kein Monotheist, der nur an die Existenz eines einzigen Gottes glaubte, sondern einer, der aus dem Götterpantheon nur einen einzigen verehrte, nämlich Jahwäh. Seine Religion war somit monolatrisch. Es ging ihm auch gar nicht um eine theoretische Theologie, sondern um den Vollzug seines religiösen Lebens. Konkret war aber dieses sein religiöses Leben der Krieg. In diesem Sinne war er, der Richter, Jahwäh ergeben; denn er setzte als Militär auf ihn seine ganze Hoffnung, seine ganze Existenz. Ihm allein vertraute er ganz und gar. Als *sein* und *seines Volkes* Gott hatte er Israel und somit auch ihm, dem Richter Israels, das Land gegeben. Und deshalb wird dieser ihm auch im Krieg, der um dieses Land geführt wird, beistehen.

Doch so ganz stimmte es auch mit der Monolatrie im frühen Israel nicht. Blicken wir einige Jahrhunderte weiter, ins 8. Jahrhundert v. Chr.! Da sah man in Israel Jahwäh zuweilen in Gesellschaft seiner Gemahlin, der *Aschera*. Dazu nur wenige Bemerkungen: 14 km westlich von Hebron findet sich in einer Grabkammer vom Südabhang des Hügels der Chirbet el Qôm eine Inschrift aus der Mitte des 8. Jh.s v. Chr., die entweder zu übersetzen ist: [23]

Urijahu, der Reiche, hat sie schreiben lassen: Gesegnet sei Urijahu durch JHWH und durch seine Aschera. Von seinen Feinden hat er ihn errettet.

oder:

Gesegnet sei Urijahu durch JHWH. Von seinen Feinden hat er ihn durch seine Aschera errettet.

Man vermutet, daß die Formel „Sei gesegnet von Jahwäh und seiner Aschera!" um die Mitte des 8. Jh.s ein populärer Segen war. Noch ein anderes Beispiel: 50 km südlich von Kadesch-Barnea, schon fast auf der Halbinsel Sinai, fand man u.a. zwei Vorratskrüge mit den Inschriften:

Ich segne euch durch JHWH von Samaria und durch seine Aschera.

und

Ich segne dich durch JHWH von Teman (?) und durch seine Aschera. Möge er dich segnen und behüten.

In anderen Inschriften werden neben Jahwäh und Aschera auch die Gottheiten El und Baal angerufen. Anscheinend fühlt sich Jahwäh, der Gott Israels, nach diesen Zeugnissen im Kreis anderer Götter recht wohl. Von Monotheismus hier keine Spur!

Die soeben genannten Gottheiten sind Götter der *Kanaanäer*, also Götter ausgerechnet jener Völker, die Israel bekämpfte. Aber das Verhältnis des sich erst auf Palästinas Boden konstituierenden Israels zu den Kanaanäern war nicht nur ein kriegerisches. Und so haben sich die Israeliten

---

[23] Abbildung und Übersetzungen in: *Stolz*, Monotheismus in Israel, 172f.; zur Diskussion s. u.a. *Braulik*, Die Ablehnung der Göttin Aschera in Israel, 84-95.

auf die Religion der Kanaanäer in nicht geringem Ausmaß eingelassen. Schon allein der Name Israel ist bezeichnend, ist verräterisch. Denn Jisra-*El* heißt ja: El kämpft, El streitet. Doch El ist der höchste Gott des kanaanäischen Pantheons![24] Es ist schon bemerkenswert, daß sich ausgerechnet der Göttername El - bis heute! - im Namen dieses Volkes und somit jetzt auch im Namen des jüdischen Staates befindet: Isra-*El*! Also: Nicht Jahwäh, sondern El! Nicht: Jisraja (oder: Jisrajahu), sondern Jisrael! Auch noch heute verdrängt also El den biblischen Gott aus der Selbstbezeichnung dieses Volkes und somit auch seines jetzigen Staates! Gerade in dieser Hinsicht sind die *Psalmen* von höchstem Interesse. Ich exemplifiziere es an *Ps 82*.[25] In der modernen Übersetzung von Klaus Seybold lautet dieser Psalm:[26]

1 Gott ist getreten in die Versammlung Els,
Inmitten der Götter hält er Gericht:
2 Wie lange noch wollt ihr übel regieren
und hebt hoch das Gesicht der Frevler?
3 Schafft Recht dem Geringen und der Waise,
den Niedrigen und Bedürftigen sprecht frei!
4 Rettet den Geringen und Armen,
aus der Hand der Frevler reißt sie heraus!
5 Sie haben kein Einsehen und verstehen es nicht,
tappen im Finstern,
sie erschüttern die Grundfeste der Erde.
6 Ich sage: Götter seid ihr
und Söhne des Höchsten allesamt?
7 Fürwahr, wie Menschen werdet ihr sterben,
Und wie irgendein Fürst werdet ihr fallen!
8 Steh auf, Gott, regiere die Erde!
Denn du wirst erben bei allen Völkern!

---

[24]   Das Problem, wie das Verhältnis Els als des höchsten Gottes dieses Pantheons zu den einzelnen Lokalgottheiten El zu denken ist, bleibt hier unerörtert. Eine gute erste Information gibt *Stolz*, Einführung in den biblischen Monotheismus, 95-98.

[25]   Zur weiteren Information sei für Leser mit hebräischen Sprachkenntnissen auf den instruktiven und Perspektiven eröffnenden Aufsatz von *Klaus Koch* verwiesen: Die hebräische Sprache zwischen Polytheismus und Monotheismus, vor allem auf die Abschnitte III. Kanaanäische Götterkreise und Jahwäs Hofstaat (S. 37-43), und IV. Die Instrumentalisierung von Älohimwesen zu Wirkkräften (S. 43-57). Ich stimme Koch in wichtigen Punkten zu, wenn auch nicht in allen.

[26]   *Seybold*, HAT I/15, 324.

Ein interessanter, aber eben auch ein brisanter Psalm! Ein Psalm, der auch heute noch im ersten Teil unserer Bibel, im Alten Testament, steht. Die Luther-Übersetzung freilich schwächt insofern etwas ab, als sie den kanaanäischen Gottesnamen „El" nicht stehenläßt und statt „Söhne Els" in neutraler Diktion „Gottessöhne" sagt. Jedoch redet auch sie ganz unbefangen im Plural von Göttern: „Gott steht in der Gottesgemeinde / und ist Richter unter den Göttern."

Wir erhalten also Einblick in den Himmel: Der Staatsrat, somit die Regierung des Himmels, ist zusammengetreten. „Gott" ist in V. 1 identisch mit „El". Der „Vorsitzende" dieses Gremiums, also Gott als der höchste Gott El, hält Gericht über die Götter, die als Herrscher ihres Reichs in diesem himmlischen Ministerrat Platz genommen haben. Wir wissen ja bereits: Jedes Volk hat seinen Gott. Diese himmlische Regierungsitzung ist jedoch für die Götter überaus peinlich. Denn sie haben versagt. Wie bei dekadenten und korrupten Potentaten üblich, haben sie gegen Recht und Gerechtigkeit verstoßen, haben die Ärmsten der Armen Frevlern und der damaligen Mafia preisgegeben. Keinerlei Einsehen hatten sie mit den Armen! Sie verstehen sich nicht auf ihre eigentliche und vornehmste Aufgabe, das Recht durchzusetzen. In ihrer Bosheit sind sie, die Götter, blind für die Wirklichkeit geworden, blind für jegliche Moral und für jegliches Recht. Obwohl nach V. 6 Söhne des höchsten Gottes El, sind sie in jämmerlicher und beschämender Weise schwer schuldig geworden. Mit Hans-Joachim Kraus: [27]

Das Pantheon dämonischer Potenzen regierte die Völker.

Der Gott El urteilt also gemäß der Vorstellung von Ps 82 nicht nur über irgendwelche Herrscher in der Welt. Er urteilt über seine eigenen Söhne, über seine eigene Familie! Er verurteilt sie! Also kein Nepotismus! Triefend vor Ironie, gerade sarkastisch fragt er sie: „*Götter* seid ihr? *Söhne des Höchsten* seid ihr? *Meine* Söhne seid ihr?" Und darauf dann das vernichtende Urteil: „Fürwahr, ihr bisherigen Götter, als *Menschen* werdet ihr sterben!" Der Gott El, der

---

[27]   *Kraus*, BK XV/2, 573.

höchste Gott, nimmt diesen göttlichen Schurken ihre Göttlichkeit, er nimmt ihnen ihre göttliche Unsterblichkeit. El
vernichtet seine Söhne. Recht und Gerechtigkeit wiegen für
ihn mehr als göttliche Familienbande! Der Alttestamentler
Oswald Loretz charakterisiert diesen Psalm satirisch als
„short story".[28] Zwar streiten die Alttestamentler um seine
Datierung. Doch spricht m.E. alles für das Urteil von Hans-
Joachim Kraus:[29]

Der Psalm ist vorexilisch und möglicherweise sehr alt.

Denn in späteren Zeiten, als sich schließlich in exilischer und
nachexilischer Zeit der theoretische Monotheismus durchgesetzt hatte, hätte man wohl kaum noch einen Psalm in der
Vorstellungswelt und Terminologie kanaanäischen Denkens
gedichtet.[30]
Ist aber dieser Psalm noch derart von kanaanäischen Vorstellungen und Denkweisen bestimmt, so stellt sich die Frage, warum ihn Israel in späterer Zeit, als das Psalmenbuch
endgültig für die kanonische Bibel redigiert wurde, in der
Sammlung der Psalmen stehenließ. Als erste Antwort liegt
natürlich der Verweis auf die Kraft der Tradition nahe. Immerhin läßt er sich ja *monotheistisch interpretieren*: Die
Götter als himmlische Wesen in der Funktion von göttlichen
Herren der Völker, aber nach dem späteren Verständnis Israels nicht Götter im eigentlichen Sinn. Wohl ist von El wie
auch von den Gottessöhnen als von '*ælohîm* die Rede. Dieses hebräische Wort konnte jedoch nicht nur als Gott im
eigentlichen Sinne verstanden werden, sondern auch im ab-
geleiteten Sinne als himmlisches Wesen, das zu Gottes Um-
gebung gehört, also als eine Art Engel. Dann wäre die erste
Zeile zu interpretieren: Gott ist in die Mitte seiner himmlischen Versammlung getreten, er hält Gericht über die
himmlischen Herrscher der Völker. Die Gottessöhne wären
dann in der *späteren monotheistischen Interpretation des*

---

[28]   *Loretz*, Psalmenstudien III, 113-115.
[29]   *Kraus*, BK XV/2, 570.
[30]   Ausgerechnet *Seybold*, HAT I/15, 325 votiert für ein exilisches
Entstehungsdatum: „Die Nähe zu Deuterojesaja und der Kontext der
Asaph-Sammlung machen ein exilisches Entstehungsdatum wahrscheinlich."

Psalms nicht mehr als physische Söhne des Gottes El verstanden, sondern als Wesen, die aufgrund ihrer engen Beziehung zu Gott die Ehrenbezeichnung „Söhne Gottes" erhalten hatten, ähnlich wie ja auch Salomo als Sohn Gottes bezeichnet wurde (2 Sam 7,14). Während der himmlischen Ratssitzung gingen sie aber aufgrund des so harten Urteils Gottes ihrer himmlischen Vorrechte verlustig. Und wenn in Ps 82 von Gott als El die Rede ist, dann meinte das in der späteren Zeit nicht mehr den ursprünglichen kanaanäischen Namen des höchsten Gottes, sondern war nun, gleichbedeutend mit ʼælohîm, eines der Worte für Gott. Der ursprünglich monolatrische Psalm wurde in der Tat in der späteren monotheistischen Zeit Israels in monotheistischer Denkweise rezipiert. Der auf diese Weise rezipierte Psalm ist aber damit in vorstellungsmäßiger und vor allem inhaltlich theologischer Hinsicht *substantiell* ein anderer geworden - übrigens ein Prozeß, den wir überall in der religionsgeschichtlichen Rezeptionsgeschichte beobachten können.

Wir haben eben gesehen, wie kanaanäische El-Vorstellungen in das religiöse Denken und Erleben Israels eingedrungen sind. Wo aber bleibt *Jahwäh*? Wo bleibt also *der* Gott Israels? Um diese Frage zu beantworten, müssen wir einen geschichtlichen Vorgang zur Kenntnis nehmen, ohne den dieser Geschehenszusammenhang unverständlich bliebe. In der alttestamentlichen Wissenschaft ist man sich heute weitgehend darüber einig, daß sich die nationale und religiöse Größe *Israel*, bestehend aus zwölf Stämmen[31], erst in Palästina konstituiert hat. Aus unterschiedlichen Richtungen kamen Sippen oder vielleicht auch einzelne Stämme nach Palästina ins kanaanäische Kulturland und siedelten zunächst dort, wo noch keine kanaanäischen Königreiche waren. Da kamen Ostaramäer aus Ur in Chaldäa, im südlichen Teil des heutigen Iraks gelegen (s. Abraham, 1 Mose 11,31!; nach diesem Vers kommt er aber auch aus Haran, der Kultstadt des Mondgottes Sin, im nördlichen Syrien am östlichen Ufer des Euphrat gelegen), da kam die Exodus-Gruppe aus Ägypten, da kamen wahrscheinlich auch Sippen oder

---

[31] Die Zwölfzahl der Stämme wurde zuweilen künstlich konstruiert. Sie entsprach also nicht immer der geschichtlichen Wirklichkeit.

Stämme aus dem Ostjordanland.[32] Die Kanaanäer waren
zumeist Stadtbewohner mit ihrer städtischen Kultur. Die
sich später zur geschichtlichen Größe Israel zusammenfindenden Sippen und Stämme waren hingegen Halbnomaden
- also keine Kamelnomaden, sondern Nomaden mit Schaf-
und Rinderherden -, die sich je nach Jahreszeit in unterschiedlichen Gebieten aufhielten. Eine solche Gruppe war
auch die *Exodusgruppe*, auch sie Nomaden, die in ihrer Not
in Ägypten Zuflucht suchten, dann aber dort wider Willen
Frondienste leisten mußten - also Menschen, die im Laufe
der Zeit in ihrer neuen Heimat versklavt wurden. Die Alttestamentler sind sich in manchen Fragen des Exodus dieser
Menschen aus Ägypten uneinig. Doch so viel kann man
wohl sagen: Einer aus der Mitte dieser Leute war ein Mann
mit ägyptischer Bildung und auch ägyptischem Namen: Mose.[33] Es dürfte wohl ein charismatischer Mensch gewesen
sein, der seinen Landsleuten im Namen ihres Gottes Jahwäh
das Gelingen der Flucht aus Ägypten verheißen hatte und

---

[32]   Vielleicht gab es *auch* einige rein innerpalästinische Migrationen.
Für das Problem der Landnahme verweise ich auf *Donner*, Geschichte
des Volkes Israel, Bd. 1, 135-167, dessen Auffassung ich weithin teile.
[33]   Außer acht lasse ich hier die recht gewaltsame Rekonstruktion des
Mose durch *Sigmund Freud*, Der Mann Moses und die monotheistische Religion (1939), nach der Mose ein ägyptischer Echnaton-
Anhänger war, der den Israeliten in Ägypten den Monotheismus des
Echnaton nahebrachte. Da diese aber noch nicht reif für den monotheistischen Gottesgedanken waren, haben sie ihn ermordet, dann aber ihre
Schuld verdrängt und den von ihnen Ermordeten zum Offenbarungsträger erhöht. Mehr lohnte sich die Auseinandersetzung mit dem
Ägyptologen *Jan Assmann*, der auch auf Freuds These zurückgegriffen hatte, sie aber entscheidend modifizierte. Da er jedoch zur *historischen* Mose-Gestalt nichts Verbindliches sagt, verweise ich den Interessierten auf Assmanns Schriften, vor allem auf „Moses der Ägypter"
und „Die Mosaische Unterscheidung", in der er auf kritische Gesprächspartner eingeht und einige von deren Aufsätzen im Anhang
publizierte. Nur auf das 2. Kap. des zuletzt genannten Buchs, „Monotheismus - Gegenreligion wogegen?", wenige Anmerkungen: Für
den Autor gab es niemals „Religionen, die sich über den Begriff der
Vielheit definiert [...] hätten, noch gab es jemals eine Religion, die einen
reinen und strengen Monotheismus ohne Einschaltung von Mittler-
und Engelwesen vertreten hätte" (ebd. 49). Die Auseinandersetzung
mit Assmann lohnt, ihre Thematik würde aber zu sehr von *unserer*
Fragestellung zum Monotheismus wegführen.

der deshalb auch in der Lage war, sie zur Flucht zu bewegen. Der Gott dieser Flüchtlinge war also Jahwäh, ein Berggott auf der Halbinsel Sinai. Dafür spricht auch, daß in ägyptischen Dokumentationen von den *š3sw ihw3*, den Schasu-Jhw (Jahu-Nomaden), die Rede ist.[34] Fritz Stolz urteilt:[35]

Nach all diesen Gegebenheiten wird man damit zu rechnen haben, daß bestimmte Gruppierungen, die nachmals dem israelitischen Stämmeverband angehörten, am Kult dieses heiligen Berges[36] beteiligt waren. Dazu wird auch die Exodus-Gruppe gehört haben - ob schon vor oder erst nach dem Exodus-Ereignis, ist schwer zu sagen.

Ich stimme Stolz grundsätzlich zu, möchte aber vermuten, daß Mose diese Menschen deshalb davon überzeugen konnte, daß Jahwäh sie aus dem Sklavenhaus Ägypten mit starker Hand führen werde, weil dieser Jahwäh bereits *ihr* Gott war. Sie brauchten also nur ihrem eigenen Gott zu vertrauen! Natürlich sahen sie in Jahwäh nicht den Einen Gott schlechthin, sondern „nur" ihren Stammesgott. Ihn allein verehrten sie, sahen aber in Ammon-Re den Gott oder einen Gott der Ägypter. Aber der war ja nicht für sie zuständig. Auch darin ist Stolz zuzustimmen, daß der Berggott Jahwäh an sich keinen exklusiven Charakter gehabt haben dürfte.[37] In ihrer Monolatrie hielten sie sich aber nur an Jahwäh, weil er nach ihrem Glauben als *ihr* Gott der sie schützende Gott ist. Und in der Tat - die Flucht gelang, nicht ganz so, wie man es sich später in Überbietung des Wunderhaften ausgemalt hat. Das Rote Meer hat sich nicht geteilt. Sie sind nicht zwischen Wassermauern hindurchgezogen, wie es das Buch Exodus, 2 Mose, berichtet. Das sind spätere legendenhafte Ausmalungen. Für unsere Überlegungen ist nur wichtig, daß die Exodus-Gruppe, aus Ägypten kommend, nach Palästina zog - vielleicht zuvor noch zum Sinai, um dort ihrem Gott für die gelungene Flucht zu danken - und sich

---

[34] *Görg*, Anfänge israelitischen Gottesglaubens; *Herrmann*, Geschichte Israels, 88-93; *Stolz*, Einführung in den biblischen Monotheismus, 88f.
[35] *Stolz*, Einführung in den biblischen Monotheismus, 89.
[36] Gemeint ist der Berg Sinai.
[37] Ebd. 89.

dort mit anderen Sippen und Stämmen zusammenschloß. Allem Anschein nach gab es in Palästina schon ein Israel (eine Sippengemeinschaft?, eine Stämmegemeinschaft?, wohl kaum schon ein Volk), als die Mose-Schar dorthin kam. Wahrscheinlich verehrte dieses von der Mose-Schar dort vorgefundene Israel den Gott El, über den wir bereits gesprochen haben. Die Ägyptenschar wurde anscheinend auf die Dauer innerhalb der Gemeinschaft Israel recht dominant.[38] Denn sie vermochte es ja, die Verehrung ihres Gottes Jahwäh durchzusetzen, natürlich nicht im monotheistischen, wohl aber im monolatrischen Sinn. Jahwäh wurde, wohl erst neben El stehend, dann mit El zu *einem* Gott verschmolzen. Er wurde der in Israel dominierende Gott, *der* Gott nämlich, der im Laufe der Zeit allein verehrt wurde, mehr noch: allein verehrt werden durfte. Ein Schlaglicht jedoch darauf, wie wenig die Monolatrie Jahwähs in jener Zeit im exklusiven Sinn praktiziert wurde: Die Berufung Sauls zum ersten König Israels geschah im Namen Jahwähs. Man bedenke aber, daß einer der Söhne Sauls Eschbaal hieß, 1 Chr 9,39, übersetzt: Mann des Baal! Baal war aber bekanntlich ein kanaanäischer Gott. Er stand zwar unter El, hatte aber mehr göttliche Funktionen inne als dieser und war von weit höherer Bedeutsamkeit für die Frömmigkeit der Kanaanäer. Wäre Saul strenger Monotheist gewesen, wie hätte er dann als Jahwäh-Verehrer einem seiner Söhne einen Baal-Namen geben können?

Wäre es nicht an der Zeit, jetzt auf jene Aussagen des Alten Testaments zu schauen, in denen sich Jahwäh den eifernden Gott nennt, der keinen anderen Gott neben sich duldet? Müßten wir nicht allmählich auf das Erste Gebot des Dekalogs zu sprechen kommen?

Ich bin Jahwäh, dein Gott von Ägypten her! Du sollst keine anderen Götter neben mir haben!

---

[38]   Ebd. 91: „Wanderungsmodelle sind im Hinblick auf die 'Landnahme' nicht mehr populär; in irgendeiner Weise muß aber zumindest der Gott Israels gewandert sein, und zwar vom Gottesberg ins palästinische Siedlungsgebiet..."

Was ist mit diesem kategorischen Verbot zu Beginn des Dekalogs? Was ist mit dem Gesetz des Mose, dem Gesetz vom
Sinai? Gedulden wir uns aber erst noch ein wenig mit dieser
Frage! Denn der Dekalog ist erheblich späteren Datums als
der Anfang der Königszeit mit Saul, David und Salomo. Wir
müssen erst noch der frühen Königszeit unsere Aufmerksamkeit schenken. Von Saul sprachen wir bereits. Also nun
zu David! Auf ihn müssen wir auch um seines Sohnes Salomo willen eingehen.

David war zunächst König, *mælæch*, des Südens, König von
Juda; er residierte in Hebron, südlich von Jerusalem. Dann
wurde er nach Sauls schmählichem Ende dessen Nachfolger. Saul war König von Israel, und das heißt, er war König
des Nordreichs. Als dessen Nachfolger herrschte David somit über zwei Königreiche, über das von Juda und über das
von Israel. Er war demnach - und das muß man beachten,
um die damalige Situation richtig zu erfassen - keineswegs
der eine König eines Gesamtreichs. Um aber beide Reiche
monarchisch regieren zu können, eroberte er das zwischen
beiden Reichen gelegene Jerusalem. Hätte er nämlich weiterhin in Hebron regiert, so wäre das vom Norden, von Israel also, - und Israel war das weitaus größere der beiden
Reiche! - als Eklat verstanden worden. Hätte er aber seine
Hauptstadt in den Norden verlegt, dann hätte er damit die
Seinen im Süden brüskiert. Folglich war die Eroberung Jerusalems in seinen Augen eine politische und somit strategi-
sche Notwendigkeit. Und mit dieser Eroberung errang er
für sich auch die Krone Jerusalems, somit die dritte Krone.
König über Jerusalem zu sein bedeutete also nicht, zugleich
auch König über Juda oder über Israel zu sein. Über Recht
oder Unrecht einer solch imperialistischen Tat hat man sich
damals keine Gedanken gemacht, sie bereitete einem Herrscher keine Gewissensbisse. Jerusalem war jedoch die Stadt
der Jebusiter, also - in unserer heutigen Terminologie - eine
palästinensische Stadt. David ließ entgegen einer damals
oft geübten Praxis die Bevölkerung der eroberten Stadt am
Leben und holte nur sein Militär in die neue Metropole.
Damit blieb diese Stadt eine in der Hauptsache palästinensische Stadt, deren Einwohner aber, weil sie nun einmal in
das Großreich Israel eingemeindet worden waren, von nun
ab als Israeliten galten und sich selber wohl auch als solche

betrachteten. In den Adern der Einwohner der Stadt Davids, wie diese Stadt nun genannt wurde, floß also vor allem palästinensisches, wenn man so will: protoarabisches Blut! Wieviel palästinensisches Blut demnach noch heute in den Adern der jüdischen Bewohner Jerusalems und somit auch in den Adern der in Jerusalem Regierenden fließt, vermag kein Mensch zu sagen. Um so grauenvoller und grotesker ist in Palästina und im heutigen Staate Israel der blutige Kampf zwischen den Juden und den palästinensischen Arabern, also der Kampf zwischen Juden, die großenteils von alters her *auch* palästinensisch-protoarabisches Blut in sich haben, und Palästinensern! Semiten gegen Semiten, ohne sich dessen bewußt zu sein! Ein tragischer Bruderkampf!

Zurück in die Vergangenheit! David eroberte auch noch im Ostjordanland und im Gebiet östlich des Toten Meeres, somit im Gebiet des heutigen Jordanien, Moab und Ammon und setzte sich die Kronen dieser Herrschaftsgebiete aufs Haupt. David nun als fünffacher König! Moabiter und Ammoniter blieben jedoch ihrer Religion treu. Das heißt aber, daß Israels Großreich ein religiös vielfältiges Land war. Einer der Götter Ammons und Moabs war der uns bereits aus Jos 11 bekannte Kamos! Wir erinnern uns: „Wenn dein Gott Kamos ...", so sagte einst Jephtha zum König der Ammoniter. Und jetzt also nahm David die Position des Ammoniterkönigs ein, war also König des Landes, in dem Kamos als Gott verehrt wurde. So waren die beiden Kronen von Moab und Ammon Kronen unter dem Schutz von Kamos und anderen Göttern. Wer aber diese beiden Kronen trug, stand unter dem Schutz dieser Götter. David, der Jahwäh ergebene König, nun also *auch* der dem Kamos und anderen Göttern verpflichtete König! Man macht sich das oft nicht genügend klar, wenn man in 2 Sam 12,29f. liest:

So brachte David das ganze Kriegsvolk zusammen und kämpfte gegen Rabba - es ist die Hauptstadt der Ammoniter - und eroberte es und nahm seinem König die Krone vom Haupt; die war an Gewicht einen Zentner Gold schwer, und an ihr war ein Edelstein; und sie wurde David aufs Haupt gesetzt.

Wie schwer die Krone nach unseren Gewichten war, ist umstritten.

Zu David noch eine bekannte Szene, an der die *existentielle Nähe* von *Monolatrie* und *Monotheismus* beredt zum Ausdruck kommt. Die *existentielle Betroffenheit* des Menschen durch Gott wird uns in dieser Szene in grandioser Weise vor Augen gestellt; es wird uns hier in aller Konkretheit gezeigt, wie sich bereits im 10. Jahrhundert v. Chr. der Mensch als der mit Gott Konfrontierte erfährt. Diese Szene veranschaulicht, wie sich bereits damals der denkende Mensch, in unserem Falle also David, von Gott her versteht. Wer Mensch sagt - das gilt für das ganze Alte Testament, von den monolatrischen Anfängen bis zur Entwicklung des durchdachten Monotheismus -, sagt zugleich Gott. Darum geht es immer wieder im Alten Testament, auch in den Partien, die die noch monolatrische Zeit bezeugen: Der Gottesbezug ist eine menschliche Urgegebenheit. Den gottlosen Menschen gibt es nicht! Auch wer sich gegen Gott erklärt oder sich von ihm abwendet, steht in Relation zu Gott, wenn auch in einer negativen. Der Mensch des Alten Testaments sieht sich von Gott gefordert; er weiß aber zugleich, daß er das fordernde Gesetz des Mose als die Gnadengabe Jahwähs besitzt. Die *existentielle Betroffenheit* des Menschen ist im Prinzip unabhängig von der theoretischen Frage nach einem theologisch korrekten Monotheismus. Die religiöse Existenz ist keine primär theoretisch-theologische. Als also David, wahrlich kein Monotheist, vom Propheten Nathan wegen seines schweren Vergehens gerügt wurde (2 Sam 11 und 12) - um die von ihm schwangere Frau heiraten zu können, hatte er bekanntlich Uria, den Mann der Bathseba, in den Tod geschickt -, da war es für die Situation des bereuenden und büßenden Königs völlig gleichgültig, nach welcher theoretischen Theologie der durch den Mund des Propheten tadelnde Gott theologisch zu verstehen war. Denn was für ihn existentiell bedrängend war, das war allein sein quälendes Bewußtsein. Aufgrund der im Namen Gottes erfolgten Intervention des Nathan war sich der absolutistische Monarch seiner schweren Schuld vor Gott bewußt und angesichts des ihm zürnenden Gottes der Erbärmlichkeit seiner mörderischen Existenz inne geworden. Ihm fiel es plötzlich wie Schuppen von den Augen, als Nathan ihm sagte: „Du bist der Mann!" Innerhalb von Sekunden also ein völliges Sich-Neuverstehen! David erkannte von jetzt auf gleich: Was hilft mir meine ruhmreiche Königswürde, wenn ich als Mensch zum elenden Nichts geworden bin! Was ihn in diesem Augenblick noch interessierte, war einzig und allein seine Beziehung zu Gott, vor dem er Rechenschaft zu geben hatte. Es wäre in einer solchen Situation geradezu lächerlich, wenn theoretische Spekulation um den Gottesbegriff den Vorrang hätte. Wären David und Nathan Monotheisten statt monolatrische Verehrer Jahwähs gewesen, dann hätte sich am Charakter der Begegnung dieser beiden in jener Situation nichts geändert. Das existentielle Schuld-bewußtsein wäre in beiden Fällen das gleiche gewesen. David sah sich *allein* - griechisch: μόνος, *mónos* - Jahwäh gegenüber; dieser war in seiner katastrophalen Situation sein einziger Gott! Obwohl David zu seiner Zeit nun wirklich nicht den theoretischen Unterschied zwischen Monolatrie und Monotheismus denken konnte, war für ihn seine damalige Situation vor Jahwäh die Situation vor dem für ihn einzig realen Gott. Anders gesagt: *Die Monolatrie wurde für ihn innerhalb von Sekunden zum existenz-bestimmenden Monotheismus.* Vielleicht können wir es so formulieren: Jahwäh war für David in diesem Augenblick der Gott des *situativen Monotheismus*, des *existentiellen Monotheismus*. Das sind sicherlich keine theoretisch theologischen, keine dogmatischen Aussagen, wohl aber Aussagen im Horizont der *existentialen Interpretation*.

Was ich zu David gesagt habe, geschah auch um König *Salomos* willen. Es gibt ein überaus eigentümliches Kapitel in 1 Kön, nämlich 1 Kön 11. Nach 2 Sam 7,13 hatte dieser Sohn Davids von Jahwäh das Recht erhalten, ihm einen Tempel zu bauen. Er hatte nach 1 Kön 5,9ff. von Jahwäh den Geist der Weisheit erhalten, war also ein überaus weiser Herrscher. Und nun besagtes Kapitel elf, das Haremskapitel im ersten Königsbuch, ein Kapitel voll übelster Vielgötterei, ein Dokument furchtbarsten Versagens des doch so weisen Monarchen! Da bringen es diese königlichen Damen in der Tat fertig, den König, den Herrscher voll des Heiligen Geistes, zum Abfall von Jahwäh zu bewegen. Immerhin 700 edle Königsgattinnen und 300 Konkubinen! Es ist nach der Vorstellung des biblischen Autors schon eine gehörige fami-

liäre Macht, der sich der König gegenüber sieht! Da werden
zu Beginn des Kapitels als seine Gemahlinnen die Tochter
des Pharaos und auch moabitische und ammonitische Frau-
en genannt, also auch Frauen derjenigen Königtümer, die
sein Vater erobert hatte. All diesen heidnischen Frauen, so
berichtet es uns der Geschichtsschreiber des deuteronomistischen Geschichtswerks, baute Salomo Heiligtümer für ihre
Götter, auch für den „Kamos, den greulichen Götzen der
Moabiter", ihm baute er eine Höhe auf dem Berge, der vor
Jerusalem liegt, und ebenso für den „Milkom, den greulichen Götzen der Ammoniter" (11,7). Salomo diente sogar
der Göttin Astarte, der Göttin der Sidonier. Und Jahwäh
bestraft ihn ob dieser Sünde, er will ihm das Königtum ent-
reißen - freilich nicht zu seinen Lebzeiten!
Die Absicht des Schreibers von 1 Kön war es wohl auch,
den Salomo wenigstens teilweise dadurch zu entschuldigen,
daß er auf dessen Alter verwies, ihm also eine Art *dementia
senilis* zugesteht: Der König wußte wegen seiner alters-
schwachen Geisteskräfte nicht mehr genau, was er tat. Doch
die Haremsdamen waren an seinem Polytheismus völlig un-
schuldig. Sein Polytheismus dürfte väterliches Erbe gewesen
sein. Aus staatspolitischen und außenpolitischen Gründen
mußte er sowohl bestimmte Frauen in seinen Harem nehmen als auch Kulte von solchen Göttern begünstigen, die
von seinen Untertanen verehrt wurden. Wie es schon zuvor
in Israel war, so auch zu Zeiten Salomos: An erster Stelle
wurde Jahwäh verehrt, aber die politische Staatsräson verlangte, daß man auch die anderen Götter zuließ. Der *Gedanke des Monotheismus* war in Israel *noch nicht gedacht.*
Und ebenso war der *Gedanke der exklusiven Monolatrie*
dort *noch nicht gedacht.* Die Monolatrie war damals so libe-
ral, daß sie noch nicht auf Exklusivität drängte. Zu Salomos
Zeiten war man in religiöser Hinsicht noch recht tolerant,
ohne daß diese Toleranz jedoch als bewußte Haltung gesehen werden dürfte. Daß in 1 Kön 11 Salomo in anachroni-
stischer Weise am Maßstab des Monotheismus gemessen
wird, ist notwendige Konsequenz der theologisch-
monotheistischen Konzeption des *deuteronomistischen Geschichtswerks,* das erst nach der Zerstörung und Eroberung
Jerusalems 587 v. Chr. durch den babylonischen König Nebukadnezar geschrieben wurde, also in einer Zeit, in der sich

der Monotheismus als theoretischer Monotheismus durchsetzte. Dieses Geschichtswerk atmet ganz den Geist des Buches Deuteronomium, des 5 Mose, ein Geist, in dem sich
endgültig eine intolerante Monolatrie durchsetzt (s.u. zu Elija
und Elischa), deren Konzeption dann fast notwendig zum
Monotheismus führte. Darüber ist im letzten Teil des 2. Kapitels zu sprechen.
Wie aber stand es mit dem *Zweiten Gebot*? Da lesen wir
doch in 2 Mos 20,4f.:

> Du sollst dir kein Bildnis noch irgendein Gleichnis machen, weder von
> dem, was oben im Himmel, noch von dem, was unten auf Erden, noch
> von dem, was im Wasser unter der Erde ist. Bete sie nicht an und diene
> ihnen nicht! Denn ich, Jahwäh, dein Gott, bin ein *eifernder Gott*, der die
> Missetat der Väter heimsucht bis ins dritte und vierte Glied an den
> Kindern derer, die mich hassen.

Es ist also ein Verstoß gegen diesen eifernden Gott, irgendein Gottesbild zu fabrizieren, sei es nach irdischen Wesen
gestaltet, sei es in der Phantasie, die sich den Himmel aus-
malt. In der Tat, hier scheint alle Toleranz aufgegeben. In 5
Mos 5,8f. findet sich die nahezu gleiche Formulierung. Aber
in diesem Buch ist auch - wir hörten es schon - das Gebot
ausgesprochen, die heiligen Stätten der Heiden zu zerstören
und diese zu vertreiben. Die ganze religiöse Atmosphäre ist
eine andere geworden. Toleranz weicht brutaler Intoleranz.
Ehe wir aber das Deuteronomium näher bedenken, sollten
wir auf die Entwicklung innerhalb der Prophetie schauen,
nicht nur auf die Prophetenbücher der vorexilischen
Schriftpropheten, sondern vor allem auf *Elia* (Elija, im hebräischen Original *Elijjahu*, auf deutsch: *Jahwäh* ist (mein)
Gott!), von dem im deuteronomistischen Geschichtswerk
(nach 587 v. Chr. geschrieben, wahrscheinlich in mehreren
Redaktionen) ausführlich berichtet wird. Er war ungefähr in
der Mitte des 9. Jahrhunderts als Prophet im Nordreich Israel aufgetreten, also ungefähr hundert Jahre vor Amos und
Hosea, den ersten Schriftpropheten in Israel. Elija - bleiben
wir schon allein aus theologischen Gründen bei dieser Na-
mensform - stand in ständiger Konfrontation mit dem Kö-
nigshaus (s.u.), das ja - schon allein aus staatspolitischen Er-

wägungen - an einer fanatischen Monolatrie nicht interessiert sein konnte.

Über diesen Propheten wissen wir wenig Gesichertes. Wahrscheinlich stammt er aus Thisbe im Ostjordanland, einem Landstrich, in dem der Jahwäh-Glaube ziemlich unumstritten war. Was aber aus der Elija-Überlieferung gesichert sein dürfte, ist sein *Kampf gegen den Baal-Kult.* Bekannt ist die Erzählung von seiner Auseinandersetzung mit den Priestern dieses Gottes auf dem Karmel, *1 Kön 18.* Er bringt diese Priester dazu, sich auf ein Gottesgericht einzulassen, 18,22-24:

> Da sprach Elija zum Volk: „Ich bin allein übriggeblieben als Prophet Jahwähs, aber die Propheten Baals sind vierhundertundfünfzig Mann. So gebt uns nun zwei junge Stiere und laßt sie den einen Stier wählen und ihn zerstückeln und aufs Holz legen; dann will ich den anderen Stier nehmen und aufs Holz legen und auch kein Feuer daran legen. Und ruft ihr den Namen eures Gottes an. Aber ich will den Namen Jahwähs anrufen. Welcher Gott nun mit Feuer antworten wird, der ist wahrhaftig Gott." Und das ganze Volk antwortete und sprach: „Das ist recht."

Wir wissen, wie es weiter geht. Die Baalspriester rufen ihren Gott an. Doch der rührte sich nicht. Elija verspottet sie: „Euer Gott ist wohl beschäftigt. Oder er mußte mal. Vielleicht schläft er." Die Priester machen weiter, sie geraten in Raserei, in Ekstase. Um ihren Gott zum Eingreifen zu animieren, verletzen sie sich derart, daß das Blut nur so strömt. Aber es hilft nichts. Dann aber ruft Elija - Eli-*Ja: Jahwäh* ist Gott, nicht Baal! - seinen Gott Jahwäh an, den Gott Israels. Und der läßt sofort Feuer vom Himmel fallen, das das Brandopfer verzehrt. Das Volk ist nun überzeugt. Es ruft: *„Jahwäh ist Gott! Jahwäh ist Gott!"* Auf Geheiß des Elija ergreifen die Menschen die Baalspriester. Und dann heißt es in 1 Kön 18,40:

> Und Elija führte sie hinab zum Bach Kischon und *schlachtete sie* dort.

Eine grausame Szene: Vierhundertundfünfzig Priester sind's, die der eine Mann Elija regelrecht abschlachtet. Ein furchtbares Blutbad! Alle Kultdiener Baals werden dahingemetzelt. Wie kann nur ein einziger Mann rein physisch so etwas tun? Können sich denn seine Opfer nicht wehren? Da aber nach der Vorstellung des deuteronomistischen Autors das *ganze* Volk Israel anwesend war, vermochte es schon, wie Elija ihm befahl, die Baalspriester zu ergreifen, so daß es dann für diesen möglich war, sein blutiges Werk zu vollbringen.

Das, was aus 1 Kön 18 für unsere Fragestellung von Bedeutsamkeit ist und was wohl echte Überlieferung sein dürfte, ist die leidenschaftliche Mission des Propheten für seinen Gott, für Jahwäh. Allem Anschein nach war Elijas Ruf „Jahwäh ist Gott!" - und nicht Baal! - der Kern seiner Verkündigung.[39] Dafür spricht nach der Überzeugung einer großen Zahl von Alttestamentlern recht viel. Hieße das aber, daß wir bereits um 850 v. Chr., also um die Mitte des 9. Jahrhunderts, mit den ersten Anfängen eines unerbittlichen Monotheismus zu rechnen hätten? Unerbittlichkeit der Forderung, das dürfte wohl zutreffen - aber ein unerbittlicher, bis ins letzte fanatisch intoleranter *Monotheismus*? Daß Elija mit seiner Predigt und seinem Verhalten keine Toleranz kannte, spiegelt sich gerade in unserem Kapitel recht deutlich wider. Und werfen wir in diesem Zusammenhang auch einen Blick auf seinen Namen, einerlei, ob es sein Geburtsname war oder er ihn sich erst später zugelegt hat bzw. ob er ihm zugelegt wurde, so spricht sich in diesem Namen - wir sahen es schon - ein theologisches Programm aus, Eli-Ja: *Jahwäh* ist (mein) Gott! Das war ja auch der Kampfruf des Volkes, als Jahwäh auf dem Karmel das Feuer vom Himmel fallen ließ. Aber, so müssen wir fragen, will diese Parole bereits in jener Zeit den „Monotheismus" zum Ausdruck bringen? Immerhin kann man das theologische Programm „Jahwäh ist Gott!" durchaus *monolatrisch* interpretieren. Und so sollte man auch angesichts der frühen Königszeit eher im Sinne der Monolatrie interpretieren. Dann würde das Bekenntnis „Jahwäh - kein anderer ist Gott!" be-

---

[39]   Anders *Stolz*, ebd. 147: „Aber daß ein eigentlicher Streit darum entbrannt wäre, ob in einem Lokalkult [!] Ba'al oder Jahwe verehrt werden sollte, ist schwer denkbar; wahrscheinlich unterschied man gar nicht so genau zwischen den beiden Größen. So wird hier ein nicht mehr genauer zu rekonstruierender Streit [...] zwischen Jahwe und Ba'al stilisiert worden sein."

sagen: *Wir*, das Volk Israel, verehren nur Jahwäh! *Für uns* gibt es nur diesen einen Gott! Und eine spätere Entwicklung dieser fanatischen Monolatrie zu einem strikten Monotheismus läßt sich recht gut vorstellen.

Ernst Würthwein, der Kommentator der Königsbücher im ATD, hat 1962 einen Aufsatz in der ZThK geschrieben: Die Erzählung vom Gottesurteil auf dem Karmel. Darin hat er m.E. den Kampf Elijas für Jahwäh und gegen Baal zumindest im Entscheidenden richtig gesehen. Er meint, daß sich hinter den beiden Gottesnamen *zwei konkurrierende Typen von Religionen* verbärgen, nämlich „der Jahweglaube mit seinen strengen, geistigen, personalen Formen [...], der mit der Verheißung 'Ich will euer Gott sein' den religiösen Anspruch der Ausschließlichkeit und die sittliche Forderung des Gehorsams an die Gläubigen verbindet. Und auf der anderen Seite die Baalsreligion, die sich in leidenschaftlichen, orgiastischen, sinnfälligen Riten darstellt, sich aber weithin auch darin erschöpft. Den Menschen, die der natürlichen Anziehungskraft dieser sinnlichen Religion ausgesetzt sind, wird vor Augen gestellt: es ist nichts mit ihr, es steht keine göttliche Wirklichkeit dahinter".[40] Es fällt auf, daß es bei dieser Gegenüberstellung der beiden Religionen durch Würthwein nicht um den Gegensatz von Monotheismus bzw. Monolatrie und Polytheismus geht, sondern um den *Gegensatz* von *sittlicher* und *orgiastischer Religion*, also um den *Gegensatz von menschlichen Haltungen: Ethische Grundhaltung* oder *sexuelles Sich-Ausleben*. Wer des Menschen Gott ist, hängt von seinem Selbstverständnis ab. Nach dieser Interpretation wäre das Gottesbild ein Abbild des Menschenbildes: *Wie der Mensch, so sein Gott!* Das aber würde bedeuten: Die *eigentliche* Gottesfrage kommt nach Würthwein in 1 Kön 18 nicht zur Sprache. Und damit hat er zumindest in gewisser Weise etwas Richtiges gesehen. Denn hier interessiert nicht die Mathematik der Anzahl der Götter, hier interessiert, *für welche Art von Leben* der jeweilige Gott steht: Ist Gott der Inbegriff des Ethischen? Oder ist Gott der Inbegriff einer völligen Freizügigkeit, auch und gerade im Bereich der Sexualität? Ist also Religion der Freibrief für einen extremen egozentrischen Liberalismus und somit ohne

---

[40] *Würthwein* , ZThK 59, 140.

den verantwortungsvollen Blick auf den Nächsten? Oder ist
Gott der Inbegriff eines verantwortungsbewußten und somit
auch fordernden Lebens? So, wie Ernst Würthwein die
Jahwäh-Religion interpretiert, ist Jahwäh die personale In-
stanz, vor der Israel und der einzelne Israelit ihr Leben im
Blick auf ihr ethisches Verhalten zu verantworten haben.
Wir müssen das Gesagte in den größeren Kontext der Geschichte Israels stellen, um Elijas Tätigkeit angemessen verstehen zu können. Bekanntlich brach das gemeinsame Reich
Israel, bestehend aus dem Südreich Juda, der Urzelle des
Reiches Davids, und dem Nordreich Israel, dem größeren
der beiden Reiche (zehnundeinhalb Stämme, das Südreich
hingegen nur einundeinhalb Stämme), nach dem Tode Salomos auseinander. Zugleich verlor damit das Nordreich
seinen kultischen Mittelpunkt, nämlich den Jerusalemer
Tempel. Also schuf der erste König des Nordreichs, Jerobeam I., seine eigenen Kultstätten, eine im südlich gelegenen
Bethel, die andere im nördlich gelegenen Dan. Denn Jerobeam I. wollte nicht, daß seine Untertanen immer wieder nach
Jerusalem pilgerten. Denn das wäre in seinen Augen staats-
politisch gefährlich gewesen: Das Zentrum seiner Religion
im Ausland! Jerobeam hat die Situation auch sicherlich richtig eingeschätzt. In Bethel und Dan ließ er dann Stiere auf-
stellen - ein Anlaß für die beißende Kritik aus Juda: Der König des Nordreichs hat Jahwäh gegen zwei Kälber einge-
tauscht! Eine Kritik, die recht anschaulich war und wohl
auch recht wirksam gewesen sein dürfte. Dumme Tiere sollen Israel aus Ägypten befreit haben! Das ist die Verhöh-
nung Jahwähs! Mit den Stieren hat es Jerobeam seinem
„Kollegen" in Jerusalem recht einfach gemacht. Diese Kritik
übernimmt später auch der deuteronomistische Geschichtsschreiber der Königsbücher. Im deutero-nomistischen Geschichtswerk ist immer wieder von *der* Sünde Jerobeams
die Rede. Doch war diese Kritik unberechtigt. Denn die
Stiere in Bethel und Dan sollten gar nicht Götter in Tierge-
stalt darstellen. Sie sollten lediglich als Postamente für den
unsichtbar thronend gedachten Gott Jahwäh dienen. Aber
wenn einmal ein gemeines Vorurteil die Massen überzeugt
hat, dann ist es fast unausrottbar. Und bedenkt man, daß das
Nordreich Israel im Jahre 722 v. Chr. durch die Assyrer sein
definitives Ende gefunden hat, das Südreich Juda hingegen

aber erst 587 v. Chr. durch die Babylonier, und zwar durch
den berüchtigten König Nebukadnezar, bedenkte man ferner, daß dieses Südreich nach einiger Zeit aufgrund der persischen Religionspolitik seine politische Wiederauferstehung
erlebte, dann ist es nicht verwunderlich, wie das im Geiste
des Südens geschriebene deuteronomistische Geschichtswerk die Vorurteile gegen das ehemalige Nordreich konser-
vierte, ja zementierte. Die Geschichtsbücher werden in der
Weltgeschichte bekanntlich von den Siegern geschrieben!
Haben erst einmal die Waffen gesiegt, so wird das Urteil
über die Besiegten entsprechend einseitig, ungerecht und oft
polemisch ausfallen. Denn schließlich gehört die Geschichts-
klitterung weithin zur brutalen Machtpraxis der Sieger! Und
so steht in unserem Falle noch heute das böse und unge-
rechte Urteil über Israels König Jerobeam I. im Alten Testament.

Während in Juda die Davididen ununterbrochen bis 587 v.
Chr. regierten und in Jerusalem residierten, litt Israel unter
dauerndem Wechsel. Eine Dynastie löste die andere ab, zuweilen mit grauenvollen Blutbädern, mit Mord und Intrige.
Diese Katastrophen hatten auch Auswirkungen auf die jeweilige Religionspolitik. Vergegenwärtigen wir uns noch
einmal, daß im Nordreich Israel nicht nur an Jahwäh Glaubende wohnten, nicht nur Israeliten. Ein großer Teil, vielleicht nahezu die Hälfte der Bevölkerung bestand aus Kanaanäern, die sich in ihrer Frömmigkeit unter den Göttern ihres Pantheons vor allem an Baal hielten, den sie zum Teil
leidenschaftlich verehrten, an dem sie mit all ihren Emotionen hingen. Der Gegensatz von Jahwäh-Verehrung und
Baal-Verehrung war eben nicht nur ein theoretisch glau-
bensmäßiger - wir sahen das eben schon am Urteil Wür-
thweins über die beiden Religionen -, er war in erster Linie
ein hoch emotionaler Gegensatz. Man verkennt die gesamte
Situation im damaligen Nordreich, wenn man sich nicht
ständig diesen Sachverhalt vor Augen hält.

Kommen wir wieder in die Zeit Elijas zurück, ins 9. Jahrhundert v. Chr.! 886 kommt durch einen Staatsstreich *Omri*
in Israel an die Macht und begründet eine neue Dynastie, die
der Omriden. Sein Sohn war Ahab, dessen Söhne dann
Ahasja und Joram. Schon die Namen der Enkel Omris zeigen, daß in dieser Familie Jahwäh verehrt wurde. Denn so-

wohl in Ahas-*Ja* als auch in *Jo*-ram findet sich das theopho-
re Element Ja(hwäh). Aber trotz aller Jahwähtreue - als König mußten auch Omri und seine Nachkommen den Baal-
Verehrern in ihrem Reich gerecht werden. Nun wird die
Lage noch dadurch verkompliziert, daß zur Regierungszeit
Omris die berüchtigte *Isebel* die Gattin des Kronprinzen
Ahab wurde. Sie, die Tochter des Königs von Tyros, war
glühende Baal-Verehrerin und brachte anläßlich ihrer Hochzeit ihren Baalskult mitsamt dem Kultpersonal - es waren
die sogenannten Baal-Propheten - mit nach Israel. Dieser
tyrische Baal war Melkart, auf deutsch: König der Stadt. Mit
dieser Heirat war nichts Außergewöhnliches geschehen.
Solche „Mischehen" - wir kennen sie schon von Salomo
her - wurden gerade zwischen Königsfamilien geschlossen,
schon allein aus politischen Gründen. Und da das Nordreich
Israel ohnehin halb aus Jahwäh-Verehrern und halb aus
Baal-Verehrern bestand, war es im Grunde die natürlichste
Sache der Welt, wenn der Kronprinz eine Tochter des Königs von Tyros zur Frau nahm, dessen Untergebene Baal-
Verehrer waren. *Manfred Claus* schreibt in seiner „Ge-
schichte Israels":[41]

Es kam im Laufe der Zeit zu einer Annäherung der Bewohner [in Isra-
el] auch auf religiösem Sektor, wenngleich hebräische Gruppierungen
sicherlich stets dagegen opponierten. Seit David stellte sich die Aufgabe, ein einheitliches Staatsvolk zu schaffen, eine Aufgabe, die Omri nun
in Angriff nahm. Dabei bildete der Kult der Isebel zunächst nur einen
Ansatzpunkt. Generelles Ziel Omris war es, ein Nebeneinander beider
Bevölkerungsteile und Kulte zu stabilisieren, um vielleicht sogar einmal
ein Miteinander zu erreichen. Jahwe allein schien ebenso untragbar wie
Baal allein, aber gab es für Jahwe mit Baal keinen Weg? Das Königs-
haus war sicherlich bereit, die Götter aller Untertanen zu respektieren.

Dem *Politiker* Omri können wir hier nur recht geben! Bezeichnend für die damalige Situation im Nordreich Israel ist
der auffällige Tatbestand, daß dieser Staat *zwei Residenzen*
besaß, *Samaria* und, nördlich davon gelegen, *Jesreel*. Zunächst wurde die israelische Religion mit ihren beiden von
Jerobeam I. erbauten Heiligtümern Bethel und Dan durch
den Baalstempel von Samaria relativiert. *Herbert Donner*

[41]   *Claus*, Geschichte Israels, 106.

spricht in seiner „Geschichte des Volkes Israel und seiner Nachbarn" von diesem Tempel als einer „Art Zentralheiligtum für die 'Kanaanäer' im Nordstaate Israel".[42] War also, um ihn noch einmal zu zitieren, Samaria „das Zentrum des Staates Israel nach seiner 'kanaanäischen' Komponente, [so] Jesreel [...] Zentrum ebendieses Staates nach seiner 'israelitischen' Komponente".[43] Jesreel lag in einem Gebiet, das religiös vom Jahwäh-Glauben bestimmt war.

Wie wenig aber die Omriden das Jahwäh-Recht respektierten, wie wenig Fingerspitzengefühl sie dafür hatten, wenn es ihren Interessen entgegenstand, zeigte sich, als Ahab, besagter Sohn Omris, von einem gewissen Naboth in Jesreel ein Grundstück kaufen wollte, das er aber nach Jahwäh-Recht nicht erwerben durfte. Ahab setzte sich letzten Endes mittels eines Rechtsbruchs durch, wahrscheinlich ohne allzu großes Unrechtsbewußtsein (1 Kön 21,1ff.). Isebel hatte sich eingemischt und sorgte durch ein falsches Zeugnis vor Gericht dafür, daß Naboth gesteinigt wurde. Elija machte sich aber auf Geheiß Jahwähs zu Ahab auf und drohte ihm im Namen seines Gottes das Ende der Dynastie an. Alle Männer seines Geschlechtes würden ausgerottet. Und gegen Isebel sagte Elija (1 Kön 21,23f.):

Die Hunde sollen Isebel fressen, an der Mauer Jesreels. Wer von Ahab stirbt in der Stadt, den sollen die Hunde fressen, und wer auf dem Felde stirbt, den sollen die Vögel unter dem Himmel fressen.

Weil sich aber Ahab vor Jahwäh gedemütigt hatte, sollte das Ende seiner Dynastie erst nach seinem Tode erfolgen (1 Kön 21, 29).

Man hat weithin die Polarisierung im Staate der Omriden der Isebel zugeschrieben. Und es stimmt schon, daß sie aggressiv gegen die Jahwäh-Verehrung und Jahwäh-Verehrer vorgegangen ist. Wahrscheinlich hat sie sogar Jahwäh-Anhänger verfolgt und ermorden lassen. Aber man sollte ihren Einfluß nicht überschätzen. Daß es zu scharfen Auseinandersetzungen zwischen beiden Religionen gekommen ist, hängt wohl eher damit zusammen, daß den Omriden,

---

[42] *Donner*, Geschichte des Volkes Israel, Bd. 2, 298.
[43] Ebd. 297.

wie Donner meint, die Religionspolitik mit dem Ziel der
Toleranz beider Religionen im Staate Israel aus dem Ruder
gelaufen ist. Sicher dürfte sein, daß Jahwäh-treue Kreise
prinzipiell gegen die kanaanäerfreundliche Politik des Kö-
nigshauses opponierten. Elija mit seinem religiösen Programm „Jahwäh ist Gott! *Nur* Jahwäh ist Gott in Israel!"
war für diese Kreise wohl typisch. Zwar nicht im Sinne eines theologisch durchdachten Monotheismus - dafür war,
wie wir bedachten, die Zeit noch nicht reif -, wohl aber, um
den Begriff zu wiederholen, im Sinne einer *intoleranten
Monolatrie*. Wer im Herrschaftsbereich unseres Gottes
Jahwäh wohnt, der muß auch dort an ihn glauben! Baal hat
hier nichts zu suchen!
Die kanaanäerfreundliche Politik der Omriden bewirkte also
das Gegenteil von dem, was ihre Absicht war. Sie wollten
Frieden im Lande, auch religiösen Frieden. Aber gerade die
Friedensabsicht der omridischen Könige stachelte den Eifer
der Jahwäh-Verehrer gegen die Baal-Verehrer nur noch
mehr an. Friedenspolitik schürte regelrecht den Aufstand
der einen gegen die anderen: Tod den Ungläubigen! Religiöser Fanatismus will niemals Frieden, will niemals Toleranz
gegenüber den anderen. Und so kam es, wie es kommen
mußte. Der Trend der vom Propheten inspirierten Regie-
rungsgegner in Israel ging auf Vernichtung der Baal-
Verehrer aus! Zunächst aber mußte das omridische Königtum beseitigt werden, das in den Augen der Jahwäh-
Fanatiker den Gott Israels verraten hatte. Wer im Glauben
an Jahwäh so wenig gefestigt ist, der muß beseitigt werden!
Weg mit diesen Verrätern!
Da gab es einen Propheten in Israel, den die spätere Überlie-
ferung zum Nachfolger Elijas machte, der aber in Wirklich-
keit aus einem anderen soziologischen Milieu kam: *Elischa*
(Elisa), der Anführer einer ekstatischen Prophetengruppe.
Der schickte einen seiner Jünger zu einem hohen Militär,
Jehu ben Josaphat ben Nimsi. Dieser Jünger salbt also im
Auftrage Elischas Jehu zum König, damit dieser in brutal-
ster Radikalität den Jahwäh-Glauben in Israel durchsetze.
Der Auftrag an Jehu lautete (2 Kön 9,6-10):

So spricht Jahwäh, der Gott Israels: „Ich habe dich zum König gesalbt
über Israel, das Volk Jahwähs. Und du sollst das Haus Ahabs, deines

Herrn, schlagen, daß ich das Blut meiner Knechte, der Propheten, und das Blut aller Knechte Jahwähs räche, das die Hand Isebels vergossen hat, so daß das ganze Haus Ahab umkomme. Und ich will von Ahab ausrotten, was männlich ist, bis auf den letzten Mann in Israel, und will das Haus Ahab machen wie das Haus Jerobeams, des Sohnes Nebats, und wie das Haus Baschas, des Sohnes Ahijas. Und die Hunde sollen Isebel fressen auf dem Acker in Jesreel, und niemand soll sie begraben."

Ein recht blutrünstiger Befehl, der da als Befehl Gottes ausgegeben wird! Sippenhaft wie in schlimmsten Diktaturen! Ermordung ganzer Familien! Ausrottung von Menschen! Soll das wirklich der Wille Gottes, der Wille Jahwähs sein? Jehu jedenfalls macht sich zur Residenz Jesreel auf, wo sich Joram, der König von Israel, aufhielt, um dort eine Wunde auszuheilen, die er sich im Krieg gegen die Aramäer zugezogen hatte. Jehu ermordet ihn und zugleich auch den König Ahasja von Juda, der sich gerade bei Joram aufgehalten hatte.
Und Isebel, die zu dieser Zeit noch lebte? Die schminkt ihr Angesicht und schmückt ihr Haupt und schaut zum Fenster ihres Palastes hinaus. Sie bewahrt Haltung, bleibt souverän in dieser für sie aussichtslosen Situation. Sie verhöhnt Jehu: „Geht's gut, du Simri" - sie vergleicht ihn mit einem anderen König, einem Verschwörer - „der seinen Herrn erschlug?" Jehu aber befiehlt, Isebel aus dem Fenster zu stürzen. Wir lesen (2 Kön 9,33-37):

Und sie stürzten Isebel hinab, so daß die Wand und die Rosse mit ihrem Blut besprengt wurden; und sie wurde zertreten. Und als er [Jehu] hineinkam und gegessen und getrunken hatte, sprach er: „Seht doch nach der Verfluchten und begrabt sie; denn sie ist eines Königs Tochter!" Als sie aber hingingen, um sie zu begraben, fanden sie von ihr nichts als den Schädel und die Füße und ihre Hände. Und sie kamen zurück und sagten's Jehu an. Er aber sprach: „Das ist's, was Jahwäh geredet hat durch seinen Knecht Elija, den Thisbiter, als er sprach: Auf dem Acker von Jesreel sollen die Hunde das Fleisch Isebels fressen, und der Leichnam Isebels soll wie Mist auf dem Felde sein im Gefilde von Jesreel, daß man nicht sagen könne: Das ist Isebel."

Manfred Claus kommentiert in seiner „Geschichte Israels" dieses Geschehnis mit folgenden Worten: [44]

Das Ende Isebels schildert der alttestamentliche Erzähler in schrecklichen Farben und voll erschreckender Genugtuung.

Das blutrünstige Geschehen findet seine Fortsetzung. In Samaria wurden alle Omriden durch Täuschung ermordet, ihre abgeschlagenen Köpfe ordentlich in Körbe verpackt und zur Residenzstadt Jesreel gebracht, wo sie Jehu vor einem Stadttor aufschichten ließ. In Samaria wurde der Baalsdienst abgeschafft und das Baal-Heiligtum zerstört. Zunächst wurden die Baalspriester getäuscht, indem man sie aufforderte, ihren Gottesdienst zu halten. Dann wurden sie heimtückisch umgebracht. Claus kommentiert die Vorgänge des Staatsstreichs Jehus mit den Worten: [45]

Ein Blutrausch ohnegleichen hatte die neue Führungsschicht ergriffen.

Blutrausch im Namen Gottes! Und wie beurteilt nach der Auffassung des biblischen Geschichtsschreibers Jahwäh selbst diese Vorgänge? Wir lesen in 2 Kön 10,30:

Und Jahwäh sprach zu Jehu: Weil du willig gewesen bist, zu tun, *was mir gefallen hat*, und am Hause Ahab *alles getan* hast, *was in meinem Herzen war*, sollen dir auf dem Thron Israels deine Söhne bis ins vierte Glied nachfolgen.

Also der ganze Blutrausch etwas, was Gott gefallen hat? Die ganze Herzlosigkeit eines der grausamsten Staatsstreiche, den die biblische Geschichte kennt, etwas nach dem Herzen Gottes? Sadistisches Geschehen als ein gottgefälliges Werk? Weil Jahwäh als der einzige Gott in Israel verehrt sein will, deshalb ein so menschenverachtendes Abschlachten? Fragen wir vertiefend weiter: Wird uns hier nicht ein Gottesbild vor Augen gestellt, das uns Menschen an der biblischen Sicht Gottes irre werden läßt? Unsere Vorlesung hat den Untertitel „Fluch und Segen der monotheistischen Religionen". Müßten wir nicht an dieser Stelle des Alten Testaments sa-

---

[44]   *Claus*, Geschichte Israels, 109.
[45]   Ebd. 109.

gen, wir hätten es hier im höchsten Exzeß mit dem *Fluch einer* zwar nicht monotheistischen, wohl aber *monolatrischen Religion* zu tun?

Wie also sollen wir hier argumentieren? Daß wir zu 2 Kön 9 und 10, wenn denn für uns die christliche Botschaft des Neuen Testaments das unumstößliche Kriterium ist, nicht Ja sagen können, bedarf wohl keiner Diskussion. Daß auch Christen in religiösen Fragen gegen das Fünfte Gebot „Du sollst nicht töten!" schwerstens verstoßen haben, dürfen wir nicht verschweigen. Aber zugleich sei festgehalten, daß die in den beiden Kapiteln des 2 Kön beschriebenen Morde von uns nur mit kategorischer Ablehnung zur Kenntnis genommen werden können. Jedoch, können wir sie überhaupt als Aussagen der Heiligen Schrift akzeptieren? Ich versuche zu antworten:

2 Kön 9 und 10 sind zwei Kapitel eines alttestamentlichen Geschichtswerks, das die geschichtlichen Urteile einer ganz bestimmten Ära innerhalb der Geschichte Israels zum Ausdruck bringt. Es sind Urteile, die mit anderen biblischen Urteilen unvereinbar sind. Hat die Heilige Schrift des Alten Testaments solch unheiliges Verhalten als gottgewollt berichtet, so wird uns in aller Deutlichkeit vor Augen gestellt, wie im Verlauf der biblischen Geschichte auch und gerade in religiösen Fragen Menschen zu schlimmster Perversität fähig sind, wie selbst von Gott grausamste Zerrbilder geschaffen werden konnten, Zerrbilder, die wir heute nur noch mit Ablehnung und Abscheu zur Kenntnis nehmen können. Überall, wo es um Gott geht, sind leider immer wieder Menschen imstande, von eben diesem Gott ein übles, ein geradezu satanisches Bild zu entwerfen. Es gibt auch eine *satanische Vorstellung von Gott!* Gott kann im Denken der Menschen zum Satan gemacht werden! Und umgekehrt kann der Satan zum Gott gemacht werden! Der Gott des Segens kann zum Gott des Fluchs verkehrt werden. Auch, ja gerade die Religion kann sich gegen ihre Pervertierung nicht schützen. Und da Theologie die theoretische Reflexion der Religion, die theoretische Reflexion des Glaubens ist, steht auch sie immer wieder in der Gefahr, sich selbst zu pervertieren! Das Urteil „Gottes" über Jehu im deuteronomistischen Geschichtswerk ist solch pervertierte Theologie, diese Kapitel sind das *Dokument eines religiös pervertierten*

Redens von Gott. Aber solche Aussagen haben durchaus ihren positiven Sinn. Denn gerade sie sind in der Lage, uns, den Lesern der Heiligen Schrift, warnend zu sagen: „So sehr können Menschen durch falschen und ideologischen 'Glauben' zu Gotteslästerern werden! Es gibt auch die blasphemische Religion, es gibt auch den blasphemischen Glauben an Gott!"

Intermezzo: Die hinduistische Schrift Bhagavadgîtâ

Was soll dieser Ausflug ins hinduistische Indien? Was soll dieser Ausflug in den Hinduismus mitten in der Darstellung des alttestamentlichen Monotheismus-Problems? Und das zu einem Zeitpunkt, wo der eigentliche alttestamentliche Monotheismus noch nicht einmal in unseren Blickwinkel gekommen ist! Überhaupt, was hat Indien mit dem Monotheismus zu tun? Was hat der Hinduismus mit dem Monotheismus zu tun? Denken wir an Indien, so haben wir doch eine reichlich polytheistische Götterwelt vor Augen, zum Teil recht eigenartige, vielleicht sogar ein wenig komisch anmutende Götter wie z.B. den Elefantengott Ganescha, den Affengott Hanuman oder den tanzenden Schiwa mit seiner Gemahlin Durga oder Kali. Da gibt es dann auch noch den Feuergott Agni, den seine Feinde besiegenden Gott Indra, auch den so jenseitigen Gott Vischnu, der sich aber als Krischna recht diesseitig offenbart, natürlich nicht zu vergessen den mit dem All identischen Gott Brahma! Also noch einmal die Frage: Was soll dieses bunte Pantheon ausgerechnet im Kontext unseres Monotheismus-Problems?

Auf den für Sie sicherlich überraschenden Gedanken, Sie an dieser Stelle der Behandlung des Alten Testaments zu einem Ausflug nach Indien einzuladen, hat mich der in der letzten Vorlesung genannte Jehu gebracht, der im Namen Jahwähs seinen überaus blutigen Staatsstreich durchführte. Denn er hat mich dazu animiert, mit der Schrift Bhagavadgîtâ, mit ihrer Darstellung des sich offenbarenden Gottes Vischnu, ein monotheistisches Kontrastprogramm zu bieten. Wir erinnern uns, wie Jehu, fern aller Menschlichkeit, fanatisch und zugleich machthungrig die Monolatrie Jahwähs durchsetzte und im Namen *seines* Gottes nicht die geringste Toleranz

zuließ. Für ihn gab es in religiöser Hinsicht - und somit natürlich auch in politischer Hinsicht! - nicht den geringsten
Kompromiß! Und wer ihm kompromißbereit schien, der
war in seinen Augen ein todeswürdiger Verräter am Gotte
Israels. Der verdiente die Todesstrafe, auch die grausamste,
auch die perverseste, in der, wie wir sahen, selbst abge-
schlagene blutige Köpfe einer sensationsgierigen Meute zum
Nervenkitzel präsentiert wurden. Ist nämlich Gott ein auf
seine göttliche Monopolstellung unerbittlich eifersüchtiger
Gott, dann muß seine Verehrung mit allen dazu erforderli-
chen Mitteln durchgesetzt werden - wenn nötig, sogar blu-
tig! In der Situation einer Entscheidung zwischen religiöser
Konzessionsbereitschaft und blutigem Durchsetzen der
vermeintlich einzig richtigen Gottesverehrung hat eben Gott
das Vorrecht vor allen Rücksichtnahmen und aller Menschlichkeit! Der Mensch, vor die Wahl zwischen Gott und
Mensch gestellt, kann und darf nur Gott wählen!
Wie anders aber kann es im *Hinduismus* sein! Zunächst ist
jedoch nicht zu bestreiten: Auch in seiner Geschichte war
und ist der religiöse und nationale Fanatismus leider immer
wieder blutige Realität. Wir brauchen in unserer Gegenwart
nur an das leidige Kaschmir-Problem zu denken, das grausamsten Mord gebiert. Immer wieder erreicht uns durch die
Medien die Nachricht, daß es in Indien fanatische Hindus
gibt, die in ihrer nahezu unbegrenzten Intoleranz gegenüber
den Muslimen - die freilich großenteils auch alles andere als
tolerant sind! - sogar soweit gehen, daß sie Moscheen, Got-
teshäuser also, zerstören. Zwar geht es auch in der gleich zu
behandelnden Bhagavadgîtâ nicht ganz unblutig zu, da der
Kriegsdienst als Pflicht beurteilt wird. Aber in ihr finden sich
gerade da, wo es um theologisch zentrale Fragen geht, Aussagen, welche theologische Weitherzigkeit zum Ausdruck
bringen.
Ich habe die *Bhagavadgîtâ* - auf deutsch: Lied des Erhabenen; im Sanskrit heißt *bhagavadat* der Erhabene - ausge-
wählt, weil diese heilige Schrift innerhalb der Bandbreite
vom Polytheismus über die Monolatrie bis zum Monotheismus von Gott spricht (Entstehungszeit ca. 2. Jahrhundert v.
Chr., endgültige Fassung ca. 8. Jahrhundert n. Chr.) und als
eines der wichtigsten, wenn nicht sogar das wichtigste Glaubenszeugnis des Hinduismus gilt. Wir sollten uns jedoch zu-

nächst einen kurzen Überblick über den Hinduismus als solchen verschaffen, um zu verstehen, was die existentielle Bedeutsamkeit der genannten Bandbreite ihres Redens von
Gott und den Göttern ausmacht. Wie bereits gesagt, stoßen
wir im Hinduismus auf eine recht eigenartige Götterwelt, auf
einen massiven Polytheismus, der unseren eigenen religiösen
und theologischen Vorstellungen äußerst fremd ist und auf
uns befremdend wirkt.

Noch eine Bemerkung zur Sprache der Bhagavadgîtâ, zum
Sanskrit! Ich muß immer wieder auf Worte dieser altindischen Sprache zu sprechen kommen, um nicht zu oberflächlich in meiner Interpretation dieser Schrift vorzugehen.
Natürlich setze ich bei Ihnen keine Kenntnisse des Sanskrit
voraus. Aber Sie sollten zumindest wissen, daß gerade in
dieser Sprache keine Eindeutigkeit von Begriffen gegeben
ist. Das Bedeutungsspektrum eines Wortes ist oft sehr breit,
und zwar gerade in solchen Passagen, in denen es um wichtigste theologische und philosophische Inhalte geht. Als Beispiel diene das Wort *puruṣa* (sprich: púruscha): Von *Henri
Le Saux* († 7. Dezember 1973), einem Benediktinermönch,
der sich um die Begegnung von hinduistischer Religion und
Christentum große Verdienste erwarb und der sich auch
selber lange in Indien aufgehalten hatte[46], - wir werden auf
diesen Autor noch an entscheidender Stelle unserer Vorlesung zu sprechen kommen - stammt die auch für breitere
Kreise lesenswerte Aufsatzsammlung „Die Spiritualität der
Upanishaden". Es handelt sich um Abhandlungen, die zwar
die weithin zeitlich vor der Bhagavadgîtâ liegenden Upanishaden (ca. ab 6. Jahrhundert v. Chr.) thematisieren, zugleich
aber in glänzender Weise hinduistischen Geist vermitteln
und daher auch ein tieferes Verstehen der Bhagavadgîtâ

---

[46]   Freilich habe ich es als evangelischer Theologe schwer, in Le
Saux' so überaus asketischem Leben ein christliches Ideal zu sehen.
Man lese nur die biographische und theologische Einführung von
Odette Baumer-Despeigne in *Le Saux*, Die Spiritualität der Upanishaden, 5-24. Aber vielleicht sollte man sich als ein aus einer anderen Spiritualität Kommender des Urteils enthalten und einfach dankbar zur
Kenntnis nehmen, daß ihn die Wüstenaufenthalte zu bewundernswerten theologischen Erkenntnissen geführt haben.

fördern. Le Saux geht es zentral um die Entsprechungen von Mensch und Universum:[47]

> Dies führt uns zu dem Begriff *puruṣa*, dessen unendlich vielfältige Bedeutung keine Übersetzung wiederzugeben vermag, denn das westliche Denken scheint unfähig zu sein, das zu begreifen oder durch ein Wort seiner Tradition und Kultur auszudrücken, was in der indischen Tradition ein Kristallisationspunkt vielfältiger Bedeutungen ist, die mit dem Begriff *Puruṣa* evoziert werden.

Hier mag der Hinweis genügen, daß alle Aspekte dieses Wortes mit dem Menschen zu tun haben, und zwar mit dem *Menschen*, der *auf der Suche nach sich selbst* ist.

Zunächst aber folgende grundlegende Information: Der Begriff *„Hinduismus"* verdankt seine Entstehung einem europäischen Mißverständnis, nach dem es sich um die Bezeichnung *einer* Religion handelt. In Wirklichkeit sind Hindus aber Gläubige sehr unterschiedlicher indischer Religionen. *Heinrich von Stietencron* kennzeichnet in seinem TRE-Artikel „Hinduismus" zutreffend die Religionen des Hinduismus als untereinander zwar verwandt, aber zugleich als so verschieden, wie es z.B. bei den sogenannten „abrahamitischen" Religionen Judentum, Christentum und Islam der Fall sei.[48] Ursprünglich verstand man unter „Hindus" Menschen des Landes, durch den der Indus fließt. Abgeleitet ist das Wort vom persischen Namen „Hindu" für diesen Fluß.

Die *Geschichte* der hinduistischen Religionen ist recht lang. Da sind die ursprünglich polytheistischen Religionen, unter deren heiligen Schriften sich vor allem die *Veden* (2. Jahrtausend v. Chr. bis 4. Jahrhundert v. Chr.) und die schon genannten *Upanishaden* befinden. Das Sanskrit-Wort *veda* bedeutet „heiliges Wissen" (s. das etymologisch verwandte lateinische Verb *videre* = sehen, sehend verstehen). Gönnen wir uns zunächst einen kurzen Blick in die Veden, die uns

---

[47] *Le Saux*, Die Spiritualität der Upanishaden, 101. Vielleicht ist der Abschnitt „Schlüsselworte" für den, der keine Kenntnisse des Sanskrit besitzt, in besonders guter Weise geeignet, diesen mit wichtigen Sanskrit-Worten und Sanskrit-"Begriffen" vertraut zu machen und so in das Denken der religiösen Schriften des Hinduismus einzuführen, ebd. 96-133. Ein auch für diesen Zweck brauchbares Glossar ebd. 225-237.

[48] *von Stietencron*, Hinduismus, 346.

für die Anfangsphase des Hinduismus zeigen, wie bereits in ihr trotz allem Polytheismus *Tendenzen auf* eine *Monolatrie*, wenn nicht sogar auf einen *Monotheismus* hin erkennbar sind. Ich bringe Ihnen einige bezeichnende Strophen aus dem *Weltschöpfungslied*:

1. Damals war nicht das Nichtsein, noch das Sein,
Kein Luftraum war, kein Himmel drüber her. –
Wer hielt in Hut die Welt; wer schloß sie ein?
Wo war der tiefe Abgrund, wo das Meer?
2. Nicht Tod war damals, noch Unsterblichkeit,
Nicht war die Nacht, der Tag nicht offenbar. –
Es hauchte windlos in Ursprünglichkeit
Das Eine, außer dem kein anders war.
3. Von Dunkel war die ganze Welt bedeckt,
Ein Ozean ohn' Licht, in Nacht verloren; –
Da ward, was in der Schale war versteckt,
Das Eine durch der Glutpein Kraft geboren.
...
6. Doch, wem ist auszuforschen es gelungen,
Wer hat, woher die Schöpfung stammt, vernommen?
Die Götter sind diesseits von ihr entsprungen!
Wer sagt es also, wo sie hergekommen? –
7. Er, der die Schöpfung hat hervorgebracht,
Der auf sie schaut im höchsten Himmelslicht,
Der sie gemacht hat oder nicht gemacht,
Der weiß es! - oder weiß auch er es nicht?[49]

In diesem Lied kommt eine recht eigenartige Unentschiedenheit zum Ausdruck, fast vernimmt man einen klagenden Ton von Resignation. Da ist in Strophe 6 vom Schöpfer die Rede, also doch wohl von einem Gott, der schon vor der Schöpfung, also vor seinem Wirken, existiert haben muß. In Strophe 2 heißt es allerdings, daß nur „das Eine" existiert, „außer dem kein andres war". Ist dieses Eine (*neutrum*!) dann im Sinne des Liedes *der* Schöpfer, *„Er"* (*masculinum*!), der die Schöpfung hervorgebracht hat? Dann wird aber zu unserem Erstaunen in Strophe 7 die Frage gestellt, ob „er" sie vielleicht doch nicht gemacht habe. Er wisse ja schließlich, ob er es getan hat oder nicht! Und dann überrascht uns die Frage „Oder weiß auch er es nicht?". Also

---

[49]   Übersetzung von *Helmuth von Glasenapp* in: *ders.*, Indische Geisteswelt, Bd. 1, 20f.

mehr Fragen als Antworten! In der Regel dogmatisieren
Religionen ihre Glaubenssätze. Der Hinduismus in seinem
frühen Stadium trägt aber gerade kein Dogma vor, er fordert keinen bedingungslosen Glauben an einen autoritativ
fixierten Glaubenssatz. *Nicht das Dogma, sondern die Frage!*
Bedenken Sie bitte auch folgendes: Wir haben es hier mit
einer Dichtung zu tun, die möglicherweise schon weit über
dreiundeinhalbtausend Jahre alt ist (aus dem *Rigveda*, dem
wichtigsten der Veden). In ihr sind bereits *Religion* und
Philosophie, aber auch *Theologie* und *Philosophie* engstens
verbunden. Wenn der bedeutende Religionsgeschichtler und
Hinduismus-Spezialist *Helmuth von Glasenapp* sagt, die
Upanishaden („Geheimlehren") seien die ältesten philosophischen Traktate[50], so trifft dies zu im Blick auf den litera-
turwissenschaftlichen Begriff „Traktat". Daß aber bereits die
Dichter der Veden philosophisch dachten, läßt sich an dem
eben zitierten Gedicht ablesen.
Aus den *Upanishaden* zitiere ich aus dem Traktat *Die Lehre
des Shândilya*:[51]

Dieses ganze All ist das Brahma; in ihm aufgehend soll man es als ein
zur Ruhe Gekommener verehren. Der *Mensch ist, wie seine Gesinnung*
(Absicht) ist; wie seine Gesinnung in dieser Welt ist, so wird der
Mensch, wenn er hier (im Tode) geschieden ist. Darum betätige man
die rechte Gesinnung.
Denken ist *sein Wesen*, der Lebenshauch sein Leib, Licht seine Gestalt,
Wahrheit sein Entschluß, der unendliche Raum sein Selbst. Allwirkend,
allwünschend, allriechend, allschmeckend, dieses All umfaßt er, ohne
Worte und unbekümmert (um alles andere).
Dieses *mein Selbst im innersten Herzen* ist kleiner als ein Reiskorn
oder ein Gerstenkorn oder ein Senfkorn oder ein Hirsekorn oder eines
Hirsekorns Kern.
Dieses *mein Selbst im innersten Herzen* ist größer als die Erde, größer
als der Luftraum, größer als der Himmel, größer als die Welten.
Allwirkend, allwünschend, allriechend, allschmeckend, allumfassend,
ohne Worte und unbekümmert: *so ist mein Selbst im innersten Herzen*. Dies ist *das Brahma*. Wenn ich von hier geschieden bin, werde
ich in es eingehen.

---

[50] Ebd. 35.
[51] Ebd. 35f.

In diesem philosophischen Text ist im Kern schon gewissermaßen die ganze Geschichte der hinduistischen Religionen enthalten. Grundbegriffe werden genannt, die auch später, z.B. in der Bhagavadgîtâ, eine entscheidende Rolle spielen. Natürlich, sie erscheinen dann in neuen Denkhorizonten. Doch sind es deren bereits von den Veden und Upanishaden herrührende Traditionen, die nun philosophisch und theologisch neu interpretiert, aber auch respektiert werden. Entscheidend ist eben, daß die Verfasser späterer hinduistischer Zeugnisse bewußt nicht auf die geschichtlichen Ursprünge verzichten wollten. Obwohl neu Gedachtes und neu Gesagtes gegenüber ihren Traditionen inhaltlich different sind, ließ man einander widersprechende Aussagen in ihrem Neben- und Gegeneinander stehen. Für den Abendländer ist ein solches Vorgehen in logischer Hinsicht schwer nachvollziehbar. Aber wir müssen bei der Interpretation der Bhagavadgîtâ und anderen späteren Schriften immer wieder bedenken, daß auch sie weithin nicht als Einzelschriften rezipiert und verstanden, sondern als *eine* Stimme im Chor älterer Traditionen vernommen wurden und immer noch so vernommen werden. Und ein weiterer wichtiger Aspekt ist zu nennen: Daß es *nicht nur* um *Begriffe* geht, *sondern auch* um das *existentielle Selbstverständnis*, zeigt sich deutlich an der zitierten Lehre des *Shândilya*: Wenn der Hindu das ganze All als das Brahma versteht und in ihm aufgeht, so *versteht er sich* in einer gewissen *Seinsmystik*. Er ist das Brahma, er ist geradezu das All. Das *mystische Element* zeigt sich also auch *mitten im begrifflichen Denken*. Denken und Mystik sind für den gläubigen Hindu keine getrennten Vorgänge!

Welches sind nun die auch emotional gefärbten *Begriffe*, denen wir zunächst in den alten Texten der Veden und Upanishaden begegnen? Da ist vom *ganzen All* die Rede, also von einer Gesamtwirklichkeit. Das Sein dieser Wirklichkeit wird aber in Relation zu einer anderen Seinsdimension gestellt, um es einmal in dieser Weise abendländisch und somit sicherlich nicht ganz korrekt zu formulieren. Das ganze All wird mit dem *Brahma* gleichgesetzt, dem Urprinzip von allem. Der Mensch soll dieses Brahma denkend erkennen. Er soll es kraft seines Denkens mit seiner ganzen Person erkennen, also auch mit seiner emotionalen

Kraft. Wird nun das ganze All mit dem Brahma identifiziert, so könnte das suggerieren, daß - wiederum in unserer heutigen und somit nicht optimalen Terminologie formuliert - „Diesseits" und „Jenseits" zusammenfallen, daß somit eine *monistische* Weltanschauung vorliegt (Monismus als *Pantheismus*). Vorausblickend auf die Bhagavadgîtâ sei gesagt: Auch diese wird von einigen ihrer Kommentatoren dualistisch, von anderen jedoch monistisch ausgelegt. Die einen sehen den Menschen ihrem Gott *entgegengesetzt*, die anderen *in der absoluten Einheit* mit ihm.

Zurück zu unserem Upanishadentext: In ihm ist vom *Selbst* die Rede, vom *âtman*, vom Selbst nämlich des Menschen, dessen Wesen als *Denken* bezeichnet wird. Der Mensch ist demnach, wenn er wirklich Mensch ist, wie er Mensch sein soll, in seinem innersten Wesen ein Denkender. In diesem seinem Denken erfaßt sich der Mensch als ein Selbst, das *dialektisch* als ganz klein und zugleich ganz groß ausgesagt wird: Kleiner als eines Hirsekorns Kern, größer als der Himmel und diese Welten. Die Existenz des denkenden Menschen erstreckt sich somit in beide extreme Dimensionen. Anders gesagt: Der Mensch erfaßt als der Denkende das ganze Dasein und ist als eben dieser Denkende mit dem ganzen Sein, mit der ganzen Wirklichkeit, dem Brahman, identisch. Wer vom Menschen spricht, spricht zugleich von der ganzen Welt! Halten wir fest: Der Mensch *ist* die ganze Welt. Genau das ist der bereits genannte *mystische* Aspekt des Hindu-Denkens.

Wir müssen in diesem Zusammenhang aber auch zur Kenntnis nehmen, daß vom Menschen verlangt wird, ein denkendes Selbst in guter *Gesinnung* zu sein. Es ist also keineswegs ein nur theoretisches Denken, das ihm abverlangt wird. Vielmehr scheitert er gerade als Denkender, wenn er an seiner Ethik scheitert. Der *denkende Mensch* ist zugleich, wenn er wirklich ein Denkender ist, ein *ethischer Mensch*.

Dann aber stoßen wir auf einen eigentümlichen Sachverhalt. Man sollte annehmen, daß der Mensch, wenn er schon mit dem All, mit der ganzen Realität eins ist, dieser Wirklichkeit zugewandt ist und ihr auch zugewandt sein sollte. Denn die Konsequenz seines Denkens müßte doch eigentlich nach dem bereits Gesagten eine konsequente Weltoffenheit sein.

Doch gerade das ist nicht die Auffassung dieser frühen indischen Denker. In aller Klarheit sagt das z.B. das *Brihadâra-
nyaka*-Upanishad aus (4,4): [52]

7. Sobald der Wunsch nach allem schwindet,
Wonach des Menschen Herz verlangt,
Dann wird der Sterbliche unsterblich,
Schon hier das Brahma er erlangt.
12. Der Mensch, der diesen *âtman* [das Selbst] kennt
Und sich bewußt wird: *„Ich bin er"*,
Wie könnte der, von Wünschen frei,
Dem Leib nachfiebern jemals mehr?
19. Nicht gibt es eine Vielheit hier,
der Denkende erkennt es klar.
Vom Tod zu neuem Tode geht,
Wer eine Vielheit noch nimmt wahr.
Als Einheit sei das All erschaut,
Als unerkennbar, anfangslos.
Jenseits des Raums west ewig rein
Der *âtman* unermeßlich groß.

Es klingt paradox, aber doch verhält es sich so: Der Mensch
birgt in sich die ganze Wirklichkeit, das ganze All; er ist das
Brahma, er ist eins mit dem Brahma. Und dennoch soll er in
Distanz zu ihm stehen! Die Erklärung für diese so frappie-
rende Forderung bietet die hinduistische *Anthropologie*: Sie
ist *dualistisch*. Der Mensch besteht aus Leib und Seele. Der
Leib ist vergänglich. Die aber von Natur aus unsterbliche
Seele befindet sich immer wieder erneut auf dem Wege von
der einen irdischen Existenz zur anderen. Es ist die bekannte Lehre von der *Seelenwanderung*, von der je neuen Existenz der Seele in einem anderen Leib nach dem Tode des
zuvor existenten. Diese je neuen Inkarnationen sind darin
begründet, daß die Taten des Menschen, sein *karma*, nicht
gut genug waren, um dem Gesetz des Kreislaufs der immer
neuen irdischen Existenzen endgültig zu entgehen. Erlöst ist
der Mensch erst, wenn er aufgrund seines schließlich guten
karma endlich sein jenseitiges Ziel *(brahmanirvâna)* erreicht.
Ich habe bewußt den frühen Hinduismus der Veden und
Upanishaden etwas ausführlicher dargestellt, damit sich die-

---

[52]   Ebd. 37f.

jenigen Aussagen der *Bhagavadgîtâ*, die wir wegen ihrer theologischen Qualität auf mögliche monotheistische Gehalte genauer befragen müssen, klarer von ihren polytheistischen Traditionen abheben. Ich sagte schon, daß diese religiös-theologische und philosophische Schrift eines der wichtigsten Glaubenszeugnisse der hinduistischen Religionen ist, vielleicht sogar das wichtigste. Auf jeden Fall ist sie das heute am weitesten verbreitete religiöse Buch Indiens. Während in unserem alten Europa die Bibel immer mehr zum unbekannten Buch wird - dieser Tage hörte ich die Äußerung eines Schülers, Ostern sei das Fest der Hochzeit Jesu -, wird die Bhagavadgîtâ immer noch in allen Kreisen des indischen Volkes gelesen, sie wird dort ernsthaft studiert und sogar teilweise auswendig gelernt.

Ich selbst gestehe Ihnen, daß für mich und meine theologische Arbeit diese Bhagavadgîtâ, geschrieben in der altindogermanischen Sanskrit-Sprache, mit ihren theologischen, philosophischen und hermeneutischen Gehalten schon seit Jahrzehnten eine überaus wertvolle Schrift ist. Sie ist für mich eine faszinierende Schrift, deren poetischem Charme und inhaltlicher Aussagentiefe ich mich nicht entziehen kann. Sie hat mich gelehrt, daß zentrale philosophisch-theologische Gedanken der Heiligen Schrift Alten und Neuen Testaments nicht speziell biblische Gedanken sind. Aufschlußreich ist z.B., daß Mahatma Gandhis tolerante Grundüberzeugung gleichermaßen von der Bhagavadgîtâ wie auch von wichtigen Passagen des Neuen Testaments, vor allem der Bergpredigt, bestimmt war. So manchem von dem, was wir in dieser Hindu-Schrift lesen, können wir sicher nicht zustimmen. Aber dann finden sich doch immer wieder Überzeugungen, zu denen man gerade von der jüdischen und christlichen Heiligen Schrift her inneren Zugang findet. Bekannt ist *Wilhelm von Humboldt*s immer wieder zitiertes Urteil, nach dem die Bhagavadgîtâ „das schönste, ja vielleicht einzig wahrhaftige philosophische Gedicht [sei], das alle uns bekannten Literaturen aufzuweisen haben".

Was Ausgaben der Bhagavadgîtâ angeht, so sind empfehlenswert die des schon genannten Religionswissenschaftlers Helmuth von Glasenapp in der Reklam-Reihe und die von Leopold von Schroeder, Bhagavadgîtâ. Des Erhabenen Sang, Düsseldorf 1965. Bei der Vorbereitung meiner Vorlesung habe ich mich jedoch bewußt auf die Ausgabe eines Hindu-Gelehrten gestützt, und zwar auf keinen Geringeren als Sir *Sarvapalli Radhakrishnan* (1888-1975). Vielleicht ist einigen unter Ihnen dieser Name nicht unbekannt. Radhakrishnan war indischer Religionsphilosoph und Politiker. Er war zunächst Professor an mehreren indischen Hochschulen und wurde dann 1936 nach Oxford berufen. 1952-1962 war er Vizepräsident Indiens und 1962-1967 Staatspräsident der Indischen Union. 1961 erhielt er den Friedenspreis des Deutschen Buchhandels. Er gehörte also zu denen, die Höchstes sowohl in der Wissenschaft als auch in der Politik bewirkt haben. Ich wollte meiner Vorlesung einen Kommentar der Bhagavadgîtâ zugrunde legen, der erstens den Sanskrit-Text interpretiert, und zwar hermeneutisch hervorragend interpretiert, und der zweitens von einem Autor stammt, der als Inder den genuinen Zugang zu dieser Schrift hat. Beides trifft für Radhakrishnans Kommentar zu: Die Bhagavadgîtâ. Sanskrittext mit Einleitung und Kommentar. Das Original erschien in Englisch. Die deutsche Übersetzung stammt von *Siegfried Lienhard*, Holle Verlag, Baden-Baden 1958. Leider ist das Buch nicht mehr im Buchhandel erhältlich.

Hinsichtlich ihrer Stellung zum Monotheismus ist die Bhagavadgîtâ umstritten. Einige sehen in ihr einen eindeutigen Monotheismus ausgesprochen. Ein katholischer indischer Theologe sieht in ihr das Dokument eines Theismus, der nicht mit Monotheismus verwechselt werden dürfe: *Francis X. D'Sa*, Zur Eigenart des Bhagavadgîtâ-Theismus. Andere sehen die monotheistischen Abschnitte durch polytheistische Aussagen relativiert. Ich lasse diese Frage, ob die Bhagavadgîtâ Zeugnis eines hinduistischen Monotheismus ist, zunächst noch offen. Vergegenwärtigen wir uns zuerst die Situation, in der der Dialog zwischen Krischna und Arjuna stattfindet, und lassen wir uns dann auf solche Szenen ein, in der sich der Gott Vischnu durch seine Inkarnation Krischna dem Arjuna offenbart. Denn das ist ja das Hauptthema dieser Schrift: *Gott als Offenbarer*. Haben wir dies bedacht, so ist der Augenblick gekommen, in dem wir uns fragen müssen, wie Vischnu zu verstehen ist. Ist er wirklich der *Eine* Gott, ist demnach die Bhagavadgîtâ eine monotheistische Schrift? Oder sollte man hier nicht eher von *Pantheismus* sprechen, zumal ja die Traditionen, von denen her die Bhagavadgîtâ kommt, zumindest in der Nähe zum Pantheismus stehen: Die Welt, so hörten wir es ja schon in den Veden, ist das Brahman, das eigentliche Selbst, das *âtman* von allem. Das zumindest läßt sich jetzt schon sagen: Es gibt sicherlich Abschnitte in der Bhagavadgîtâ, die, ständen sie in anderen Kontexten, ohne weiteres als monotheistische Zeugnisse gelesen würden. Fragen wir: Wie dürfte wohl Arjuna die Offenbarung des Gottes im Blick auf seine eigene Person verstehen? Was bedeutet sie also für ihn *existentiell*, und zwar fern aller bloß theoretischen Sicht? Was bedeutet sie also für sein Selbstverständnis, besser: für sein Selbstverstehen?

Welche *Situation* des Offenbarungsempfangs ist hier für den Vorgang der Offenbarung Vischnus vorausgesetzt? Es ist zunächst die Situation des Krieges; und die Antwort des Gottes dürfte angesichts des bevorstehenden Blutvergießens wohl nicht ganz nach unserem Geschmack sein. Da soll es zur Schlacht zwischen den miteinander verwandten Kauravas und Pândavas kommen. Arjuna gehört zu diesen Pândavas. Unter den Kauravas gibt es aber Angehörige seiner Familie! Daher schreckt er vor dem brudermörderischen Kampf zurück und möchte lieber die Waffen niederlegen als seine Verwandten töten. Sein Wagenlenker Krischna aber - wie gesagt, eine Inkarnation des Gottes Vischnu, was aber Arjuna nicht weiß - macht ihm klar, daß es seine Pflicht als Krieger ist, mit den Feinden zu kämpfen, auch wenn sich darunter einige seiner Verwandten befinden. Schließlich offenbart sich ihm Krischna als Inkarnation des Gottes Vischnu. Die uns in dieser Hinsicht interessierenden Aussagen stehen vor allem in den Gesängen IX bis XII. Wir müssen aber auch auf den Gesang IV eingehen.

Den *Gesang X* hat Radhakrishnan überschrieben:

Gott ist die Quelle von allem, ihn kennen heißt alles kennen - Immanenz und Transzendenz Gottes.

Mit einer solchen Thematik gelangen wir mitten hinein in die eigentliche Theologie. Denn es ist ein Abschnitt über *Theo*-Logie im strengen Sinne des Wortes. Es geht um die Frage nach Gott, um die Frage: *Wer ist Gott? Wie steht der*

jenseitige Gott zu unserer diesseitigen Welt? Hören wir die
ersten Worte Krischnas, also die Worte des höchsten Gottes
Vischnu:

1. Höre noch weiter, o Starkarmiger (Arjuna), auf mein allerhöchstes
Wort. Weil ich dir Gutes tun möchte, will ich es dir nun, da du Gefallen (an meinen Worten) findest, erklären.
2. Weder die Götterscharen noch die großen Seher kennen meinen
Ursprung, denn ich bin der Beginn der Götter[53] und der großen Seher
in jeder Weise.
3. Wer mich den Ungeborenen, Anfanglosen, den mächtigen Herrn der
Welten, kennt, der ist unverblendet unter den Sterblichen und von allen
Sünden befreit.
4. Verstand, Wissen, Nicht-Verblendung, Geduld, Wahrheit, Selbstbe-
zähmung und Stille; Freude und Leid, Sein und Nicht-Sein, Furcht und
Furchtlosigkeit,
5. Gewaltlosigkeit, Gleichmütigkeit, Zufriedenheit, Askese, Mildtätig-
keit, Ruhm und Schmach (sind) die verschiedenen Zustände der Wesen, entspringen aus mir allein.

In diesen Worten Krischnas/Vischnus ist von Göttern die
Rede. Aber sie scheinen weit unter Vischnu zu stehen. Wir
brauchen uns im Augenblick gemäß unserer eigenen Vor-
gaben noch nicht um sie zu kümmern und nach ihrer even-
tuellen Transzendenz zu fragen. Was ergibt sich aber aus
dem, *was der Gott von sich selbst aussagt*? Er fordert Arjuna auf, auf ihn zu *hören*. Also *Gott redet - der Mensch
hört*. Das ist immerhin eine Vorstellung, die wir aus beiden
biblischen Testamenten kennen. Der hier verkündende Gott
thematisiert sogar sein eigenes Wort, denn er bezeichnet es
als „mein allerhöchstes Wort" (*paramam vacah*). Somit
können wir hier fraglos von einer *Theologie des Wortes
Gottes* sprechen. Der evangelische Theologe könnte fast
frohlocken: Hier haben wir es mit dem Geist vom Geiste der
Reformation, vom Geiste Martin Luthers zu tun. Doch der
katholische Theologe könnte sofort kontern: Du evangelischer Kollege, du weißt doch, daß die Worttheologie inzwischen auch Heimatrecht in unserer katholischen Theologie
hat. Und er hätte recht. Der dem Arjuna erscheinende Gott
will diesem sein Wort auch *erklären*. Der Gott Krischna will
also ein hermeneutischer Gott sein, genau wie der christliche

---

[53]   *von Schroeder* übersetzt: „Weil ich der Götter Urquell bin [...]"

Deus hermeneuticus! Der hinduistische *Gott will* in seinem Wort *verstanden werden*. Offenbarung zielt ja auf Verstehen. Denn durch denkendes Verstehen soll dem Menschen Heil widerfahren. Irgendwelche himmlische Wesen, die Götterscharen, - noch einmal, es interessiert uns im Augenblick nicht, wer diese Scharen sind - wissen von des höchsten Gottes Ursprung nichts. Doch Arjuna, so Radhakrishnan in seinem Kommentar, soll das auf jeden Fall wissen: Der Gott Vischnu ist der Beginn dieser Götter! Denn er ist als „der Höchste [...] das [!] ungeborene Ewige".[54]

Dann folgt jedoch aus dem Reden Gottes und dem Hören des Menschen, daß der hörende Mensch den sich offenbarenden Gott so kennen sollte, wie sich dieser ihm geoffenbart hat. Der Mensch soll demnach Gott als den Ungeborenen und Anfanglosen kennen. Gott ist nämlich nach X.3 nicht entstanden. Nur wer ihn als solchen Nicht-Entstandenen kennt, ist unter den Menschen, unter den Sterblichen, unverblendet. Und nun noch die *soteriologische* Seite: Der Gott wirklich Kennende ist von allen Sünden befreit. In unsere theologische Sprache übersetzt: Wer das Evangelium Gottes glaubend und somit verstehend hört, wird des göttlichen Heils teilhaft. So zeigt sich die theologische Sequenz der Verkündigung des Gottes Vischnu in folgender Weise: Der Gott spricht sein Wort. Der Mensch hört glaubend dieses Wort. Und so wird der auf Gottes Wort Hörende sündenfrei und des Heils teilhaft. Also alles bestens in christlich-theologischer Sprache interpretierbar!

Wie reagiert nun Arjuna, der Mensch, auf Gottes Offenbarung? Ich wähle einige von Arjunas Antworten aus:

12. Du bist *das* (!) höchste Brahman (*param brahma*)[55], die höchste Wohnstätte und der höchste Läuterer, der ewige, göttliche *puruṣa* [interpretieren wir: der ewige, göttliche Geist[56]], der erste der Götter, der Ungeborene, Allesdurchdringer.

---

54   *Radhakrishnan*, Bhagavadgîtâ, 296.
55   *von Schroeder*: „Höchstes Brahman [...] bist du." Wenn die Endungen im Sanskrit-Text nicht immer mit der deutschen Form übereinstimmen, hängt das mit der hier nicht zu erörternden Flexion im Sanskrit zusammen.
56   So auch *von Schroeder*: „Den ew'gen Geist, den himmlischen [...]"

15. Wahrlich, du selbst kennst dich selbst durch dich selbst, o höchster *puruṣa*: der Ursprung aller Wesen, der Herr der Geschöpfe; der Gott der Götter, der Herr der Welt.

Ist aber Gott in der 12. Strophe des Gesangs X als das höchste Brahman angesprochen, so erinnert uns das an die Veden und Upanishaden. Denn auch da war vom neutrischen Brahman als dem Inbegriff des Alls die Rede. Dennoch bleibt Arjunas Reden in einer Sprache, die in persönlichem Kontakt *den* Gott Vischnu, sein personales Gegenüber also, als *das* Brahman anredet.[57] Wir sollten auf folgende Beobachtung von *Francis X. D'Sa* achten: Er sieht in der Bhagavadgîtâ einen bemerkenswerten Wandlungsprozeß. In den gegenüber dieser Schrift älteren Upanishaden, in denen *sarvam* (alles) als *Neutrum* ausgesagt ist, findet sich in der Bhagavadgîtâ ganz neu das Maskulinum *sarvaḥ*, also der das All Ausmachende. „Das Weltprinzip samt der Welt ist kein Neutrum, sondern ein Maskulinum."[58] Er zitiert dafür Gesang XI.40 (Worte Arjunas):

Verehrung dir von vorne und von hinten!
Verehrung sei dir von allen Seiten (*sarvataḥ*),
du, All-Ganzer! (*sarva*, Vokativ, Maskulinum);
du, von unendlicher Kraft und von unermeßlicher Stärke,
du durchdringst (oder führst zur Vollendung) das All (*sarvam*, Neutrum),
darum bist du der All-Ganze (*sarvaḥ*, Nominativ).

Die allerdings dem *Pantheismus* zumindest nahekommende Vorstellung, daß das All mit seinem Urprinzip, dem *brahman*, identisch sei, findet also ihr Echo in Arjunas Bekenntnis. Und der Gott Krischna/Vischnu widerspricht dem

---

[57]   S. dazu *Radhakrishnan*, Die Bhagavadgîtâ, 21: „Das Brahman ist nur mit Worten zu definieren, die das Sein bezeichnen. Da es jenseits aller Prädikate steht, besonders der Unterscheidungen von Subjekt, Objekt und Erkenntnisvorgang, kann es nicht als persönlich angesehen werden. Man kann es nicht lieben oder verehren." Dieses Denken *Radhakrishnans* steht der Intention *Martin Heideggers* nahe, dem wir die Überwindung der Subjekt-Objekt-Spaltung - auch in der Theologie! - verdanken.
[58]   *D'Sa*, Zur Eigenart des Bhagavadgîtâ-Theismus, 107f.; Übersetzung von XI,40 durch *D'Sa*.

bezeichnenderweise auch nicht! Aber vielleicht sollten wir
nicht mit der abendländischen Schärfe eines analytisch begrifflichen Denkens den Maßstab an indisches Denken legen.
Warum sollte nicht in einer bestimmten asiatischen Denkweise und Denkstruktur der als Person verstandene höchste
Gott, der Herr des Alls, der All-Ganze, der Herr *brahma*,
mit seiner Schöpfung, deren Urgrund er doch im Sinne der
Bhagavadgîtâ ist, mit dem All also, *zusammengedacht* werden, nämlich als das *brahman*? Auch wir begrifflich so ge-
wieften Abendländer können das Verhältnis von Transzendenz und Immanenz nicht in begrifflicher Differenzierung
zusammenbringen! Die Dinge und Gegebenheiten der Immanenz können wir begrifflich erfassen oder, falls nicht begrifflich, auf andere Weise erkennen oder verstehen. Was
aber gemäß unserer Terminologie und Denkweise zum Bereich der „Transzendenz" gehört, können wir nur auf dem
Wege der Negation von Immanentem verstehen, z.B. daß
Ewigkeit nicht Zeit ist, sondern daß sie das Wesen der Zeit
„transzendiert". Wir sind grundsätzlich nicht in der Lage,
über die jenseitige Welt mit unserem Verstand zu verfügen.
Wohl aber können wir insofern die beiden Bereiche Diesseitigkeit und Jenseitigkeit *zusammen*-denken, als wir um den
fundamentalen Unterschied beider Seins-Bereiche wissen
und von daher, was diesseitig ist, im Gegenüber zu dem,
was jenseitig-göttlich ist, recht orten, also die diesseitige Welt
in der rechten Weise relativieren, indem wir sie auf die jenseitige beziehen. Aber unsere abendländische Denk-struktur,
um dies noch einmal deutlich zu sagen, bleibt in ihrer Terminologie immer noch in einer gewissen Distanz zu dem,
was im Indischen gemeint ist.
Der Gedanke, nach dem Gott das All in sich schließt, hat
aber auch in der christlichen Theologie seine Entsprechung,
nämlich im Glauben an die Allgegenwart Gottes. Es war
schon seit alters her ein Problem der christlichen Theologie,
Theismus, Panentheismus (alles ist in Gott) und Pantheismus
(alles ist Gott) einsichtig gegeneinander abzugrenzen. Es
sollte demnach für uns keine unüberwindliche intellektuelle
Schwierigkeit sein, den indischen Denkern wenigstens in
ihrer *Intention* zu folgen, wenn sie sagen, *der* Gott berge in
sich *das* All, und *das* Brahman, das göttliche Selbst, das

göttliche *âtman*, schließe die Totalität von allem ein, wie
auch der *sarvaḥ* das *sarva* in sich einschließe.
Wenn dann Arjuna den Gott mit „o höchster *puruṣa*" anredet, so geschieht das, wie wir schon wissen, mit einem
Sanskrit-Begriff von umfangreicher inhaltlicher Bandbreite.
Das Wort kann u.a. meinen: Bewußtsein, Geist, Seele. Ich
dürfte wohl nicht falsch interpretieren, wenn ich gerade in
der Anrede *puruṣa* ein *personales* Moment des göttlichen
Seins finde. Auf Arjunas neuerliche Bitte, der Gott möge
ihm im einzelnen von seiner Macht und Offenbarung berich-
ten, antwortet dieser in bezeichnender Weise:

19. Ja, ich will dir meine göttlichen Gestalten erklären, aber nur jene,
die am meisten hervorragen, o bester der Kurus (Arjuna); denn meiner
Ausbreitung (meinen Einzelheiten) ist kein Ende gesetzt.
20. Ich bin, o Gudâkeśa (Arjuna), das Selbst (*aham âtmâ*), das im Herzen aller Geschöpfe wohnt. Ich bin der Beginn, die Mitte und das Ende
der Wesen.

Also: Gott ist in den Geschöpfen - ein Gedanke, der uns ja
aus dem Neuen Testament zur Genüge bekannt ist. Ich erinnere nur an Gal 2,20:

Nicht mehr ich lebe, Christus lebt in mir.

Es ist die Umkehrung zur ekklesiologischen Grundthese des
Paulus: „Wir sind in Christus". Zu dieser gegenseitigen „In-
existenz" (s. auch Joh, z.B. Joh 15,4) sei auch auf Gesang
IX.29 verwiesen:

Die mich in Hingabe verehren, sie sind in mir und ich bin in ihnen.

Radhakrishnan kommentiert X.20, wo Krischna/Vischnu
sagt, er wohne im Herzen aller Geschöpfe:

Die Welt ist ein lebendiges Ganzes, ein weiter Zusammenhang, ein
kosmischer Einklang, der von dem einen Höchsten belebt und getragen
wird.[59]
Der theologische und religiöse Höhepunkt der Bhagavadgîtâ
ist zweifelsohne der *Gesang XI*, in Radhakrishnans Ausgabe

---

[59]   *Radhakrishnan*, Die Bhagavadgîtâ, 302.

überschrieben mit „Die Verklärung des Herrn"! Welcher
Christ denkt dabei nicht sofort an die neutestamentliche
Schilderung der Verklärung Christi, z.B. in Mk 9? Arjuna
bittet den Erhabenen, also Krischna *alias* Vischnu, darum,
daß er ihn, den höchsten Gott, schauen könne. Er bittet ihn
um eine *Vision*, eine *Theophanie*. Er erklärt zunächst, daß
die Worte des Gottes über das höchste Geheimnis, nämlich
die Rede über das höchste Selbst, seine Verwirrung beseitigt
hätten. Des Gottes Sich-Erschließen als seine worthafte Offenbarung ist somit bei diesem Menschen angekommen.
Von ihm ist das Wort Gottes glaubend gehört und somit
auch angenommen worden. Doch Arjuna genügt das nicht;
er will nun *Gott schauen.* So heißt es in Strophe 3:

Was du von deinem Sein ausgesagt hast, o höchster Herr, ist wirklich
so. (Doch) begehre ich darnach, deine göttliche Gestalt zu sehen, o
höchster *puruṣa.*

Die Gottesschau ist für Arjuna mehr als das bloße Sich-
selbst-Offenbaren Gottes im Wort. Auch hier legt sich wieder die Assoziation an eine neutestamentliche Aussage nahe,
1 Joh 3,2:

Meine Lieben, wir sind schon Gottes Kinder; es ist aber noch nicht
offenbar geworden, was wir sein werden. Wir wissen aber: wenn es
offenbar wird, werden wir ihm gleich sein (ὅμοιοι αὐτῷ ἐσόμεθα,
hómoioi autô esómetha), denn wir werden ihn sehen, wie er ist.

Also: Wenn wir einst Gott sehen, werden wir ihm gleich
sein! Die Überbietung der Offenbarung durch Hören aufgrund der Offenbarung durch Sehen bedeutet das Gleich-
werden mit Gott. Eine ungeheure Aussage! Ist hier nicht die
dem Menschen gesetzte Grenze zu Gott hin überschritten?
Ist das nicht schon Blasphemie? Ist das nicht die diabolische
„Verheißung" der Schlange im Paradies: *Eritis sicut Deus*
(1 Mos 3,5), Ihr werdet sein wie Gott? Aber auch bei Paulus
finden wir eine vergleichbare Formulierung, und zwar bereits für unsere irdische Existenz, 2 Kor 3,18:

Wir werden ständig von einer göttlichen Herrlichkeit in die andere
göttliche Herrlichkeit umgeformt (μεταμορφούμεθα ἀπὸ δόξης εἰς
δόξαν, *metamorphoúmetha apo dóxês eis dóxan*).

Und 2 Petr 1,4 heißt es sogar:

Ihr werdet teilhaft der göttlichen Natur sein (θείας κοινωνοὶ φύσεως, *theías koinônoí phýseôs*).

Teilhaft des göttlichen Wesens! Kann diese Aussage überhaupt noch überboten werden? Gott schauen ist in dieser Denkweise die intensivste Begegnung mit Gott, obwohl doch gerade der in der Wortoffenbarung *angesprochene* Mensch in seinem *eigentlichen* menschlichen Dasein ernst genommen ist! Reden und Hören sind doch das, was den Menschen recht eigentlich zum Menschen macht, was ihn in die geistige Begegnung bringt. Aber wir sollten nicht vergessen, was es bedeuten kann, einen geliebten Menschen zu sehen, womöglich nach langer, schmerzlicher Trennung. Was war es doch für ein Erlebnis - nicht so etwas Flaches wie *events* heutzutage -, wenn nach dem letzten Weltkrieg eine Frau ihren Ehemann nach langjähriger Gefangenschaft, vielleicht in Sibirien, zum ersten Mal wieder *sehen* konnte! Aber verzichten wir auf weitere anthropologische Veranschaulichungen und halten fest: Was Selbstoffenbarung und Selbsterschließung angeht, stimmen das Neue Testament und die Bhagavadgîtâ in wesentlichen Punkten überein. Aus Arjunas Bitte an Gott zitiere ich jetzt noch einmal die 3. Strophe:

Was du von deinem *Sein*[60] ausgesagt hast, o höchster Herr, *ist wirklich so*. (Doch) begehre ich darnach, deine göttliche Gestalt zu sehen, o höchster *puruṣa*.

Der Gott ist bereit, die Bitte zu erfüllen. Laufend findet sich in seinem Munde der Imperativ „Erblicke!" oder „Schau!" in der Übersetzung Leopold von Schroeders. Aus der Szene wähle ich für Krischnas Antwort folgende Worte aus:

5. Erblicke, o Pârtha (Arjuna), meine Gestalten, hundertfältig, tausendfältig, verschiedenartig, göttlich, in verschiedenen Farben und Formen.

---

[60]   *von Schroeder* schwächt in seiner Übersetzung ab: „So wie du hier geschildert hast dich selbst..."

7. Erblicke heute das ganze Universum, das bewegliche und das unbe-wegliche und was du sonst noch zu schauen begehrst, o Gudâkeśa (Arjuna), hier in meinem [göttlichen!] Körper vereinigt.
8. Doch kannst du mich nicht mit deinem (menschlichen) Auge erblik-ken. Ich will dir das übernatürliche Auge verleihen. Schaue meine gött-liche Macht!

Mit dem von Gott gnadenhaft verliehenen übernatürlichen Auge kann Arjuna also Gott gestalthaft sehen, in Formen, in Farben. Gott ist beschreibbar, wenn auch nur für den, dem der Blick in den Bereich Gottes geschenkt ist. Wir dürfen aber nicht übersehen, daß Krischna der Bitte Arjunas in der Weise entspricht, daß er ihn zugleich mit seiner Gestalt das ganze Universum schauen läßt! Denn den das All umfassen-den Gott sieht man nur, wenn man zugleich dieses All, also Gottes Schöpfung sieht. Gott und Universum gehören aufs engste zusammen. Vielleicht erinnern Sie sich angesichts dieser Gedanken der Bhagavadgîtâ an *Schleiermachers* „Reden über die Religion", wo wiederholt gesagt ist:

Religion haben, heißt das Universum anschauen.

Anschauen des Universums ist „die allgemeinste und höch-ste Formel der Religion".
Wie antwortet nun Arjuna dem Gott? Hören wir aus seiner Antwort nur einige, jedoch recht bezeichnende Strophen:

15. In deinem Körper, Gott, sehe ich alle Götter und ebenso die ver-schiedenen Scharen von Wesen, Brahman, den Herrn, der auf dem Lotusthron sitzt, und all die Weisen und die himmlischen Nâgas.

Radhakrishnans kommentiert:[61]

Die Anschauung Gottes erweitert unseren Gesichtskreis [...] Gottes Schöpfung ist nicht auf diesen kleinen Planeten beschränkt, der nur ein unbedeutender Teil des Kosmos ist. Arjuna sieht die große, bunte Ge-sellschaft der das All erfüllenden Geister.

Anders gesagt: Arjuna schaut in das ganze Universum, also auch in den Himmel, in die - abendländisch gesprochen - „Transzendenz", in die hinein Gott als der Schöpfer seine

---

[61]   *Radhakrishnan*, Die Bhagavadgîtâ, 315.

Schöpfung genommen hat. Dieses All ist somit auch der Körper Gottes, von dem Arjuna in Strophe 15 spricht. Aber hören wir ihn weiter:

16. Ich sehe dich mit nach allen Seiten unendlicher Gestalt, mit zahllosen Armen, Bäuchen, Gesichtern und Augen; aber dein Ende oder deine Mitte oder deinen Beginn sehe ich nicht, o Herr des Alls, o allumfassende Gestalt.
17. Ich sehe dich mit deiner Krone, deiner Keule und deinem Diskus, wie eine Lichtflut überall leuchtend, schwer zu erkennen, nach allen Seiten hin (blendend) mit den Lichtstrahlen des flammenden Feuers und der Sonne, unvergleichlich.
...
19. Ich sehe dich als einen ohne Anfang, Mitte oder Ende, von unendlicher Macht, mit zahllosen Armen, mit Sonne und Mond als deinen Augen, mit einem Antlitz wie flammendes Feuer, dessen Schein dieses ganze All versengt.
...
23. Sehen sie [die Götterschar, Strophe 21] deine große Gestalt, mit vielen Mündern und Augen, o Starkarmiger, mit vielen Armen, Schenkeln und Füßen, mit vielen Bäuchen, durch viele Fangzähne schreckerregend, so erzittern die Welten, und ich ebenso.

So ruft Arjuna am Ende nur noch entsetzt aus, Strophe 31:

Sage mir an, wer du in dieser schrecklichen Gestalt bist!

Entsetzen, Überwältigung, Verehrung und Anbetung geschehen in dem Menschen Arjuna in einer religionspsychologisch fast notwendigen Sequenz. Und so sagt er unmittelbar danach:

Heil sei dir, o du große Gottheit; sei gnädig!

Ehe wir jedoch des Gottes Antwort vernehmen, zunächst die Erinnerung daran, daß auch im Alten und Neuen Testament die Transzendenz Gottes in eigenartigen und befremdlichen Bildern veranschaulicht wird. Bereits zu Beginn des Semesters habe ich Sie auf die so ausgefallene Himmelsvision Ezechiels aufmerksam gemacht. Daß in Gesang XI Vischnu in seiner Theophanie fast als Monster erscheint, lassen wir hier unkommentiert. Dies hat mit kulturellen Unterschieden zwischen Indien und uns zu tun und berührt

somit unser theologisches Problem nicht. Wichtig ist aber -
und das ist nun eine theologische Parallele zur Bibel -, daß
sich der Mensch Arjuna *vom höchsten Gott her versteht.*
Gerade das Alte Testament vermag uns diesen *Existenz-*
Verhalt in beeindruckender Weise zu veranschaulichen.
Denken wir nur an die Begegnung Davids mit Nathan zurück.

Das ist nun der für uns bedeutsame Aspekt des Vergleichs
von Arjuna mit biblischen Menschen wie z.B. mit David:
Auf beiden Seiten erfahren und erleben sie ihren Gott in
existentieller Nähe, in *existentieller Betroffenheit.* Beide
verstehen Gott als denjenigen, der ihr Dasein durch und
durch bestimmt. Für beide ist ihr Gott die ihre Existenz bestimmende Wirklichkeit, eine Wirklichkeit nämlich, die sie als
Mensch vernichten oder erheben kann. Gerade in Ausnah-
mesituationen ist es die dem Einzelnen existentiell bewußt
gewordene Nähe des wirklichkeitsbestimmenden Gottes, die
ihn aufrüttelt. Überspitzt formuliert: Auch in einer polytheistischen bzw. monolatrischen Religion „wird" der jeweils
dem Menschen in der Ausnahmesituation begegnende Gott
schon zum monotheistischen Gott, weil allein er - als der
μόνος, *mónos* - von existentieller Bedeutsamkeit für den
betroffenen Menschen ist. Diesem und keinem anderen Gott
ist er unausweichlich ausgesetzt.

Wäre also die Theologie der Bhagavadgîtâ monolatrisch, so
würde das, was wir schon zu David und Nathan in ihrem
monolatrischen Denken herausgestellt haben, auch für Arjuna gelten. Die entscheidende Frage ist aber, ob wir von Vischnu nur im Sinne eines nur existentiellen oder situativen
Monotheismus sprechen können oder in ihm nicht vielmehr
den Einen, den einzigen wirklichen Gott sehen müssen. Was
ist die ureigene Identität dieses Gottes?

In Arjuna ruft also die Theophanie Vischnus blankes Entsetzen hervor, ein Entsetzen freilich, das in Verehrung um-
schlägt. Man könnte mit und im Anschluß an *Rudolf Otto*s
Terminologie von der Wandlung des *mysterium tremendum*
zum *mysterium fascinosum* sprechen. Zur Identität Vischnus
gehört, wie Arjuna schon in X.12 bekennt, daß er als das
höchste Brahman der ewige, göttliche *puruṣa,* der erste der
Götter ist. Ist er nach Radhakrishnan nach X.2 derjenige,
von dem alle Wesen stammen, so ist er „in Wahrheit der

ewige Gott".[62] Dann aber sind die „Götter" der Bhagavadgîtâ nichts anderes als geschaffene Himmelswesen - mehr
nicht! *Vischnu* ist als der Schöpfer der Herr der Welt. Alle
diese Aussagen lassen ihn nur als *den Einen und einzigen
wirklichen Gott* verstehen. In Arjunas Bekenntnis in XI.36ff.
kommt dies überaus deutlich zum Ausdruck. So heißt es in
XI.37:

Und wie sollten sie dir nicht huldigen, o Erhabener, der du größer bist
als Brahman, [du,] der erste Schöpfer? O unendliches Wesen, Herr der
Götter, Zuflucht des Alls, du bist das Unvergängliche, das Sein und das
Nicht-Sein und was jenseits desselben liegt.

Ist hier vom ersten Schöpfer die Rede, so ist dies die Appo-
sition zu „o Erhabener". Er ist als der erste Schöpfer sogar
der Schöpfer des Brahman![63] Er ist nach XI.38 als der erste
der Götter der Ur-*puruṣa*. Also verneigt sich Arjuna nach
Strophe 44 vor Vischnu:

Darum verbeuge ich mich und werfe meinen Körper vor dir nieder, o
anbetungswürdiger Herr. Ich suche deine Gnade. Wie ein Vater mit
seinem Sohne, wie ein Freund mit seinem Freunde, wie ein Liebender
mit seiner Geliebten sollst du, o Gott, Nachsicht mit mir haben.

Dazu sollte noch Radhakrishnans Kommentar zur Kenntnis
genommen werden:

Der Allerhöchste ist nicht als transzendentes Geheimnis zu betrachten,
sondern als uns so nahe stehend, wie ein Vater dem Sohne, wie ein
Freund dem Freunde, wie ein Liebender seiner Geliebten. Diese
menschlichen Beziehungen finden in Gott ihre vollste Erfüllung.

Diese Zeugnisse sind m.E. derart eindeutig, daß wir die
Bhagavadgîtâ als die heilige Schrift eines hinduistischen monotheistischen Glaubens beurteilen müssen.
Woran denken Sie, wenn Sie den Begriff „*Menschwerdung*" hören? Vermutlich an die Menschwerdung des Sohnes Gottes, vermutlich an das christliche Weihnachtsfest.
Weihnachten ist in diesem Sinne das Fest der Menschwer-

---

[62]   Ebd. 294.
[63]   So richtig *Radhakrishnan*, Die Bhagavadgîtâ, 327.

dung. Bekanntlich ist im Neuen Testament Joh 1,14 dafür
der klarste Beleg:

Und das Wort ist Fleisch geworden.

Aber auch die Bhagavadgîtâ - und das mag für Sie überra-
schend sein - kennt den Gedanken der Fleischwerdung Gottes. Im Sanskrit heißt dieser Vorgang Gottes *avatâra*, beschrieben im Gesang IV. Arjuna weiß in diesem Gesang
noch nicht, daß Krischna die Inkarnation Vischnus ist. Er
wundert sich also, daß sein Wagenlenker eine Gestalt längst
vergangener Zeiten gekannt haben soll. So fragt er, wie das
möglich sei, da er doch später als jener andere geboren sei
(s. Joh 8,58!). In Krischnas Antwort klingt bereits an, daß er
göttlicher Natur ist. Wir lesen in Strophe 6:

Obgleich (ich) ungeboren (bin) und mein Selbst unvergänglich (ist),
obgleich (ich) der Herr aller Geschöpfe (bin), so gelange ich doch
durch meine Macht *(mâyâ)* zu (empirischem) Sein, indem ich mich in
meiner eigenen Natur festlege.

Francis X. D'Sa übersetzt:[64]

Obgleich (ich) Herr aller Geschöpfe bin, komme ich in den Bereich des
Werdens *(sambhavâmi)* durch *âtmâ*-Kraft *(âtmamâyayâ)*.

D'Sa gibt sich zwar alle Mühe, die Menschwerdung des
Logos nach Joh 1,14 von der Menschwerdung Vischnus in
der Inkarnation des Krischna zu unterscheiden. Aber die
Entsprechungen sind deutlich: Der in göttlicher Natur unvergängliche, ewige Vischnu wird, Gott bleibend, in
Krischna Mensch. Aus seiner Seinsweise als Zeit (X.33;
XI.32) und somit als aller Zeit überlegener Gott begibt er
sich in den Bereich des Irdischen. Dabei eignet Vischnu *alias* Krischna auch ein soteriologisches Moment. Denn er erklärt ausdrücklich, daß er in den Bereich des Werdens ein-
trete, um die Guten zu beschützen und die Bösen zu vernichten. Wer so seine göttliche Geburt und sein göttliches
Werk kenne, werde nicht wiedergeboren, sondern komme
zu ihm, dem Gott, in seine Herrlichkeit. Von der Erlösung

---

[64] D'Sa, Zur Eigenart des Bhagavadgîtâ-Theismus, 118f.

der Sünder ist aber hier keine Rede. Und außerdem geschieht der *avatâra* von Weltalter zu Weltalter immer wieder aufs neue. Der entscheidende Punkt der Übereinstim-
mung von Bhagavadgîtâ und Neuem Testament ist jedoch,
daß Gott sich um diese Welt kümmert und deshalb in die
irdische Existenz hinabsteigt. Gott verläßt sein himmlisches
Dasein, um den Menschen zu helfen. Insofern hat seine Inkarnation auch in der Bhagavadgîtâ etwas mit Soteriologie
zu tun, wenn auch nicht wie im Neuen Testament, um den
verlorenen Sündern das Heil zu bringen.

Wir haben am Ende noch zu fragen, wie Vischnu, der für
sich die Verehrung fordert, gegenüber jenen reagiert, die
sich in einer anderen hinduistischen Tradition für eine rein
theoretische Lösung entscheiden: Nicht durch Hingabe, wie
sie in der Bhagavadgîtâ gefordert ist - *bakhti* ist der
Sanskrit-Begriff dafür -, sondern durch Verehrung des un-
persönlichen Unsichtbaren, des Unvergänglichen, sei das
Heil zu erwerben. Die Antwort gibt der Gesang XII, Strophe 5:

Die Beschwerden jener, deren Gedanken sich auf das Nicht-Offenbare
richten, sind größer; denn schwer erreichbar ist das Ziel des Nicht-
Offenbaren für verkörperte (Wesen).

Radhakrishnan kommentiert:[65] Die Suche nach der transzendenten Gottheit sei schwieriger als die Verehrung des
lebendigen höchsten Gottes. Wer sich also um die Erlösung
von den vielen Wiedergeburten durch die Suche nach der
Transzendenz bemühe, der habe es erheblich schwerer als
der Verehrer Vischnus. *Der höchste Gott sagt also gerade
nicht, daß in exklusiver Weise nur der Weg des Glaubens
an ihn zum Heile führen kann.* Er sagt aber wohl, daß der
andere Weg viel beschwerlicher, viel mühsamer sei. Die
Frage heißt somit nicht, ob der Heilsweg richtig oder falsch
ist, sondern welcher Weg der bessere ist, der des größeren
Wissen vom Yoga oder der der Vischnu-Verehrung? Noch
einmal Radhakrishnan:[66]

---

[65]   Ebd. 335.
[66]   Ebd. 335f.

Wir erreichen dasselbe Ziel leichter und natürlicher auf dem Pfade der Hingabe an den persönlichen Gott, indem wir alle unsere Kräfte, unser Wissen, unseren Willen und unsere Gefühle zu Gott wenden.

Das Kontrastprogramm zu Jehu ist klar: Der Weg Vischnus ist dem des Jehu weit überlegen. Der Monotheismus der Bhagavadgîtâ überragt theologisch und ethisch bei weitem die Monolatrie des Jehu. Mit ihr hat er nichts gemein!

2. Das Alte Testament und der Monotheismus
Zweiter Teil: Die Geburt des Monotheismus

Wir haben im Intermezzo zum 2. Kapitel, also im Intermezzo zur Monotheismusfrage im Alten Testament, unsere Überlegungen zum Monotheismus der Bhagavadgîtâ eingeschoben. Sieht man auch die religiöse Welt des Hinduismus mit Recht als eine Welt des Polytheismus, so zeigte sich jedoch bei der Darstellung der Grundgedanken dieser hinduistischen Schrift, daß zumindest sie das Zeugnis einer monotheistischen Gottesauffassung ist. Daß dieser Exkurs über diese monotheistische Schrift als Einschub in den Paragraphen über den alttestamentlichen Monotheismus sinnvoll war, hat sich hoffentlich am Gegensatz zur fanatisch intoleranten Monolatrie Jehus gezeigt. Denn der Monotheismus der Bhagavadgîtâ ist weitherziger als die Monolatrie des Revolutionärs und Usurpators Jehu. Es erwies sich an dieser hinduistischen Schrift, daß es nicht der Monotheismus als solcher ist, der aggressiv und intolerant sein muß. Engstirnige und religiös unduldsame Haltung gehört nicht unbedingt zu ihm. Da aber, wo Menschenverachtung praktiziert wird, da begegnet ein pervertierter Monotheismus. Und da begegnet zugleich ein pervertiertes Gottesverständnis als auch ein pervertiertes Menschenverständnis.

Wir erinnern uns: Bei unserem bisherigen Gang durch die Religions- und Theologiegeschichte des Alten Testaments sind uns bis zur Mitte der israelitischen und judäischen Königszeit hinein unterschiedliche Formen von Monolatrie begegnet. Einen wirklichen, theologisch reflektierten Monotheismus haben wir aber in diesem Zeitraum weder im Nordreich Israel noch im Südreich Juda angetroffen. Seit der Zeit der Konstituierung der geschichtlichen Größe Israel, zu der zeitweise auch Juda gehörte, bis in die Mitte der

Königszeit - also in einem Zeitraum von weit mehr als einem halben Jahrtausend! - gab es noch keinen theoretisch durchdachten Monotheismus. Wir werden noch sehen, daß das Zeitalter der israelischen Monolatrie sogar bis in die Exilszeit hinein andauerte. Und das trotz des Tatbestands, daß sich das Alte Testament nach seiner Buchwerdung als Biblia Hebraica bzw. Septuaginta, also als Heilige Schrift, als Zeugnis des Glaubens an den Einen Gott präsentierte! Es wäre also eine historisch völlig falsche Sicht, sähe man die Geschichte Israels von seiner vorstaatlichen Zeit bis zur Zeit des Babylonischen Exils als das Jahrtausend eines Volkes monotheistischer Religion. Zweifellos suggeriert das Alte Testament ein derartiges Bild. Aus Zeugnissen einer eindeutigen Monolatrie, die später nicht getilgt und deshalb in die Biblia Hebraica aufgenommen wurden, ist recht deutlich zu erkennen, daß das Volk Israel bzw. Juda bis zum Ende der Königszeit monolatrisch dachte. Besonders gravierend ist in diesem Zusammenhang, daß der überwiegende Teil der religiösen Größe Israel, nämlich der Nordstaat Israel, bis 722 v. Chr. keinen Monotheismus kannte und nach diesem Zeitpunkt durch die Eroberungspolitik der Assyrer sein definitives Ende fand. Dieses Nordreich hatte immerhin zehnundeinhalb Stämme der zwölf Stämme Israels umfaßt. Und diese Stämme - also die Majorität Israels! - wurden 722 zum großen Teil deportiert, andere Semiten wurden in deren Wohngebieten angesiedelt, die sich dann mit den zurückgebliebenen Nordstaatlern vermischten. Das Resultat: Diejenige geschichtliche Größe, die einmal das Nordreich Israel ausgemacht hatte, gab es nach der assyrischen Eroberung schon rein physisch nicht mehr. Das ist als Faktum festzuhalten: *Der größte Teil Israels, nämlich der Nordstaat Israel, war bis zu seinem Untergang niemals ein monotheistischer Staat!* Ein geschichtlicher Tatbestand, der jedoch in den Diskussionen um die *theologische* Bedeutung Israels zumeist unberücksichtigt bleibt!

War nun die Monolatrie in Israel in der von uns bisher behandelten Zeit die vorherrschende religiöse Praxis, wenn auch immer neben einem praktiziertem Polytheismus, so könnte der Tatbestand, daß sich erst in exilisch-nachexilischer Zeit der Monotheismus durchsetzte, darauf verweisen, daß eben dieser Monotheismus das geistige Produkt eines theologischen Nachdenkens über die Monolatrie war. Diese Reflexion der monolatrischen Praxis dürfte zur monotheistischen Theorie geführt haben. Könnte es also sein, daß grundsätzlich eine zu Ende gedachte Monolatrie geradezu zwangsläufig den Monotheismus aus sich selbst heraussetzt? Liegt womöglich *in der Monolatrie* als solcher die *immanente Tendenz auf einen Monotheismus hin*? Anders formuliert: Ist der Monotheismus die eigentliche Finalität der Monolatrie? Wir sahen ja im Monotheismus der Bhagavadgîtâ, daß diese Schrift noch einige terminologische Reste von Monolatrie enthält, obwohl ihr eigentliches religiöses und theologisches Prinzip das des Monotheismus ist. Können wir im Alten Testament einen analogen Prozeß verifizieren?

Ich frage noch anders, stelle eine Frage, die nach unseren bisherigen Überlegungen nicht allzu sehr verwundern kann: Hat die Theorie des Monotheismus und hat in ihrem Gefolge der religiös praktizierte Monotheismus in dieser Praxis überhaupt etwas Wesentliches über die Praxis einer exklusiven Monolatrie hinaus gebracht? Worin - und das scheint mir eine entscheidende Frage von theologischem und zugleich geschichtlichem Gewicht zu sein - unterscheidet sich die exklusiv monolatrische Gottes-*Verehrung* von der monotheistischen Gottes-*Verehrung*? - Zuvor noch die Anmerkung: Der Fanatismus eines monolatrischen Elija oder Jehu ist *kein Wesenselement der Monolatrie*. Und der Fanatismus von Monotheisten, wie er sich früher in den grauenvollen Erscheinungen von Ketzerverbrennungen im Raum der christlichen Kirche oder von heutigen islamisti-schen Massenmorden, bis zum menschenverachtenden Angriff auf das Rote Kreuz am 27. Oktober 2003 in Bagdad, manifestierte, ist ja ebenso *kein Wesenselement des Monotheismus*. Sowohl Monolatrie kann verbrecherisch pervertieren, als auch Monotheismus kann verbrecherisch pervertieren. Gegen Perversion - Gott sei's geklagt! - ist keine Religion gefeit! Fanatische Religionspervertierer machen es fanatischen Gottesleugnern zuweilen recht einfach. Exzesse wie christliche Hexenprozesse oder die hochkriminellen Schwerverbrechen des 11. Septembers 2001 haben von ihrer emotionalen Seite her ein erheblich größeres religionskritisches Gewicht als rein theoretische, also existentiell nicht betroffen machende

Argumente der Religionskritik von Ludwig Feuerbach oder Karl Marx!

Wie also ging es beim Übergang von der alttestamentlichen Monolatrie zum alttestamentlichen Monotheismus zu? Zu bedenken haben wir dabei das Erste Gebot des Dekalogs, das Deuteronomium (5 Mose) und Deutero-Jesaja.

Nach dem Bericht vom Exodus aus Ägypten begab sich Israel nach der gelungenen Flucht aus Ägypten zum Berge Sinai, wo Mose von Gott die Zehn Gebote, den sogenannten Dekalog, empfing. Das *Erste Gebot* lautet (2 Mose 20,2f.):

Ich bin Jahwäh, dein Gott, der dich aus dem Lande Ägypten geführt hat, aus dem Haus der Knechtschaft.[67] Du sollst keine anderen Götter neben mir haben.

Nun wissen Sie bereits, daß der Dekalog geschichtlich nicht in die Zeit des Auszugs aus Ägypten gehört. Erst nach und nach sind seine Anfänge in später nordisraelitischer Zeit nachweisbar. Zu nennen ist zunächst der nordisraelitische Prophet Hosea, der im Staate Israel etwa von 750 bis 724 v. Chr. wirkte, also kurz vor dessen katastrophalem Untergang im Jahre 722.

Aus dem Buch Hosea sei 4,1f. zitiert:[68]

1. Hört Jahwähs Wort, ihr Israeliten!
Einen Prozeß hält Jahwäh mit den Landesbewohnern,
denn keine Zuverlässigkeit, keine Hingabe
und keine Gotteserkenntnis gibt es im Lande.
2. Fluchen und Betrügen,
Morden, Stehlen und Ehebrechen sind ausgebrochen;
es reiht sich Blutschuld an Blutschuld.

Zwar ist kurz danach die Rede davon, daß Jahwäh vor allem die Priester anklagt, weil sie das Volk ins Verderben

---

[67] Eine andere Möglichkeit der Übersetzung wäre: „Ich, Jahwäh, bin dein Gott, der dich aus dem Lande Ägypten geführt hat, aus dem Haus der Knechtschaft." Ich schließe diese Übersetzung als eine mögliche nicht aus, tendiere aber dazu, 2 Mose als Selbstvorstellung zu verstehen.

[68] Diese und die folgenden Übersetzungen in Anlehnung an *Jeremias*, ATD 24/1.

geführt haben, Hos 4,4-9. Aber das Volk hat sich eben verführen lassen, so daß Jahwäh dekretiert, 4,9:

Dann ergeht's Volk wie Priester:
Ich ahnde seinen Wandel an ihm,
lasse seine Taten sich an ihm auswirken.

In Hos 4,2 findet sich eine Kette von Einzelgeboten aus dem
Dekalog. „Fluchen" meint bei Hosea die mißbräuchliche
Verwendung des Namens Jahwähs, den sog. Flucheid im
Prozeß (vgl. 2 Mose 20,7), „Betrügen" wahrscheinlich das
Verleugnen Jahwähs in Kult und Leben.[69] „Morden",
„Stehlen" und „Ehebrechen" stehen im Dekalog, wenn
auch in anderer Reihenfolge (2 Mose 20,13-15; 5 Mose
5,17-19). Wir sehen also, wie sich der Prophet auf eine Ver-
botsreihe beruft, aber eben noch nicht auf den Dekalog in
seiner späteren Form. Wir befinden uns somit in derjenigen
Zeit, in der der Dekalog nach und nach seine Ausgestaltung
erfährt. Es ist schon beachtenswert, daß sich Hosea nicht auf
das Erste Gebot beruft. Unterstellen wir aber, daß es schon
in dieser Zeit, in welcher Formulierung auch immer, seinen
Ort im werdenden Dekalog hatte, so läßt es sich bestens als
monolatrisches Gebot bzw. Verbot interpretieren. Nehmen
wir die Übersetzung dieses Gebots, wie ich sie soeben gegeben habe, so stellt sich Jahwäh als der Gott Israels vor: „Ich
bin *Jahwäh*, euer Gott!" Der Gott Israels stellt sich mit seinem Namen vor: Ihr sollt wissen, daß ich - *nur ich!* - euer
Gott bin! Ich - *nur ich!* - war es, der euch aus der ägyptischen Sklaverei befreit hat! Ich - *nur ich!* - bin der Gott des
Volkes Israel! Sollte im Sinne von 2 Mose 20,2 zu übersetzen sein „Ich, Jahwäh, bin euer Gott", so würde das diesen
Sinn nicht tangieren. Wir müßten lediglich die Hypothese
aufgeben, daß das Erste Gebot die Selbstvorstellung eines
Gottes ist.[70] Doch so oder so kommt die monolatrische Exklusivität der Jahwäh-Verehrung zum Ausdruck: „Du sollst
keine anderen Götter neben mir haben"; also: „Du sollst
nicht den Gott eines anderen Volkes neben mir haben! Für
dich, das Volk Israel, bin allein ich dein Gott, ich, Jahwäh!"

[69]   Ebd. 61f.
[70]   Dann wäre zu übersetzen. „Ich, Jahwäh, bin euer Gott."

Hören wir nur noch für das Gebot der exklusiven Monolatrie Hos 13,4:

4. Ich aber bin Jahwäh, dein Gott,
vom Lande Ägypten her:
Einen Gott neben mir kennst du nicht,
einen Retter außer mir gibt es nicht.
5. *Ich* war es, der dich in der Wüste weiden ließ,
im ausgedorrten Land.
...
9. Wenn *ich* dich vernichte, Israel,
wer kann dir dann helfen?
10. Wo ist denn nun dein König,
daß er dich rette in all deinen Städten?

Verzichten wir auf die übrigen alttestamentlichen Zeugnisse für das Entstehen des Dekalogs. Sofern er für uns von Bedeutsamkeit war, haben wir schon das Entscheidende zur Kenntnis genommen. *Werner H. Schmidt* hat es zusammenfassend gesagt: [71]

Wenn das Verbot, fremde Götter anzuerkennen [...] in Israels Umwelt nicht begegnet, so muß man in ihm etwas für das Alte Testament Spezifisches sehen [...] Die Exklusivität im Bekenntnis ist nur Israel eigen.

Und weiter heißt es bei ihm: [72]

Jedenfalls hat *das erste Gebot* zunächst ein *praktisches, kein theoretisches Ziel*; es will nicht lehren, daß ein einziger Gott, Schöpfer und Wahrer der Gerechtigkeit, ist. Die *Grundforderung*, Jahwe allein anzuerkennen, ist der Voraussetzung nach *nicht monotheistisch*, wie ja der Gott 'Jahwe' schon durch seinen Namen von anderen Göttern unterschieden ist [...] Die Götter werden also nicht in ihrem 'Sein', aber in ihrem 'Sein für' Israel negiert. Sie (mögen) existieren, aber sie bedeuten nichts für die Angeredeten; denn sie leisten keine Hilfe (Hos 13,4; Jer 2,13 [...]). Insofern wird die *Existenz anderer Götter* nicht geglaubt, sondern *vorausgesetzt* (vgl. Mi 4,5). Gottes Einzigkeit ruht nicht auf seinem Allein-Gott-Sein, sondern in seiner Zuwendung und Forderung; für die, die ihm zugehören, beansprucht er, der einzige zu sein.

---

[71] *Schmidt*, Atl. Glaube, 84.
[72] Ebd. 86; Kursivierung durch mich.

Zu diesem Spezifikum der Exklusivität gehört auch, daß Jahwäh ein eifernder Gott ist, der *'el qannâ'* (Ex 20,5). Es ist doch wohl ein uns inzwischen vertrauter Gedanke: Wenn die Monolatrie den Charakter der Exklusivität hat, wenn die Verehrung jedes anderen Gottes strengstens untersagt ist, dann ist der *Unterschied* zwischen einer *monolatrischen Verehrung* Jahwähs und einer *monotheistischen Verehrung* dieses Gottes *äußerst gering.* Für den, der Jahwäh aus ganzer Seele, mit seiner ganzen Persönlichkeit verehrt, ist es letztlich völlig uninteressant, ob es neben ihm noch andere Götter gibt, die ohnehin für ihn ohne jegliche Bedeutsamkeit sind. Im religiösen Verkehr mit Jahwäh, diesem Einen Jahwäh, spielt es nicht die geringste Rolle, ob für andere Völker andere Götter zuständig sind. Phänomenologisch ist der Eine Gott Jahwäh der zu verehrende Gott - was kümmert's dann, ob es noch andere, doch nur unbedeutsame göttliche Wesen gibt, die ohnehin nichts zu sagen haben. Sie sind für Israel nicht im geringsten existent!

Mit diesen Überlegungen haben wir allerdings eine mögliche Abwertung der „nur" monolatrischen Epoche der vorexilischen Zeit Israels und Judas zumindest minimiert. Immerhin könnte man das Argument bringen, durch die Erkenntnis, man sei erst in exilischer Zeit zum Monotheismus durchgedrungen, müsse die Zeit zuvor aus *theo*-logischer Sicht als minderwertig beurteilen. Man hätte doch damals keine wirkliche Gotteserkenntnis besessen, man hätte den wahren und eigentlichen Gott, nämlich den Einen und einzigen Gott, den Herrn der Geschichte der Welt und speziell der Geschichte Israels, in gewisser Weise um sein spezifisches Gott-Sein gebracht und so ihm die Ehre genommen, ihn in seiner wahren Gottheit und Erhabenheit zu verherrlichen. Obwohl wir die Nähe von Monotheismus und exklusiver Monolatrie zur Genüge bedacht haben, sollten wir zumindest des Einspruch nicht ganz beiseite tun. Fragen wir also trotz unserer bisherigen Überlegungen: War die vorexilische Zeit tatsächlich die Zeit, in der Israel, weil es nicht Jahwäh als den *Einen* Gott verehrte, das *Wesen* seiner Gottheit nicht erkannt hatte? Wäre das der Fall, so wäre in der Tat nur die Zeit seit dem Exil die Zeit wahrer Gotteserkenntnis. Dann bliebe für eine theologisch positive Wertung der Geschichte Israels nur die kleine Zeitspanne von der

Eroberung Jerusalems durch die Babylonier bis zur Makkabäerzeit! Dann wäre das Alte Testament - zum Jubel Markions!- in wichtigsten seiner Teile, wenn auch ungewollt, eine theologische Irreführung. Welchen Weg sollen wir nun einschlagen, um die so lange monolatrische Ära in der Geschichte Israels theologisch verantwortlich zu beurteilen?

Im Grunde habe ich Ihnen die Lösung schon angedeutet. Wenn nämlich die israelische Ära der Monolatrie die Ära einer solchen Monolatrie war, die sich zur exklusiven Monolatrie entwickelte, wenn zudem diese exklusive Monolatrie als das israelische Spezifikum innerhalb der vorderasiatischen Religionen anzusehen ist, dann bedeutet das ja, daß Israel seinen Gott da, wo er in wahrer, in nicht fanatischer Weise exklusiv verehrt wurde, als den für sich einzigen und einzigartigen Gott verehrte. Wir sprachen im Hinblick auf die Begegnung von David mit Nathan vom existentiellen und situativen Monotheismus. Und das heißt ja, daß eine Monolatrie im Rahmen eines solchen Monotheismus tendenziell auf einen wirklichen, auch theoretisch reflektierten Monotheismus hin angelegt war.

Denn wenn es phänomenologisch für den Gläubigen keinen Unterschied ausmachte, ob er in monotheistisch „korrekter" Weise an den allein existenten Gott glaubte und ihm allein vertraute und diente oder ob er dem exklusiv monolatrisch verehrten Gott in dergleichen Weise ergeben war, dann stand Israel da, wenn es die *exklusive* Monolatrie wirklich ernst genommen hat, auf einer ganz anderen religiösen Stufe als die Völker ringsum. Dann zeigt aber auch die vorexilische Zeit, den theologischen Fortschritt, daß sich eine nicht exklusive Monolatrie zur exklusiven Monolatrie entwickelte, wie also Gott als der wahre Herr, als der Richter und Erlöser immer mehr das Leben des alttestamentlichen Menschen bestimmte. Dann ist es die exklusive Relation „Mensch - Gott", die für den Glaubenden existenzbestimmend ist. Und vollzog sich schon *innerhalb* der Monolatrie die theologische Reinigung des Gottesgedankens, so kam noch hinzu, daß, wie wir schon sahen, die der exklusiven Monolatrie innewohnenden religiösen und theologischen Kräfte, die ihr innewohnenden Tendenzen und Finalitäten den monotheistischen Gedanken vorbereiteten. Schließlich sollten wir aber hinter dieser Entwicklung - und daran hängt theologisch

viel! - nicht nur den Fortschritt menschlichen Denkens sehen, sondern auch die Fügung des Volkes Israel durch den
sich ihm offenbarenden Gott selbst. Alttestamentliche wie
auch neutestamentliche Religion ist die Religion des sich offenbarenden und erschließenden Gottes. Gott redet - der
Mensch hört. Die Theologie beider Testamente ist *Offenba-
rungstheologie*, ist *Theologie des Wortes*. Auch darüber
haben wir ja schon nachgedacht. Und es sollte auch in aller
Deutlichkeit und Entschiedenheit gesagt werden: Entweder
verstehen wir Theologie als Offenbarungs- und Worttheologie, oder wir haben weder von der Theologie des Alten Testaments noch von der des Neuen etwas Wesentliches erfaßt!

Kommen wir jetzt - endlich! - zu dem Zeitpunkt in der Geschichte Israels bzw. Judas, in dem sich der *Monotheismus*
herauskristallisiert. Der Übergang zum Monotheismus und
somit der Übergang von einer interessanten Geschichte der
Monolatrie zur religiösen Idee und zur theologischen Reflexion und Überzeugung vom allein existierenden Gott, außer
dem kein anderer ist, war ein Ereignis von geschichtsgrün-
dender Kraft. Es war nicht ein bloßer Fortschritt in der Geschichte der alttestamentlichen Theologie, es war ein Geschehen, das eine weltverändernde Dynamik entfaltete. So
werden Sie gleich sehen, wie dieser Abschnitt der Geschichte Israels bzw. Judas geradezu der Knotenpunkt dieser Geschichte ist, einer Geschichte mit höchsten Höhen und tiefsten Tiefen.

Der Durchbruch zum Monotheismus erfolgte nachweislich
erst nach dem schmählichen Ende der Königszeit des
Südreichs Juda (587 v.Chr.). Daß es zu diesem theologischen Höhepunkt ausgerechnet mitten im schlimmsten politischen und existentiellen Elend kommt, nämlich nach der
Eroberung und Zerstörung Jerusalems und des Tempels
und der Verbannung der jüdischen Oberschicht in das
sprichwörtlich gewordene Babylonische Exil, ist die eigen-
tümliche Paradoxie des Ganzen: Mitten im Elend die Geburt
des Glaubens an den Einen Gott, die Geburt jenes Glaubens,
der für das Judentum, das Christentum und den Islam das
grundlegende Kennzeichen sein wird. Die theologische Reflexion und die exklusive monolatrische Religion setzten ihre
eigentliche religiös-theologische Kraft frei. Jetzt wird es hei-

ßen: *Credo in **unum** Deum, factorem coeli et terrae* - Ich glaube an den *Einen* Gott, den Schöpfer des Himmels und der Erde. Und die Geschichte der monotheistischen Religionen wird eine Geschichte des guten Glaubens an den Einen Gott und zugleich auch in allen monotheistischen Religionen des pervertierten monotheistischen Glaubens. Mit dem Untertitel unserer Vorlesung: Fluch und Segen der monotheistischen Religionen.

Der Übergang zum Monotheismus hat zwei Namen, die sich in die Annalen der Geschichte Israels eingebrannt haben: *Josia* - sein ausführlicher Name lautet im Hebräischen: *Joschijjahu* (in neueren Übersetzungen meist: Joschija) - und *Deuteronomium*. Ein wenig poetisch formuliert: Joschija hat den Saum des Mantels der Geschichte ergriffen und eine neue Epoche der jüdischen Religionsgeschichte eingeleitet.

Zunächst die ausgezeichnete kurze Charakteristik dieses Königs Joschija aus *Herbert Donner*s Geschichte des Volkes Israe:l[73]

Trotz aller idealen deuteronomistischen Übermalung und Stilisierung, die seine Gestalt erfahren hat, wird man vermuten dürfen, daß er bereits seinen Zeitgenossen als Verkörperung der in der Geschichte des Volkes Israel lebendigen Hoffnungen galt, als der Gesalbte Jahwes schlechthin, als der wahre und würdige Nachkomme Davids. Josia ist der König der nach ihm benannten 'josianischen Reform'. Wir würden diese Reform gründlich mißverstehen, wenn wir sie ausschließlich unter dem außen- und innenpolitischen Aspekt der Gegnerschaft gegenüber Assyrien betrachten wollten. Denn die Reform ist durch das Aufkommen des Deuteronomiums ausgelöst und ganz wesentlich mitbedingt worden: durch die Erscheinung eines heiligen Buches, dessen Wirkungen auf die Religions- und Geistesgeschichte Israels, des Judentums, des Christentums und des Islam gar nicht hoch genug eingeschätzt werden können.

Was war passiert? Nach *2 Kön 22* hat der Priester Hilkija bei Bauarbeiten im Tempel das „Buch des Gesetzes" gefunden, das dann in die Hände des Königs gelangte. Der Staatsschreiber Schaphan las es dem König vor. Der zerriß daraufhin seine Kleider. Denn in diesem Buch stand, was in Jerusalem nicht geschehen war, nämlich die Zerstörung der heidnischen Kultstätten, die Nichtzulassung der Huldigung

---

[73] *Donner*, Geschichte des Volkes Israel, Bd. 2, 374.

anderer Götter und die Kultzentralisation an einem einzigen
Ort, nämlich, wie Joschija es verstand, in Jerusalem. Kurz
gesagt: Kultreinheit und Kulteinheit. Die weitere Reaktion
des Königs, *2 Kön 23,4ff.*: Alle Kultstätten anderer Götter
wurden zerstört, die Fremdpriester umgebracht, die Aschera
aus dem Tempel entfernt und im Kidrontal verbrannt, die
Häuser der Tempelprostituierten abgerissen. Der Jahwähkult
durfte nur noch nach dem Gesetz der *Kultzentralisation* im
Jerusalemer Tempel ausgeführt werden, die Jahwäh-
Kultdiener an anderen Jahwäh-Heiligtümern wurden nach
Jerusalem beordert und fungierten dort in minderer Funktion als bisher, sie wurden zu einer Art *clerus minor*. Das im
Tempel gefundene Buch war allem Anschein nach eine Ur-
form des Deuteronomiums (5 Mose), entweder der Gesetzesteil Dtn 12-26 (27?) oder schon dieser Gesetzesteil zusammen mit der Einleitung Dtn 5-11.
Die Entscheidung Josijas, die Forderungen des Deuteronomiums in die Tat umzusetzen, war sicherlich eine religi-
onspolitische Tat. Da aber in der Antike *Staatspolitik* und
Religionspolitik untrennbar miteinander verbunden waren,
dürfte es auch nicht verwundern, wenn hinter seiner Kultus-
reform massive Staatspolitik erkennbar wird. Denn wenn er
in seinem Herrschaftsgebiet die Fremdreligionen ausmerzte,
dann traf das in besonderer Weise auch die assyrischen Kulte. Wir wissen ja, daß 722 das Nordreich zu existieren auf-
gehört hatte und daß sich der Südstaat Juda zu dieser Zeit
in politischer Abhängigkeit von Assyrien befand. Zur Zeit
Joschijas aber war dieses Land politisch und militärisch
schwach geworden. Und so war es ein Akt der Emanzipati-
on von Assyrien, wenn er brutal die assyrischen Kulte ausmerzte. Es bestätigt die politische Weitsicht Joschijas, wenn
Assyrien in der Tat nicht auf seine Provokation reagierte.
Die erfolgreiche Regierung des Joschija endete abrupt. 609
kam er in der Schlacht von Megiddo um. Und es dauerte
dann nur noch wenige Jahre, bis nach Judas Blütezeit unter
Joschija dieser Staat das Opfer der babylonischen Aggression wurde. Das Datum der Eroberung und Zerstörung Jerusalems durch Nebukadnezar wurde schon mehrmals in dieser Vorlesung genannt: 587 v. Chr. Von 609 bis 587 sind es
nur 22 Jahre! So schnell stürzt ein Staat aus höchstem politischen Glück in tiefstes politisches Unglück!

Jetzt zum Buche *Deuteronomium*! Es ist im Laufe der Jahre immer wieder überarbeitet worden und dabei angewachsen. Das sogenannte Urdeuteronomium beinhaltete wahrscheinlich den Kern von Dtn 12-25(26?, 27?). Es ist wahrscheinlich die Fassung, die Hilkija gefunden hatte, das „Buch des Gesetzes". Wahrscheinlich noch unter Joschija erfolgte die deuteronomische Redaktion, zu der auch Dtn 5-11 zählt. Erst nach der Zerstörung Jerusalems kam eine erneute, die deuteronomistische Redaktion hinzu, zu der Dtn 1-4 gehören. Die Zäsur zwischen Kapitel 5 und Kapitel 4 (Reihenfolge also in chronologischer Sicht) ist für unsere Überlegungen von hohem theologischem Gewicht; es ist die entscheidende Zäsur im Blick auf die Frage nach dem Ursprung des Monotheismus. Diesen Sachverhalt hat der Benediktiner *Georg Braulik*, katholischer Alttestamentlers an der Universität Wien, m.E. überzeugend nachgewiesen. Ich nenne hier vor allem seinen Aufsatz „Das Deuteronomium und die Geburt des Monotheismus".[74]

Braulik hat wahrscheinlich gemacht, daß der alttestamentliche Monotheismus aus dem Schoß des Deuteronomiums geboren ist. Die genannte Zäsur zwischen Dtn 5 und Dtn 4 ist die Zäsur zwischen Monolatrie und Monotheismus. In Dtn 6,4f. lesen wir die bekannte Stelle:

Höre, Israel, Jahwäh, unser Gott, ist der eine Jahwäh! Und du sollst Jahwäh, deinen Gott, lieben aus deinem ganzen Herzen, aus deiner ganzen Seele und aus deiner ganzen Kraft!

Liest man diese Sätze von Kapitel 4 her, versteht man sie notwendig monotheistisch. Ohne die deuteronomistischen Kapitel Dtn 1-4 kann aber die zitierte Stelle ohne weiteres als monolatrische Aufforderung verstanden werden: „Jahwäh ist *unser* Gott, der Gott Israels! Du sollst Jahwäh - also: *deinen* Gott -, aber keinen der anderen Götter lieben!" Wir erinnern uns in diesem Zusammenhang an die ursprünglich monolatrische Aussagerichtung des Ersten Gebots des Dekalogs. Vor Dtn 5-11 ist aber später eine neue,

---

[74] Eine kurze Zusammenfassung von dessen Argumentation in: *Hübner*, Biblische Theologie des Neuen Testaments, Bd. 1, 246-248.

die deuteronomistische Einleitung gesetzt worden, nämlich
Dtn 1-4. Und darin heißt es Dtn 4,19:

Wenn du die Augen zum Himmel erhebst und das ganze Himmelsheer
siehst, die Sonne und die Sterne, dann laß dich nicht verführen! Du
sollst dich nicht vor ihnen niederwerfen und ihnen nicht dienen.
Jahwäh, dein Gott, hat sie allen Völkern überall unter dem Himmel
zugewiesen.

Es ist eine umstrittene, weil rätselhafte Aussage des Dtn.
Gerhard von Rad sieht in ihr die Vorstellung, daß Jahwäh
selber den Völkern - gemeint sind alle Völker außer Juda -
„die Gestirne zur Anbetung zugewiesen habe"; allerdings
„findet sich [diese Vorstellung] in solcher Liberalität nirgends mehr im Alten Testament".[75] Gegen diese Interpretation wendet sich Braulik mit Recht.[76] Dtn 4,19 sagt ja klar:
Allen Völkern unter dem Himmel als einer Gemeinschaft
hat Gott die Leuchten des Himmels zugeteilt.[77] Keinesfalls
heißt es hier, daß jedes Volk seinen eigenen Stern hätte; ist
doch sonst im Alten Testament die kultische Verehrung eines Gestirns ein gottloses Verhalten! Auch der Kontext in
Dtn 4 spricht dagegen. In Dtn 4,28 werden die Götter anderer Völker als „Machwerke von Menschenhand" disqualifi-
ziert, und Israel wird, falls es Jahwäh untreu wird und anderen Göttern dient, angedroht, daß Jahwäh die Israeliten unter die Völker zerstreuen wird, Dtn 4,28:

Dort müßt ihr Göttern dienen, Machwerken von Menschenhand, aus
Holz und Stein. Sie können nicht sehen und nicht hören, nicht essen
und nicht trinken.

Also Polemik gegen Götter, die keine sind. Hier geht es
zwar unmittelbar um Götzenbilder, die von menschlicher
Hand angefertigt worden sind (s. auch Ps 115,4-8; Weish
13,10-14,11). Aber die zu Götzen gemachten Sterne am
Firmament dürften in diese Kritik eingeschlossen sein. Mit

---

[75]   *von Rad*, ATD 8, 36.
[76]   *Braulik*, Das Dtn und die Geburt des Monotheismus, 284.
[77]   *hlq* muß hier nicht meinen, daß jedem Volk sein Stern zugewiesen
würde. Zwar ist der Grundsinn dieses Verbs das Auf-teilen auf jeweils
andere; aber auch die Bedeutung Zu-teilen ist möglich: Gott teilte der
Menschheit insgesamt das Heer der Sterne zum Leuchten zu.

beißendem Spott werden menschliche Machwerke in Dtn 4,28 bedacht. *Euer* Gott aber, Jahwäh, so will es der Autor von Dtn 1-4 seine Leser wissen lassen, hat euch mit starker Hand aus Ägypten geführt. Er hat an euch gehandelt! Er hat euch befreit! Und so heißt es dann Dtn 4,35:

Das hast du sehen dürfen, damit du erkennst: *Jahwäh* ist der Gott, kein anderer ist außer ihm, *JHWH hû' hâ'ælohîm 'ên 'ôd milbaddô.*

Jetzt - endlich! - sind wir in der alttestamentlichen Religionsgeschichte soweit gekommen, daß wir vor dem eindeutig ausgesprochenen monotheistischen Bekenntnis stehen. Jahwäh ist der *einzige* Gott! Neben ihm existiert kein anderer Gott!

Umstritten ist, ob nicht *Deutero-Jesaja*, der Prophet im Babylonischen Exil, noch vor dem Deuteronomium die Ehre zukommt, als erster den Monotheismus verkündet zu haben, und zwar in der Babylonischen Gefangenschaft. In der Tat finden sich bei ihm eindeutig monotheistische Aussagen, z.B. Jes 45,20-22, ein Wort übrigens an Heiden - der *Monotheismus* also als die *Religion der gesamten Menschheit*:

20. Versammelt euch und kommt miteinander herzu, ihr Entronnenen der Heiden. Keine Erkenntnis haben, die sich abschleppen mit den Klötzen ihrer Götzen und zu einem Gott flehen, der nicht helfen kann.
21. Tut es kund, bringt es vor, beratet miteinander: Wer hat dies hören lassen von alters her und vorzeiten verkündigt? Hab ich's nicht getan, Jahwäh? Es ist kein Gott außer mir, ein gerechter Gott und Heiland, und es ist keiner außer mir.
22. Wendet euch zu mir, so werdet ihr gerettet, aller Welt Enden; denn ich bin Gott, und sonst keiner mehr.

Für Braulik ist aber „der Monotheismus [...] im Deuteronomium ohne nachweisliche Geburtshilfe Deuterojesajas aus der deuteronomistischen Theologie in die Glaubenswelt Israels getreten".[78] Wohlgemerkt: nicht aus der deuteron*isti*-*schen* Theologie; und diese ist bekanntlich jünger als die deuteron*omische*. Ich mische mich hier nicht in den Streit der Alttestamentler ein. Doch einerlei, wem der Primat zu-

---

[78] *Braulik*, Das Dtn und die Geburt des Monotheismus, 295.

kommt: Brauliks Argument, daß Dtn 4 monotheistisch denkt, Dtn 6 aber monolatrisch, bleibt unberührt von der Frage, ob er auch das zeitliche Verhältnis von Deuteronomium und Deutero-Jesaja richtig beurteilt.

Ich schließe hier das alttestamentliche Kapitel ab, obwohl aus der Zeit nach Dtn 1-4 noch so manches zur Entwicklung des alttestamentlichen Monotheismus zu sagen wäre. Warum ich ausgerechnet hier abbreche, wird sich im nächsten Kapitel zeigen. Seine Überschrift: *Der Übergang vom Monotheismus des Alten Testaments zum Monotheismus des Neuen - Preisgabe des strikten Monotheismus?* Wahrscheinlich überrascht Sie diese neue Überschrift. Aber im späten Alten Testament finden sich Aussagen, die eine Pluralität der Himmlischen in das göttliche Jenseits einfügen, daß man in allem Ernst fragen kann: Wie lassen sich diese Auffassungen, diese Vorstellungen noch mit dem so eindeutigen Monotheismus von Dtn 4 vereinbaren? Es wird der Umweg zum wahren Monotheismus sein, wenn auch ein sehr sinnvoller Umweg. Nicht ich habe diesen Umweg konstruiert, nein, auf ihn kommt, wer für die Frage nach dem biblischen Monotheismus fragend auf die biblischen Zeugnisse schaut.

3. Der Übergang vom Monotheismus des Alten Testaments zum Monotheismus des Neuen – Preisgabe des strikten Monotheismus?

Da sind wir also den jahrhundertelangen Weg mit Israel gegangen, haben dieses Volk durch die Zeiten seiner monolatrischen, z.T. exklusiv monolatrischen Religion begleitet, bis wir - endlich! - sahen, wie sich nach der furchtbaren Katastrophe von 587 v. Chr. in der deuteronomischen Schule und der Verkündigung des Zweiten Jesaja, des Deuterojesaja, im Babylonischen Exil die exklusiv monolatrische Frömmigkeit zum durchdachten Monotheismus entwickelt hat. Jetzt bekennt Israel: „Jahwäh ist der Eine Gott! Der einzige Gott! Außer ihm gibt es keinen anderen Gott. Jahwäh ist der Herr der ganzen Welt, der Gott aller Völker!" Wir dachten, damit zum Abschluß der theologischen und religiösen Entwicklung des monotheistischen Gottesglaubens Israels gekommen zu sein.

Aber nun zeigt sich Überraschendes, etwas nicht Erwartetes. Es sieht plötzlich so aus, als ginge die Uhr der Religionsgeschichte Israels rückwärts, also wieder in Richtung der polytheistischen Vergangenheit. Irritiert stellen wir die Frage, ob Israel mit dem endlich gewonnenen Monotheismus überfordert gewesen sein könnte. Denn kaum sind wir an jenem Zeitpunkt der Geschichte des auserwählten Volkes angelangt, da es Jahwäh als den Einen und einzigen Gott versteht und verehrt, da müssen wir wider Erwarten eine merkwürdige *Relativierung des Monotheismus* zur Kenntnis nehmen. Denn irgendwie zersplittert, zerfasert sich dieser Monotheismus. Oder anders formuliert: Er verästelt sich in unterschiedliche göttliche Gestalten. Gott gibt irgendwie - wie es genau geschah, ist historisch sehr schwer zu rekonstruieren - Kompetenzen seiner Göttlichkeit, seines Gott-Seins ab. Er delegiert gewissermaßen sein göttliches Wesen

an die geschaffene Welt, an geschaffene himmlische Personen. Im Paradies hat Jahwäh den ersten Menschen noch
strengstens verboten, von der Frucht des Baumes der Erkenntnis zu essen (1 Mose 2,16f.). An dieser Stelle der Paradiesesgeschichte ist zwar noch nicht gesagt, warum Gott
dieses Verbot so energisch dekretierte. Aber dann hat es die
Schlange, die Eva verführte, verraten (1 Mose 3,5). Diese
beruft sich zunächst auf das Verbot und die Androhung
Gottes: Adam und Eva müssen sterben, wenn sie von den
Früchten des Baumes äßen. Die Schlange hält dem entgegen:

Keineswegs werdet ihr sterben! Sondern Gott weiß, daß euch an dem
Tage, an dem ihr von den Früchten eßt, die Augen aufgehen und *ihr
wie Gott sein werdet*. Ihr werdet dann wissen, was gut und böse ist.

In gewisser Weise sprach die listige Schlange durchaus die
Wahrheit. Auch auf gottfeindlicher Seite kann einmal die
Wahrheit gesprochen werden, wenn es der Wahrheit scha-
det! Zwar ist in 1 Mose 3 nicht davon die Rede, daß dieses
Tier die Inkarnation des Teufels sei. Aber die spätere jüdische und auch die christliche Tradition sahen in ihr den in
Schlangengestalt verkleideten Satan. Und daß dieses satanische Tier tatsächlich Wahres gesagt hat, also ausgerechnet
mit der Wahrheit Eva zur Sünde verführte, bestätigt Gott
selbst. Denn nach vollbrachtem Ungehorsam sagt er zu sich
(1 Mose 3,22):

Siehe, *der Mensch ist geworden wie unsereiner* und weiß, was gut und
böse ist. Nun aber, daß er nur nicht seine Hand ausstrecke und breche
auch von dem Baum des Lebens und esse und lebe ewiglich!

Ein - dürfen wir es so sagen? - verzweifelter Monolog Gottes mit einem Ausrufungszeichen am Ende (so jedenfalls in
der soeben zitierten Übersetzung Martin Luthers). Also: Es
darf nicht sein, daß das Geschöpf am Gott-Sein Anteil gewinnt! Die durch ihren Ungehorsam schon irgendwie parti-
ell Gott gewordenen Menschen müssen bestraft werden,
müssen in ihre Schranken gewiesen werden! Die Menschen
dürfen ihr anfängliches Gott-geworden-Sein nicht noch stei-
gern! Wehe dem, der nach dem Gott-Sein seine Hand aus-

streckt! Gott *fürchtet* geradezu die menschliche Konkurrenz in seinem göttlichen Bereich! Wir kommentieren diese theologisch recht schwierigen Aussagen der Paradiesesgeschichte hier nicht. Wir nehmen sie aber sehr genau zur Kenntnis, um hernach die religionsgeschichtliche Entwicklung der späten alttestamentlichen Epoche zu verstehen.

In der spätexilischen Zeit tut sich nämlich im theologischen Denken Israels recht Seltsames. Da wird nämlich die *Weisheit*, das erste Geschöpf Gottes, zur himmlischen, zur transzendenten Person! Wohlgemerkt: Diese Weisheit ist Gottes Geschöpf, zunächst jedenfalls! Schon diese Formulierung kann uns, wenn wir nur lange genug über sie nachdenken, verwirren. Gott hat also in seiner Weisheit die Weisheit erschaffen? Ist das nicht eine widersprüchliche Vorstellung? Ist Gottes Weisheit *sein* eigentliches, sein *eigentliches* weises Sein? Oder muß er erst noch die Weisheit erschaffen, um selber weise zu sein? Im Laufe der Religionsgeschichte Israels werden die biblischen Zeugnisse hinsichtlich der Teilhabe der Weisheit an Gottes Göttlichkeit, an Gottes göttlichem Wesen immer massiver. Es scheint, als hätten die späten alttestamentlichen Autoren völlig aus den Augen verloren, was in 1 Mose 2 und 3 gesagt wurde. Die biblische Zeugnisse aus jener Zeit, auf die ich mich beziehe, sind *Spr 8*, *Sir 24* und *Weish 9*.

Freilich ist die alttestamentliche Überlieferung von der Weisheit älter als diese drei Kapitel. So enthält das Buch der *Sprüche Salomons* in seinen Weisheitslehren sehr alte Traditionen, z.T. sogar bis in die Religionsgeschichte Ägyptens zurückreichend. In Spr 22,17-23,11 findet sich ein Abschnitt mit einer auffällig engen sprachlichen Anlehnung an das ägyptische Weisheitsbuch des *Amenemope* (noch vor 1000 v. Chr.). Man kann also sagen, daß ausgerechnet der älteste Abschnitt des Alten Testaments aus dem polytheistischen Ägypten stammt. Ich lese Ihnen lediglich Spr 22,17.18.22 und die entsprechende Passage im Buch der Sprüche des Amenemope vor:

Buch der Sprüche 22:

17 Neige deine Ohren und höre die Worte der Weisen und nimm zu Herzen meine Lehre.

18 Denn lieblich ist's, wenn du sie im Sinne behältst; laß sie miteinander auf deinen Lippen bleiben.
19 Damit deine Hoffnung sich gründe auf Jahwäh, erinnere ich daran heute gerade dich.
...
22 Beraube den Armen nicht, weil er arm ist, und unterdrücke den Geringen nicht im Gericht.

Die Sprüche des Amenemope:

1. Kap. Gib (mir) deine Ohren, und höre, was ich sage, und richte dein Herz darauf, es zu verstehen. Es ist nützlich, wenn du es in dein Herz setzest - wehe dem, der es übertritt.
2. Kap. Hüte dich, einen Elenden zu berauben und stark zu sein (im Gerichtsverfahren?) gegen einen Schwachen.

Die Parallelen sind offenkundig, wenn auch der Weg aus der ägyptischen Sprache in die hebräische bzw. deutsche Übersetzung seine Spuren hinterlassen hat. Vor allem hat der biblische Autor den Gottesnamen Jahwäh eingefügt.

Wir müssen festhalten: Die älteren Weisheitstraditionen im Alten Testament sind keine spezifisch israelitischen Überlieferungen, kein biblisches Sondergut. Es geht in ihnen um allgemein vorderasiatische und afrikanische Vorstellungen, wie man das Leben bewältigen kann. Es sind Gebote zur Gestaltung des eigenen Verhaltens. Ein wesentlicher Grundsatz ist der sogenannte *Tun-Ergehen-Zusammenhang*: Tust du Gutes, so geht es dir gut; tust du Schlechtes, so geht es dir schlecht.[79] Wer will, mag darin sogar in gewisser Weise recht egoistische Anweisungen sehen, wenn natürlich auch mit moralischem Akzent. Erst in späterer Zeit kommt ein *religiöses Moment* in die Anweisungen: Gott ist es, der den belohnt, der Gutes tut; Gott ist es, der den bestraft, der Schlechtes tut. Die gute oder böse Tat wirkt also nicht mehr durch sich selbst, wie zuvor angenommen.

---

[79] Ich nenne hier nur *Gerhard von Rad*, Weisheit in Israel, 165-181. Die Forschung über die atl. Weisheit ist seit von Rad erheblich weitergekommen. Aber sein Weisheitsbuch gehört immer noch zum besten, was über die atl. Weisheit geschrieben wurde und was wir auch in besonders guter Weise *lesen* können. S. auch *Kaiser*, Gottes und der Menschen Weisheit (hervorragend schon allein in hermeneutischer Hinsicht).

Dann aber schiebt sich in diese Weisheitssprüche eine *weitere theologische Dimension* ein. Die *Weisheit* wird zur *Gabe Gottes*. Wir kennen diese Vorstellung schon aus dem Traum des Königs Salomo. Jahwäh erscheint ihm in diesem Traum (1 Kön 3,5ff.): „Bitte, was ich dir geben soll!" Salomo bittet Gott um ein gehorsames Herz, um sein Volk richten und um verstehen zu können, was gut und böse ist. Er bittet also um das, was Adam und Eva gerade nicht erlangen sollten! Und Jahwäh erfüllt ihm diese Bitte gern: „Siehe, ich gebe dir ein weises und verständiges Herz." Sein Herz, sein Innerstes also, ist begabt mit der von Gott gnadenhaft gegebenen Weisheit. Gott ist es demnach, der den Menschen weise macht; nicht ist es dessen Verstand, der ihn weise handeln läßt. Das ist nun der entscheidende Punkt in der Entwicklung des israelischen Weisheitsdenken: *Gott und Weisheit gehören zusammen.* Es war Gottes Wirken in der Geschichte Israels, das Salomo, den König in Jerusalem, weise regieren ließ. Und dessen Begabung mit dem göttlichem Geist war es auch, die ihn schließlich in der alttestamentlichen Literatur als den weisen König schlechthin bekannt machte.

Es ist aber im Alten Testament nicht nur der Blick zurück in die Vergangenheit, die von der Geistbegabung des Königs spricht, sondern auch der Blick in die Zukunft. In *Jes 11* wird der König aus dem Stamme Isais - dieser war bekanntlich der Vater Davids - als der kommende Heilskönigs verheißen. Auf ihm werde der Geist Jahwähs ruhen, die *ruaḥ JHWH*, der Geist der Weisheit, die *ruaḥ châkmâh*. Es ist sozusagen Gottes urcigener Geist, der der Geist eines Menschen sein wird, nämlich des kommenden Heilskönigs. Will man in der Diktion zuspitzen: Dieser König wird sich mit Gott den einen Heiligen Geist teilen. Dieser König wird am Geiste Gottes partizipieren. Sein Denken und Handeln geschieht nicht nur auf Erden, sondern auch im Himmel. Seine Regierung ist vom Himmel her, vom *spiritus Dei* her, in-*spir*-iert.

Gottes Geist und Gottes Weisheit sind nach Jes 11 gewissermaßen identisch. Gottes Weisheit ist sein Geist. Und *vice versa* ist Gottes Geist seine Weisheit. Jetzt aber kommt es in der alttestamentlich theologischen Entwicklung zu einem folgenreichen Schritt, nämlich zur Hypostasierung, zur *Per-*

sonifizierung der *Weisheit Gottes.*[80] Und das wird in den
Kapiteln ausgesagt, die ich Ihnen schon genannt habe. Spr 8
findet sich in einem alttestamentlichen Buch, das auch zur
Biblia Hebraica gehört, die Kapitel Sir 24 und Weish 9 aber
„nur" zur Septuaginta, also zur griechischen Übersetzung
des Alten Testaments. Zu dieser Septuaginta zählen auch
Schriften, deren Original griechisch verfaßt wurde, wie eben
die Weisheit Salomons, oder deren hebräischer Text nur
bruchstückweise erhalten ist, wie Jesus Sirach. Die Reformatoren haben bei der Bestimmung des Umfangs des biblischen Kanons einen m.E. folgenschweren Fehler begangen.
Gegen den Kirchenvater Augustinus und mit dem Kirchenvater Hieronymus haben sie als Kriterium der Zugehörigkeit
von heiligen Büchern zur Heiligen Schrift die sogenannte
veritas Hebraica erklärt und folglich die Weisheit Salomons
und Jesus Sirach zu „apokryphen" Schriften. Übernimmt
man dieses Kriterium, so übersieht man, daß in spätalttesta-
mentlicher und in neutestamentlicher Zeit die meisten Juden
in der Diaspora wohnten. Die im Bereich des Mittelmeers
wohnten - und das waren von den Diasporajuden wiederum
die meisten -, sprachen weithin griechisch. So war die griechische Septuaginta die Bibel für die Mehrheit der damaligen Juden. Geht man also von dieser Mehrheit der damaligen Juden im Imperium Romanum aus, so war die Septuaginta *die* Bibel der Juden! Und in Palästina? Da sprach man
damals aramäisch und gerade nicht hebräisch. Zur Zeit Jesu
und noch Jahrzehnte danach war nämlich die hebräische
Sprache keine lebende Sprache mehr, sondern nur noch die
Sprache weniger jüdischer Theologen. Erst nach der zweiten Zerstörung Jerusalems 70 n. Chr. wurde die hebräische
Sprache in jüdischen Kreisen wieder heimisch. Die Fehlent-
scheidung der Reformatoren, nur die Biblia Hebraica als
Altes Testament zu akzeptieren, ist theologisch überaus be-
denklich. Sie ist ungeschichtlich! Überlegen Sie nur, daß das
Buch der Weisheit Salomons immerhin theologische Vor-
aussetzungen für zentrale theologische Aussagen des Neuen
Testaments enthält, evangelische Theologen sie aber als *bi-*

---

[80]   Ich unterscheide hier nicht zwischen Hypostasierung und Personifizierung. Diese Unterscheidung ist mir zu künstlich und oft auch zu
spitzfindig.

blische Voraussetzungen neutestamentlicher Aussagen nicht gelten ließen bzw. lassen! Man vergleiche nur Weish 13[81] mit Röm 1,19-21! Paulus hat m.E. das Buch der Weisheit Salomons gekannt. Dieses Buch steht in mancher Hinsicht dem Neuen Testament näher als beispielsweise das Buch des Propheten Haggai. Erst in neuerer Zeit hat in dieser Hinsicht eine Reihe evangelischer Exegeten umgedacht. Bezeichnend für diese neue Situation ist, daß z.B. für die Reihe „Das Alte Testament Deutsch" der Verlag Vandenhoeck & Ruprecht in Göttingen inzwischen eine Zusatzabteilung geschaffen hat: Das Alte Testament Deutsch - Apokryphen. Doch zunächst zu *Spr 8*! Da tritt die Weisheit auf - als *Person*! An Straßenkreuzungen ruft sie die Menschen, Spr 8,1-16:

> Ihr Männer, euch rufe ich und erhebe meine Stimme zu den Menschenkindern! ... Denn mein Mund redet die Weisheit, und meine Lippen hassen, was gottlos ist... Durch mich regieren die Könige und setzen die Ratsherren das Recht.

Wichtiger ist noch, was diese Weisheit über sich selbst sagt. In den ersten Versen könnte man ja der Meinung sein, der Verfasser lasse die Weisheit in poetischer Manier reden, ohne daß die Personifikation real gemeint wäre. Daß sie aber tatsächlich real gemeint ist, geht aus Spr 8,22-31 in aller Deutlichkeit hervor. Ich bringe Ihnen den Text jetzt nicht nach der Übersetzung Luthers, sondern in enger Anlehnung an Berend Gemsers Übersetzung in seinem Kommentar der Sprüche Salomos:[82]

> 22 Jahwäh schuf mich als Anfang seiner Wege, als erstes seiner Werke
> 23 in der Urzeit bin ich gebildet, im Anbeginn, in der Erde Urzeiten;
> 24 als noch keine Ozeane, wurde ich geboren, als noch keine Quellen, wasserschwer;
> 25 ehe die Berge eingesenkt vor den Hügeln, wurde ich geboren;
> 26 als er noch nicht gemacht Land und Fluren noch die Masse der Schollen des Erdreichs;
> 27 als er den Himmel herstellte, war ich da, als er den Horizont bestimmte auf dem Ozean;

---

[81] *Hübner*, ATD.A 4, 165-170.
[82] *Gemser*, HAT 16, 46.

28 als er befestigte die Wolken droben, als er stark machte des Grund-
wassers Quellen;
29 als er dem Meer seine Schranken setzte, daß die Wasser nicht überschritten seinen Befehl;
als er fest machte der Erde Grundfesten –
30 da war ich ihm zur Seite als Liebling
und war seine Wonne Tag für Tag, spielend vor ihm alle Zeit,
31 spielend auf seinem Erdenrund, und meine Wonne an den Men-
schenkindern.

Die Weisheit ist nach diesen Versen zwar eindeutig, wie alles
andere im Weltall, Geschöpf Gottes. Aber doch eben ein
Geschöpf ganz besonderer Art! Sie wurde nicht nur vor der
Erschaffung von Himmel und Erde erschaffen - also noch
vor dem Geschehen von 1 Mose 1,1: „Im Anfang schuf
Gott Himmel und Erde"! -, sie hatte also nicht nur eine gewisse zeitliche Präexistenz vor der Existenz von Himmel
und Erde. Nein, darüber hinaus stand sie in einem einzigartigen Verhältnis zu Gott. Sie hat nicht nur ein ausgezeichne-
tes Prae vor allem, was ist, sie ist vor allem durch dieses -
zeitliche?, vorzeitliche? - Prae von einer *ganz anderen Erschaffungsqualität* als die gesamte übrige Schöpfung. Liebling Gottes ist sie, und in dieser Position ist sie Zeugin bei
seinem Werk der Weltschöpfung. Aufgrund ihrer ganz sin-
gulären Erschaffungsqualität ist ihr Geschaffen-Sein auch ein
ontologisch anderes als etwa das von uns Menschen. Und so
kann sie sich kraft der ihr verliehenen Qualität ihres Seins an
die Menschen wenden. Sie kann sagen, daß, wer sie findet,
das *Leben* gefunden hat. An sich ist Gott der Lebensspen-
der, gerade als Schöpfer der Lebens. In Ps 16,11 lobt der
Psalmist Gott: „*Du* tust mir kund den Weg zum Leben." In
Spr 8,32(34) preist aber die Weisheit den Menschen, der
ihre Wege bewahrt. Jetzt ist also *sie* die Mittlerin des Lebens, jetzt weist *sie* den Weg zum Leben! Wer sie findet, so
darf sie verkündigen, der erlangt Jahwähs Wohlgefallen.
Evangelische Theologen nehmen Anstoß daran, daß manche
Katholiken, die in besonders prononcierter Weise marianisch
denken, an Maria als die „Mittlerin *aller* Gnaden", *media-
trix omnium gratiarum*, glauben. Sieht man doch auf evangelischer Seite in einem solchen Marienglauben eine Minde-
rung des Gott-Seins Gottes, da doch *alle* Gnade von ihm
ausgeht. Geschieht aber in Spr 8 - und das Buch der Sprü-

che ist als Buch der Biblia Hebraica ein für alle christlichen
Konfessionen biblisches Buch! - nicht eine gleichartige Abwertung Gottes? In diesem Buch ist es nun die nicht mit
Gott identische Weisheit, durch die man Gottes Gnade erlangt! Müßte man dann nicht, wenn man als evangelischer
Christ den eben genannten marianischen Glauben ablehnt,
nicht auch gegenüber Spr 8,34 gleiche massive Vorbehalte
anmelden? Ist nicht schon dieses Kapitel im Horizont einer
Weisheitstheologie gewissermaßen die Vorwegnahme bestimmter Aspekte der katholischen Mariologie? Oder umgekehrt *pro domo* Katholizismus gefragt: Kann sich nicht die
katholische Kirche, wenn sie Maria als *sedes sapientiae*
preist, als „Sitz der Weisheit", auf Spr 8 stützen?
Um nicht falsch verstanden zu werden: Ich habe mit den
letzten Äußerungen keineswegs ein Plädoyer für eine massiv
gesteigerte katholische Mariologie gehalten. Wohl aber wollte ich Sie auf Aussagen der Schrift aufmerksam machen,
deren Brisanz vielleicht im evangelischen Raum noch nicht
zur Genüge bedacht und hinreichend erwogen ist. Denn wir
stehen hier immerhin vor dem Tatbestand, daß die von Gott
erschaffene Weisheit nach Spr 8 irgendwie aus dem irdischen Dasein herausgehoben und *in den Bereich Gottes
versetzt* ist. Irgendwie - so scheint es zumindest - ist der
Grundsatz des Monotheismus tangiert und der Glaube an
den Einen Gott schon ansatzweise in Frage gestellt. Zwar
hat sich hier die erschaffene Welt nicht in den Raum Gottes
eingeschlichen. Wohl aber hat nach Spr 8 Gott selbst ein
Stück seiner Göttlichkeit an seinen von ihm erschaffenen
Liebling abgetreten. War es also Gott selbst, der in göttlicher
Paradoxie als der doch Eine und Einzige Gott mit der Erschaffung der Weisheit seinen ureigenen *Monotheismus relativiert* hat? Anders, vielleicht sogar zutreffender gefragt:
Hat nicht bereits der Schreiber von Spr 8 in *theo*-logisch
gefährlicher Weise das Fundament des Monotheismus
durchlöchert, womöglich ohne recht zu bedenken, in welches Fahrwasser er die *Theo*-logie damit bringt? Lassen wir
die Frage zunächst so stehen.
Wenden wir uns nun *Sir 24* zu! Jesus Sirach ist eine Schrift
aus dem 2. Jh. v. Chr., ursprünglich hebräisch geschrieben,
dann vom Enkel des Autors ins Griechische übersetzt. Auch
diese Schrift enthält ein programmatisches Kapitel, in dem

die Weisheit nicht nur, wie in Spr 8, die Menschen zu sich
ruft, sondern sogar sich selbst preist. Ich zitiere die Übersetzung des Wiener Alttestamentlers Georg Sauer:[83]

1 Die Weisheit lobt sich selbst;
und mitten in ihrem Volk rühmt sie sich:
„...
3 Ich bin hervorgegangen aus dem Munde des Höchsten,
und wie ein Nebel verhüllte ich die Erde.
4 Ich zeltete in den höchsten Höhen,
und mein Thron stand auf einer Wolkensäule.
5 Die Wolken des Himmels umkreiste ich allein,
und in der Tiefe der Abgründe wandelte ich.
6 Über die Wogen des Meeres und über die ganze Erde
und über jedes Volk und jede Nation herrschte ich."

Die Weisheit hält sich also zunächst überall in der Schöpfung auf. Fast gewinnt man den Eindruck, ihr käme Allgegenwart zu. Sie ist oben, sie ist unten. Und - das hat vor
allem theologische Relevanz - sie hat ihren eigenen *Herr-
scherthron!* Er steht sehr hoch, auf einer Wolkensäule. Im
wörtlichen Sinn: Sie thront sehr hoch, über allem Universum. Zugleich aber auch im *metaphorischen* Sinn: Sie
thront im Residenzbereich Gottes und partizipiert so an dessen Herrschaft. Heißt das nicht, daß ihr Gott etwas von seiner göttlichen Herrschaft abgetreten hat? Also immer wieder die gleiche Struktur weisheitlichen Denkens der biblischen Autoren: Gott selbst relativiert seine göttliche Souve-
ränität! Schlagwortartig gesagt: *Der relativierte Gott!* Aber
auch das sollten wir beachten: Wenn die Weisheit sagt, sie
sei aus dem Munde des Höchsten hervorgegangen, so
nimmt sie wahrscheinlich auf 1 Mose 1 Bezug: Gott hat
durch sein Wort Himmel und Erde erschaffen. Ein Wort
wird aber mit dem Munde gesprochen. Und so kommentiert Georg Sauer m.E. zutreffend:[84]

So wie die Schöpfung durch das Wort Gottes ins Dasein gerufen wurde (Gen 1), ist auch die Weisheit aus dem Munde des Höchsten hervorgegangen. [...] Aus dem Munde Gottes geht die Weisheit hervor
und tritt in Existenz.

---

[83]   Übersetzung im Anschluß an *Sauer*, ATD.A 1, 177.
[84]   *Ebd.* 181.

Aber ganz so global und universal, ganz so erhöht, wie die ersten Worte der Weisheit in Sir 24 annehmen lassen, bleibt ihr Herrschaftsgebiet nicht. Denn Gott befiehlt ihr in Jakob ihr Zelt aufzuschlagen und in Israel ihr Erbteil zu sehen.[85] Aber wenn ihre Existenz nun auch geographisch eingegrenzt wurde, ihre Zeit ist ewig. Jetzt folgt, was wir bereits aus Spr 8 kennen: Gott hat sie ganz zu Beginn erschaffen:[86]

9 *Von Ewigkeit her* ganz am Anfang erschuf er mich,
und *bis in Ewigkeit* vergehe ich nicht.

Dieses „*von Ewigkeit zu Ewigkeit*" erinnert an die Prädikation Gottes, z.B. in Ps 90,2:

Du bist, o Gott, von Ewigkeit zu Ewigkeit.

Gott ist ohne Anfang von Ewigkeit her, und er wird ohne Ende bis in alle Ewigkeit sein.[87] Die Prädikation der Weisheit „von Ewigkeit her" in Sir 24,9 besagt aber aufgrund der Fortsetzung „ganz am Anfang erschuf er mich", daß sie einen Anfang hatte. Denn sie ist erschaffen. Sauer nimmt

---

[85] Die Interpretation von *Johann Marböck*, Weisheit im Wandel, 57ff., unterscheidet sich an diesem Punkte wohl nur um eine Nuance von der meinen. Er sieht die Eingrenzung des Wirkbereichs der Weisheit auf Israel etwas positiver. Es sei „methodisch richtig, zuerst alle Aussagen einfachhin von der in Israel wohnenden Weisheit zu verstehen", ebd. 64; s. auch ebd. 62: „interpretatio israelitica". Aber auch er betont in Sir 24,3 ihren Ursprung aus Gott und in diesem Vers eine Aussage über ihre Würde. Er kann sogar sagen, „daß die Weisheit ganz tief an der Würde des Schöpfers teilnimmt", ebd. 60. Im Bereich der Schöpfung offenbare sich ihre *göttliche Herrschaft*, sie sei Ausdruck ihrer göttlichen Funktion. Er interpretiert diese, ebd. 62: „im Wirken und Walten der Gestalt der Weisheit waltet Gott selbst". Damit geht nach seiner Ansicht die Frage, ob die Weisheit „Person oder Hypostase [sei], an der eigentlichen Aussage der Texte vorbei". Dieses Urteil müssen wir im 5. Kap. noch einmal bedenken.

[86] *Sauer* übersetzt aus dem hebräischen Text, der für Sir nur teilweise erhalten ist. Die uns hier interessierenden Verse bringen in der Septuaginta kaum Differenzen zum hebräischen Original.

[87] *Marböck*, Weisheit im Wandel, 64: „Mit dem Attribut 'bis in alle Ewigkeit' stellt sich die Weisheit wieder sehr in die Nähe Gottes selber (vgl. Ps 90,2; 103,17)."

jedoch das „von Ewigkeit her" sehr ernst und kommentiert dementsprechend: [88]

Dieses Denken von der Herkunft aus der Ewigkeit ohne Zeit in die Ewigkeit ohne Zeit geht auf das griechisch-hellenistische Denken zurück.

Lassen wir den Rekurs auf das griechisch-hellenistische Denken auf sich beruhen - ganz unberechtigt ist er auf keinen Fall, weil hebräisches Denken zu jener Zeit bereits mit griechischem Denken in Berührung gekommen war - und thematisieren wir die wichtigen Worte „von Ewigkeit her". Sowohl der Autor des hebräischen Originals von Sir 24,9 als auch der Übersetzer ins Griechische, sein Enkel, hat die Erschaffung der Weisheit in den Kontext der genuinen Gottesprädikation „von Ewigkeit her" gestellt. Ihr Erschaffen-Sein ist folglich ein Erschaffen-Sein *sui generis*, ein Erschaffen-Sein zu einem Sein höherer Ordnung. Es wird somit als Anfang der Weisheit ein Erschaffen-Sein von Ewigkeit her ausgesagt, also auf diese Weise ein transzendenter Ursprung des Wesens dieser Weisheit. Ihr wird eine „standesgemäße" Erschaffung zugesprochen und dementsprechend innerhalb der Schöpfungs-"Ordnung" eine ausgezeichnete Würde zugebilligt. [89] Deshalb dürfte auch ihr Sein „bis in Ewigkeit" an Gottes Ewigkeit partizipieren. Trotz ihres hohen transzendenten Seins sieht sie sich aber in dienender Funktion gegenüber Gott (24,10). Sie dient ihm, indem sie seinen Auftrag, in Jakob ihr Zelt aufzuschlagen, ausführt (24,8). Zwar stellt sie sich in ihrer Würde als Mutter der schönen Liebe und der Furcht vor, als Mutter der Erkenntnis und der heiligen Hoffnung (24,18); sie erklärt, daß die, die ihr Werk in ihr verrichten, nicht sündigen werden (24,22). Aber dadurch will sie keineswegs Gottes Gottheit mindern. Auf jeden Fall klingt dies moderater als das, was die Weisheit in Spr 8 von sich sagt. Und ausdrücklich bringt sie zum Ausdruck:

---

[88]   *Sauer*, ATD.A 1, 182.
[89]   Dies gilt, wenn *Sauers* Exegese zutrifft; ich halte sie nicht nur für bedenkenswert, sondern sogar für einleuchtend.

24 Laßt nicht ab, stark zu sein im Herrn,
hanget ihm an, damit er euch stärke,
der Herr, der Allmächtige, ist *allein* Gott,
und es gibt außer ihm keinen Retter.

Das ist eine starke Betonung des Monotheismus: Der Herr
ist allein Gott! Fast hört man aus den Worten dieser Weisheit den Schlachtruf des Elija: „Jahwäh ist Gott! Jahwäh ist
Gott!" Insgesamt wagt sich aber der Autor von Sir 24 in
der Betonung der Gottähnlichkeit der Weisheit nicht ganz so
weit nach vorne, wie es einige Selbstaussagen der Weisheit
in Spr 8 suggerieren. Das jedenfalls dürfte sicher sein: In der
Intention von Sir 24 lag die Einschränkung des Monotheismus nicht. Doch einige zentrale Formulierungen, wie vor
allem „von Ewigkeit her", haben in diesem Kapitel den
monotheistischen Gedanken deutlich abgeschwächt.
Doch nun zu *Weish 9*! Dieses Kapitel enthält Salomos Bitte
an Gott, ihm die Weisheit vom Himmel herabzusenden. Natürlich ist das Buch der Weisheit - verfaßt entweder Ende
des 1. Jahrhunderts v. Chr. oder Anfang des 1. Jahrhunderts
n.Chr.[90] - ein pseudsalomonisches Buch. Es ist höchstwahr-
scheinlich im ägyptischen Alexandrien geschrieben und vereinigt in sich alttestamentliches und hellenistisches Denken.
Es ist geradezu eine Symbiose aus Orient und Okzident, aus
Asien und Europa, und zwar auf afrikanischem Boden. Diese Schrift, in einer Weltstadt, einem hellenistischen Bildungs-
zentrum verfaßt, spiegelt also Weltniveau wider! Die Bitte
Salomons beginnt mit den Worten:[91]

1 Gott der Väter und Herr des Erbarmens,
Der du das All durch dein Wort gemacht (ὁ ποιήσας τὰ πάντα ἐν
λόγῳ σου, *ho poiêsas ta pánta en lógô sou*)
2 Und durch deine Weisheit den Menschen geschaffen hast (τῇ σοφίᾳ
σου κατασκευάσας ἄνθρωπον, *tê sophía sou kataskeuásas án-
thrôpon*),
Daß er über die von dir geschaffenen Geschöpfe herrsche
3 Und die Welt in Heiligkeit und Gerechtigkeit verwalte
Und in der Geradheit seiner Seele gerecht urteile.

---

[90] *Hübner*, ATD.A 4, 15-19.
[91] Ebd. 120.

Nach V. 1 hat Gott durch sein *Wort*, durch seinen Logos, das All erschaffen und nach V. 2 durch seine *Weisheit* den Menschen. Wort und Weisheit, im synthetischen Parallelismus ausgesprochen, meinen demnach ein und dasselbe Wesen. Gottes Weisheit und Gottes Wort sind demnach identische Größen. Anders als in Spr 8 und Sir 24 ist hier der Weisheit sogar das *Mitwirken beim göttlichen Schöpfungsakt* zugeschrieben. Sie war bei der Schöpfung nicht nur anwesend, sondern auch beteiligt. Die *Weisheit* hat *als Wort*, als Logos, bei dem, was die Priesterschrift in 1 Mose 1 mit „und Gott sprach" formulierte, mitgewirkt. Sie hat, so läßt sich vermuten, das Schöpfungswort gesprochen. Die Delegation göttlichen Wirkens geht also in Weish 9 noch über das hinaus, was wir bisher zur Kenntnis nahmen. Gott selbst hat sich als Schöpfer der Welt - wiederholen wir ein bereits verwendetes Verb - relativiert. Göttliches Schöpfungshandeln vollzog sich daher auch bei der Weisheit oder, wenn man so will, „im Munde der Weisheit". Stellt sich unser Autor vor, sie habe anstelle Gottes das „Es werde!" gesprochen? Dafür spricht m.E. viel, obwohl wir es nicht mit Sicherheit sagen können.

Diese göttliche Weisheit ist es, die sich Salomon von Gott erbittet. Weil er nur ein schwacher Mensch sei, nur ein kurzlebiges Wesen und im Verständnis des Rechts und der Gesetze nur wenig vermöge, bittet er inständig:

4 Gib mir die Weisheit, die Mitregentin auf deinem Throne!
...
10 Sende sie von deinem heiligen Himmel!
Und schick sie herab vom Thron deiner göttlichen Herrlichkeit,
Daß sie bei mir sei und mich in meinen Mühen unterstütze
Und ich so auch wirklich weiß, was dir wohlgefällt!
Und Salomon begründet seine Bitte noch einmal ausdrücklich mit dem Argument:
11 Denn sie ist es doch, die alles weiß und versteht
Und die mich in meinen Taten besonnen führen
Und in ihrer göttlichen Herrlichkeit bewahren wird.

Wie in Sir 24 ist auch hier von ihrem Thronen die Rede. Aber hier ist theologisch substantiell mehr ausgesagt. Ihr Thron ist nämlich nicht *ihr* Thron. Denn Salomon bittet

Gott, er möge sie von *seinem* Thron herabsenden. Sie sei ja Mitregentin auf *seinem* Thron! Sie residiert also nicht, wie zuvor in Sir 24 vorgestellt, auf ihrem Thron auf irgendeiner Wolkensäule, sondern thront zusammen mit Gott auf dessen Thron. Gott beteiligt sie an seinem göttlichen Regiment, und zwar nicht nur so, wie er es durch die Könige auf Erden tut, sondern durch ihre unmittelbare Beteiligung an seinem Regieren. Der Eindruck entsteht, sie sei nahezu - fast sträubt man sich, es so zu sagen - eine göttliche Person. Diesem Problem müssen wir uns noch stellen, auch wenn wir uns erst im V. Kapitel um die eigentliche Antwort bemühen werden. Das ist ja die bedrängende Frage: Liegt hier nicht ein *Bitheismus* vor, ein Zweigottglaube, also die Absage an den Monotheismus, die Negation des Monotheismus? Wo ist denn noch, wenn Gott als *Regent* der Welt bekannt wird, der Unterschied zwischen seinem göttlichen Wirken und dem seiner himmlischen Mit-*Regentin*? Allmählich, so scheint es, hat Gott im Verlauf der Religionsgeschichte Israels nahezu all seine göttlichen Privilegien mit anderen geteilt. Wenn die Weisheit dabei war, als Gott die Welt erschuf - in V. 9 ist jedoch Gott der allein Aktive bei der Erschaffung der Welt, ohne daß wie in V. 1 und 2 die Weisheit oder das mit ihr identische Wort als beteiligt erwähnt würde -, dann wird in Weish 9 gerade *nicht* wie in Spr 8 oder Sir 24 von ihrer Erschaffung und ihrer *bloß relativen Präexistenz* gesprochen. Ist sie für den biblischen Autor womöglich eine unerschaffene göttliche Gestalt? Eignet ihr *absolute Präexistenz*? Für den Leser von Weish 9 verstärkt sich der Eindruck, daß die Weisheit *immer schon* eine himmlische Gestalt war, immer schon ein göttliche Gestalt. So massiv, wie in diesem Kapitel das göttliche *Wesen* der Weisheit hervorgehoben ist, geschah es in den anderen alttestamentlichen Weisheitsbüchern nicht. Also noch einmal: Ist hier von zwei Göttern die Rede?[92]

Fragen wir aber einmal, ob wir nicht auf folgende Weise *in eine andere Richtung hinein interpretieren* können: Ich sage es zunächst *mythologisch* und bitte Sie dringend, diese

---

[92] S. dazu *Schrage*, Unterwegs zur Einheit und Einzigkeit Gottes, 106ff.; dort auch Bezug auf die wichtigen Publikationen von *J. Marböck, J. Dunn, E.J. Schnabel* und *H. von Lips*.

hoch mythologische Vorstellung als *Vorstellung der antiken Welt* mit einem völlig anderen Verständnis von Ich und Du, mit einer völlig anderen Vorstellung von dem, was Person bedeutet, nicht als die „Sache" selbst zu nehmen: Gott in seiner Ewigkeit - also chronologisch nicht fixierbar! – tritt sozusagen aus sich selbst heraus. Er tut es insofern, als er die zu seinem *Wesen* gehörige Weisheit, zu seinem Ich gehörige Weisheit, zu einer eigenen Person macht. In unserem modernen Vorstellungshorizont wäre dieses doppelte Ich fast schon eine Art Schizophrenie Gottes. Aber die *eigentliche* Intention dieser befremdlichen Vorstellung ist nicht ein schizophrener Gott! Wir müssen bedenken: In der Antike konnte man das eigene Ich verdoppeln oder sogar vervielfachen. Denn das antike Verständnis von Person war nicht das unsere, das vom Individuum aus gedacht ist. Zu fragen ist freilich, was die theologische „Sache" ist, die hinter dieser für uns so konfusen Vorstellung steht. Die Antwort: Es ist der Gedanke, daß sich Gott sozusagen von sich selbst distanziert, um die Hypostase der Weisheit als seine Re*präsen*-tation, sein Gegenwärtig-Sein unter den Menschen, aus sich heraus zu entlassen. Es geht dabei um die Absicht, daß Menschen kraft der Gegenwart der göttlichen Weisheit zu weisen Menschen werden, zu Menschen, die in gottgeschenkter Weisheit ihr Leben verantwortungsvoll gestalten. Verstehen wir also in diesem Sinne die Weisheit als die Gegenwart der Gott eignenden Weisheit in der Welt, als den weisen Gott, der in der Geschichte präsent ist: Gott regiert den Lauf der Welt durch seine *ihn* vergegenwärtigende Weisheit. Die *Intention* dieser Vorstellung wäre dann eine völlig unmythologische: Wo wirklich der Mensch weise ist, da hört er auf Gott, der die Weisheit ist. Es ist der für die biblischen Schriften zentrale Gedanke: Gott wirkt als der Jenseitige im Diesseits unserer Welt. Gehen wir also von der oben ausgesprochenen Prämisse aus, der Umkehr der zuerst verfolgten Interpretationsrichtung von Weish 9, so ist letztlich die *mythologische Gestalt der Weisheit* ihrem Wesen nach der *Weg Gottes von seiner ureigenen Transzendenz in die Immanenz der geschichtlichen Welt.* Ich sage es einmal formelhaft und bitte Sie zugleich, die gestelzte Sprache zu entschuldigen: *Gott setzt sich als Weisheit aus sich selbst heraus.* Diese ganze Mythologie von Weish 9 ist auf dem

Wege zum unmythologischen Gedanken der Menschwerdung Gottes in Joh 1. Anders gesagt: *In Joh 1 wird die Mythologie von Weish 9 entmythologisiert.* Zurück zu Weish 9! Die Konsequenz dieser Mythologie wäre - vorausgesetzt, wir haben dieses Kapitel hier richtig interpretiert -, daß *Gottes Weisheit* nach Weish 9 auch[93] *des Menschen Weisheit wird.* Sollte diese Argumentation, die ja dann nicht mehr bitheistisch, sondern monotheistisch wäre, schlüssig sein, so ging es hier um die *existentiale Interpretation* der mythologischen Person der Weisheit Gottes: Des Menschen Existenz, in unserem Falle die Existenz des Salomon, wird von Gott durch Seine Weisheit bestimmt. Salomon *denkt mit Gottes Weisheit das Göttliche*, die nun seine, des Menschen Weisheit geworden ist. „Also partizipiert auch Salomon *via* Weisheit, wenn auch in indirekter Weise, am Denken Gottes."[94] Mit dem aber, was ich soeben über das Aus-sich-selbst-Heraussetzen der Weisheit durch Gott gesagt habe, gehe ich eine nicht geringe Wegstrecke über die Auslegung von Weish 9 in meinem ATD-Kommentar hinaus und habe damit die damalige Auslegung *weiter*-gedacht.

Sollten also die hier vorgetragenen Überlegungen die vom Autor der Weisheit Salomons noch nicht klar ausgesagte, jedoch *intendierte* theologische Konzeption zum Ausdruck gebracht haben - ich stelle diesen theologischen Versuch hier zur Diskussion -, so wäre der dann nur *scheinbare* Bitheismus in Weish 9 die Umschreibung des Wirkens des *Einen* transzendenten Gottes in die immanente Geschichte hinein.

Es bleibt so oder so, ich leugne es nicht, die Unschärfe der Argumentation in Weish 9. Diese Unschärfe nötigt den heutigen Exegeten zur Interpretation. Und gerade die Interpretation eines so schwierigen Kapitels wie Weish 9 bleibt ein hermeneutisches Wagnis. Doch vielleicht ist die eigentliche Intention von Weish 9 tatsächlich schon zwischen den Zeilen angedeutet. Ich formuliere es einmal zurückhaltend: *Der biblische Autor ahnte, was er eigentlich sagen wollte.* Und noch ein wichtiger Aspekt ist zu nennen: Das Buch der Weisheit Salomons ist Dichtung, ist sogar eine hervorragende Dichtung in des Dichters griechischer Sprache und hat

---

[93] „Auch", weil sie die Gott eignende Weisheit bleibt!
[94] *Hübner*, ATD.A 4, 128.

somit als Poesie ihren nicht geringen existentiellen Anteil an der hohen sprachlichen Qualität des Werkes, das eben keine Theologie als theologische Reflexion, sondern *Theologie als Dichtung* ist. Sollten diese Überlegungen zumindest ein gewisses *fundamentum in re* haben, so wird im V. Kapitel zu zeigen sein, daß Weish 9 und Joh 1 theologisch einander erheblich näher stehen, als es zunächst scheint. Paradox gesagt: Die sprachlich zum Ausdruck gebrachte *Zweiheit* ist jedoch im tiefsten die *Einheit*.

Tatsächlich vertreten Exegeten - mit vollem Recht - die Auffassung, daß sowohl der Apostel Paulus als auch der Dichter des johanneischen Prologs das Buch der Weisheit Salomons gekannt haben.[95] Schauen wir daher noch einmal auf die ersten beiden Verse von Salomons Gebet! Durch seinen Logos, durch sein Wort also, hat Gott alles erschaffen. Und vielleicht haben Sie bei den letzten Ausführungen schon an *Joh 1,1-3* gedacht. Denn da ist ja in V. 2 die Rede vom Logos, welcher θεός, *theós*, Gott, ist und durch den alles gemacht worden ist: „Alles ist durch ihn [den Logos] gemacht", πάντα δι' αὐτοῦ ἐγένετο, *pánta di' autoû egéneto*, genau wie in Weish 9,1. Sowohl die Nähe zu Gott von dem, der als Logos θεός, *theós*, ist, als auch die Mittlerschaft als Schöpfer spricht dafür, daß der Verfasser des johanneischen Hymnus Weish 9 kannte. Im Unterschied zu Weish 9 ist jedoch in Joh 1 (und überhaupt im Joh) der Logos *eindeutig* göttlichen Wesens.

Es scheint also, als sei der sich dem Interpreten zunächst aufdrängende Bitheismus in Weish 9 bei seiner Rezeption in Joh 1 in den dort ausgesprochenen Monotheismus integriert worden, in einen Monotheismus nämlich, in dem der Vater als „*der* Gott", ὁ θεός, *ho theós*, und der Logos als „Gott", θεός, *theós*, der Eine Gott ist.[96] Der scheinbare oder vielleicht doch ansatzweise Bitheismus von Weish 9 wurde also im Johannes-Evangelium zum *eindeutigen* Monotheismus transformiert. Zumindest aber hat der Monotheismus des johanneischen Prologs in Weish 9 seine *religionsgeschichtli-*

---

[95]   S. *Nikolaus Walter*s Bericht über die wegen der DDR-Diktatur nicht gedruckte Hallenser Dissertation von *Paul-Gerhard Keyer: Walter*, Sapientia Salomonis und Paulus.

[96]   S. 5. Kap.

che Voraussetzung. Dem *theologischen* Problem von Joh 1
müssen wir noch genauer nachgehen.
Jetzt am Ende des III. Kapitels zur Frage der *Trinität* im
Neuen Testament und auch im Vorblick auf das V. Kapitel
ist in grundsätzlicher Weise noch folgendes zu sagen: Das
Neue Testament kennt keine eigentliche Dreifaltigkeits-
Lehre. Da ist zwar vom Vater die Rede, auch von seinem
Sohn und ebenso vom (Heiligen) Geist. Aber eine in sich
stimmige Rede und explizierende Theologie vom drei-einen
Gott gibt es im ganzen Neuen Testament nicht. Wohl aber
stehen in ihm Aussagen über alle drei göttlichen Gestalten,
die im Sinne des späteren Dogmas vom trinitarischen Gott
ihren dogmatischen Ausdruck finden: Der *eine* Gott in *drei*
Personen.[97] Doch gerade so ist es im Neuen Testament nicht
formuliert. Deshalb: Was zum kirchlichen Trinitätsdogma zu
sagen ist, werden wir später noch zu bedenken haben.
Einstweilen nehmen wir zur Kenntnis, daß die neutestamentlichen Autoren unbefangen vom Vater *und* vom Sohn
und vom Heiligen Geist sprechen, *zugleich* aber auch von
dem *Einen* Gott.
Am klarsten werden Vater, Sohn und Heiliger Geist im
Taufbefehl Jesu nebeneinander genannt, *Mt 28,19.* Dieses
Nebeneinander sagt aber als solches noch nichts über die
Göttlichkeit dieser drei aus, zumindest nichts über die Qualität ihrer Göttlichkeit. Was ist aber, wenn wir auf das *Verhältnis von Gott als dem Vater zu seinem Sohn*, dem Christus, schauen? Die *Evangelien* sehen und reflektieren dieses
Verhältnis in recht unterschiedlicher Weise. Blicken wir z.B.
auf das älteste Evangelium, das des Markus, und lesen wir
es, ohne dabei die anderen Evangelien oder die Schriften
des Paulus zu berücksichtigen, dann könnte man die Taufe
Jesu so verstehen, als sei er unmittelbar, nachdem der Geist
vom Himmel her auf ihn herabgekommen war, zum Sohne
Gottes *geworden*, indem ihn zu diesem Augenblick Gott als
Sohn adoptiert habe. Die sogenannte adoptianische Christologie ist von Mk 1,9-11 her eine beliebte Deutung der
markinischen Christologie. Die beiden synoptischen Große-
vangelien, das des Matthäus und das des Lukas, lassen sich
hingegen so interpretieren, als sei Jesus durch den Heiligen

[97] S. unsere Überlegungen zu Beginn des Semesters im 1. Kap.

Geist im Mutterleibe Mariens „entstanden". Freilich sind das
Christologien, die sich mit den *bloßen Vorstellungen* zufrie-
den geben. Johannes hingegen spricht, wie wir schon sahen,
vom Sohne Gottes als dem Wort, das schon im Anfang bei
Gott war und selbst Gott war, Joh 1,1. *Paulus* bringt den
einen Gott, den Vater, und den einen Herrn, Jesus Christus,
in ein eigentümliches Mit- und Neben-einander, 1 Kor 8,6:

Aber für uns gibt es nur den *einen* Gott, εἷς θεός, *heis theós*, den Vater,
aus dem alles ist und wir auf ihn hin, und nur den *einen* Herrn, εἷς
κύριος, *heis kýrios*, Jesus Christus, durch den alles ist und wir durch
ihn.

Der *eine* Gott wird also neben dem *einen* Herrn genannt,
ohne daß gesagt würde, daß dieser eine Herr Gott wäre.
Viel mehr Klarheit gewinnen wir auch nicht aus der unter-
schiedlich ausgelegten Stelle Röm 1,3f., wo es vom Sohne
Gottes heißt, daß er dem Fleische nach aus dem Samen Davids käme, aber dem Geiste der Heiligkeit nach aufgrund
seiner Auferstehung zum Sohne Gottes bestimmt sei. Nach
Hebr 1,2f. ist der Sohn Gottes, durch den Gott die Äonen
geschaffen hat, Abglanz der göttlichen Herrlichkeit und Ab-
druck des Wesens Gottes. Eine gewisse theologische Nähe
zu Joh 1 dürfte hier gegeben sein. Wir sehen also, wie im
Neuen Testament das Verhältnis des Sohnes Gottes zu seinem göttlichen Vater in unterschiedlicher und oft schwierig
zu interpretierender Weise ausgesprochen wird. Wir stoßen
auf unterschiedliche Sprachspiele, auf unterschiedliche
Denkweisen, wir begegnen Vorstellungen und Begriffen, die
erst theologisch *interpretiert* werden müssen. Um die viel-
gestaltigen neutestamentlichen Christologien theologisch
unter einen fundamentalen Grundgedanken zu stellen, und
ich meine, dies sei möglich, um also das Verhältnis von *Vater* und *Sohn* theologisch und zugleich hermeneutisch zu
erfassen, scheint sich die theologische Konzeption des Johannes-Evangeliums in besonderer Weise anzubieten, gerade
auch im Blick auf die bereits bedachte theologische Nähe
des Johannes-Prologs mit seiner Logos-Theologie zur So-
phia-Logos-Theologie der Weisheit Salomons. Auch der johanneische Satz Joh 10,30 „Ich und der Vater sind eins"

lädt zu diesem Vorhaben ein. Ebenso sollten wir der tiefgründigen paulinischen Theologie noch einige Aufmerksamkeit schenken.[98]
Aber auch das Verhältnis des *Geistes* zu Vater und Sohn ist schwierig zu interpretieren. Der Geist ist der Geist des Vaters, er ist aber auch der Geist des Sohnes. Er kann aber auch in nahezu identischer Weise mit dem Sohn gesehen werden (Röm 8,10f.). Und er ist der Geist des Christen! Es ist offensichtlich, daß das von den Autoren des Neuen Testaments Gesagte interpretationsbedürftig ist, auch und gerade angesichts dessen, was wir in der dogmatischen Sprache der kirchlichen Verkündigung vom drei-einen Gott vernehmen. Erinnern wir uns aber in diesem Zusammenhang auch daran, daß schon im Alten Testament das Verhältnis des Geistes zu Gott alles andere als eindeutig ist.
Noch folgendes zum *Judentum*: Es lehnt die christlichen Lehre vom Sohne Gottes als dem physischen Sohn Gottes energisch ab, hat aber später auch alle Spekulation über die Personifikation der göttlichen Weisheit vermieden. Es betonte einfach das Bekenntnis zu dem Einen Gott. So heißt es bei *Johann Maier*, Geschichte der jüdischen Religion:[99]

Das Bekenntnis des EINEN Gottes, täglich im *Schema* ... zweimal gesprochen, gehörte längst zum selbstverständlichen Bestand des jüdischen Glaubens... Nicht die Existenz des EINEN Gottes war problematisch, sondern seine Relation zur Welt und zum Menschen.

Diese Problematik ist allerdings keinesfalls rein jüdisch. Sie ist bereits im Begriff des Monotheismus angelegt und wird uns deshalb auch bei der Frage nach dem Wesen Allahs im Islam begegnen. Sie ist über den Rahmen der christlichen Theologie die *fundamentaltheologische* Frage schlechthin: Wie kann ich Gott und Welt, Gott und Mensch zusammendenken?
Zum *jüdischen Monotheismus* noch folgende Bemerkung:

---

[98] Eine Bemerkung zu den Überschriften in *Bultmanns* „Theologie des Neuen Testaments": Bezeichnenderweise setzt er nur in den Titeln der Abschnitte, die die Briefe des Paulus und die johanneischen Schriften darstellen, den Begriff „Theologie": Theologie des Paulus, Theologie des Johannes-Evangeliums und der Johannes-Briefe.
[99] *Maier*, Geschichte der jüdischen Religion, 162.

Da, wo sich jüdische Monotheisten in fundamentalistischem
Bibelverständnis und zugleich im Verstoß gegen internationales Recht das ihnen angeblich rechtens göttlicher Verheißung zustehende Land in Palästina an-"eignen", zeigt sich
wieder einmal, daß es gerade nicht der Monotheismus als
solcher ist, der zu solch rechtswidriger Haltung verführt. Es
ist vielmehr der antihermeneutische Umgang mit der Heiligen Schrift, der Gott zu einer Figur entstellt, der man unterstellt, sie habe solches „Recht" - also Unrecht! - befohlen.
Die Siedler und ihre Anhänger machen es so manchem
schwer, Israel die Sympathien zu schenken, die es nach dem
Holocaust nun wahrlich verdient.

4. Der Eine Gott des Islam

In diesem Sommersemester beschäftigen wir uns mit der Frage nach dem biblischen Gott. Wer ist dieser Gott? Und es geht uns zugleich um Segen und Fluch der monotheistischen Religionen. In dieser und den folgenden Vorlesungen geht es nun darum, wer im Islam Gott ist, wer also Allah ist. Und ebenso geht es dabei um die Frage nach Fluch und Segen im Islam. Es ist bekannt, daß der Islam mit seiner energischen und radikalen Betonung des Glaubens an den *Einen* Gott den christlichen Glauben, weil es der Glaube an den *drei*-einen Gott ist, aufs heftigste ablehnt. Daß Gott einen Sohn haben sollte - für den Moslem subjektiv ein grundsätzlich undenkbarer Gedanke, objektiv eine *theologische* Unmöglichkeit! Schauen wir zur ersten Information auf einige zentrale Aussagen des *Korans*. Diese heilige Schrift des Islam enthält die durch den Engel Gabriel an Muhammad ergangenen Offenbarungen Allahs, wie sie nach islamischer Überzeugung von Sekretären aufgezeichnet oder als mündlich überlieferte erst unter dem Kalifen Uthmân (644-656) in 114 Suren zusammengestellt wurden. Diese literarische Entstehung ist aber für das Verständnis des Islam von nur geringer Bedeutung. Daher ist für unsere Überlegungen kaum von Interesse, daß unterschiedliche Textüberlieferungen vorliegen. Wichtig für unser Semesterthema ist jedoch folgende Unterscheidung: Während die jüdische und christliche Bibel zwar Gottesworte zitiert, jedoch in entscheidenden Passagen über das Wort Gottes berichtet und speziell im Neuen Testament das Evangelium vom Christusereignis verkündet, sieht der gläubige Muslim im Koran das ihn und seine Glaubensgemeinschaft unmittelbar ansprechende Wort Gottes. Der Koran *ist* das Wort Allahs, *ist* das Wort Gottes. Wichtig ist ferner, daß es der *arabische* Text ist, den Allah dem Muhammad geoffenbart hat.

Und somit gilt für den Muslim die arabische Sprache als heilige Sprache. Die Suren sind im Koran nach ihrer Länge geordnet, nicht aber nach chronologischen oder inhaltlichen Gesichtspunkten. Eine Ausnahme machen die Eröffnungssure, also die Sure 1, und die Suren 113 und 114. Außer dem Koran ist die islamische Überlieferung, die sogenannte *Sunna*, zu berücksichtigen. Sie gilt im Islam als Fortsetzung und Erläuterung des Korans. Und so fällt auch auf sie ein Strahl des geoffenbarten Lichtes.[100]

Eine Bemerkung noch zum Wort „*Allah*": Philologisch zu erklären ist es als Zusammenziehung des arabischen *al-Ilâh*, auf deutsch (*al* ist Artikel): der Gott. Unschwer erkennt darin der mit der hebräischen Sprache Vertraute das hebräische *'el* bzw. *'ælohîm*. Überhaupt werden uns im folgenden viele arabische Worte mit auffälliger etymologischer Nähe zu hebräischen Worten der Biblia Hebraica begegnen. Allah war den Bewohnern von Mekka schon vor dem Islam bekannt. Ist nun *allâh* als *der* Gott zu interpretieren, so dürfte das darauf zurückzuführen sein, daß die Mekkaner in vorislamischer Zeit trotz ihres Polytheismus bereits die Vorstellung von einem höchsten Gott innerhalb ihres Pantheons besaßen.[101] Allah war also zu jener polytheistischen Zeit doch schon so etwas wie ein in einer Monolatrie verehrter Gott.

Ehe wir uns nun näher mit dem Koran und dem islamischen Glauben beschäftigen, sollten wir aber schon einmal zur ersten Information die Eröffnungssure und die Sure 112 hören.[102]

Sure 1:

Im Namen Allahs, des Allbarmherzigen!
Lob und Preis sei Allah, dem Herrn aller Weltenbewohner,
dem gnädigen Allerbarmer,
der am Tage des Gerichts herrscht.
Dir allein wollen wir dienen,
und zu dir allein flehen wir um Beistand.

---

[100]   *Gardet*, Islam, 44-47.
[101]   Ebd. 48.
[102]   Ich bringe die einzelnen Texte des Korans nach derjenigen Übersetzung, die mir für den jeweiligen Zusammenhang optimal erscheint.

Führe uns den rechten Weg,
den Weg derer, welche sich deiner Gnade freuen –
und nicht den Weg jener, über die du zürnst oder die in die Irre gehen.

Sure 112:

Im Namen Allahs, des Allbarmherzigen!
Sprich: „Allah ist der Einzige (*aḥad*), Allah, der Undurchdringliche[103]
(*ṣamad*) [nach anderer Übersetzung: Einzigartige].
Er zeugt nicht und ist nicht gezeugt,
und kein Wesen ist ihm gleich."

Die Polemik gegen den trinitarischen Gott gründet in der polytheistischen Interpretation der *Trinität*. Denn der christliche Glaube an die Trinität wird im islamischen Sinne als Dreigötterglaube aufgefaßt, also als schreckliche, weil Allah beleidigende Gotteslästerung. Die Prämisse dieses Urteils über die Trinität gründet in der islamischen Dogmatik, nach der das *Sein* Gottes als prinzipielles *Eins*-Sein begriffen ist. Diese Prämisse ist also eine *ontologische* Setzung hinsichtlich des transzendenten Gottes.[104] Gottes Transzendenz wird somit von der Ontologie thetisch in numerischer Klassifikation gesetzt. Diese ist, wie gesagt, für den Muslim eine Gotteslästerung, sie ist als eine polytheistische Irrlehre die fundamentale Leugnung des göttlichen Seins. Sie ist die Gottesleugnung schlechthin! In diesem Sinne sagt Sure 2,117:

Es sagen einige: „Allah hat einen Sohn gezeugt."
Erhaben ist er darüber, fern ist ihm dies!

Die Ausrichtung des Lebens und somit die Praxis des muslimischen Dasein kommt bereits in Sure 2,121f. zum Ausdruck:

Der Muslim soll sprechen:
„Nur Allahs Gebot ist die wahre Richtschnur!"
Die dem Koran aber nicht folgen
und nicht an das in ihm Geschriebene glauben,
sie stürzen sich ins Elend.

---

[103] *Gardet*, Islam, 50; *Schimmel*, Die Zeichen Gottes, 19: „Ihm gleicht keiner."
[104] *Leinkauf / Trappe*, Art. Setzen, Setzung.

Soviel zur ersten Information! Wie sollen wir nun des weiteren vorgehen? Sollen wir zunächst danach fragen, ob Atten-
tate fanatischer Islamisten mit den vielen Ermordeten, vor
allem seit dem 11. September 2001, eine Konsequenz aus
dem *Wesen* des islamischen Glaubens an den Einen Gott
sind, so daß demnach, wie manche urteilen, der kriminelle
Islamismus im Grunde das wahre Wesen des Islam wäre? Ist
das tiefere Problem für den Westen, wie *Samuel P. Huntington* in seiner umstrittenen, aber doch weithin zutreffenden Studie „The Clash of Civilizations"[105] - auf deutsch
„Der Kampf der Kulturen" - meint, wirklich der Islam und
nicht der Islamismus? Wörtlich:[106]

Das tiefere Problem ist der Islam, eine andere Kultur, deren Menschen
von der Überlegenheit ihrer Kultur überzeugt und von der Unterlegen-
heit ihrer Macht besessen sind.

Das ist ja Huntingtons Grundthese: Die Ursachen für den
islamisch-christlichen Konflikt „entspringen [...] der Natur
dieser beiden Religionen und der auf ihnen basierenden Kulturen".[107] Schärfer noch argumentiert - oder sollen wir sagen: polemisiert? - *Hans-Peter Raddatz*, Von Allah zum
Terror?, der vor der Illusion warnt, man könne den Islamismus vom Islam unterscheiden und so dem gravierenden
Fehlurteil verfallen, der Islam sei tolerant, der intolerante
Islamismus aber lediglich eine fanatische Abspaltung vom
eigentlichen, vom dialogbereiten Islam. In die gleiche Kerbe
schlägt *Hans Josef Horchem*, ehemals Chef des Hamburger
Landesamtes für Verfassungsschutz und Direktor des „Insti-
tuts Terrorismusforschung" in Bonn. Am ersten Jahrestag
des Verbrechens vom 11. September 2001 schreibt er in der
Tageszeitung DIE WELT den Artikel „Die Religion sank-
tioniert den Mord". Er zitiert Ayatollah Khomeini, der 1979

---

[105] *Tibi*, Fundamentalismus im Islam, XIII: „Ich bedaure die Dämo-
nisierung dieses Harvard-Kollegen in Deutschland, sehr oft von Leu-
ten, die sein Buch 'The Clash of Civilisation' noch nicht einmal gelesen haben [...] Viele deutsche Kollegen können von Huntington zumindest Respekt vor dem anders Denkenden lernen."
[106] *Huntington*, Kampf der Kulturen, 350.
[107] Ebd. 337.

erklärt hatte, der nächste Krieg werde sich aus dem Gegensatz zwischen Christentum und Islam entwickeln. Für Horchem ist Terrorismus der Ersatzkrieg. Aber:

> Die europäische Politik relativiert die Ursachen des Konflikts und sucht einen Dialog mit einer Glaubensgemeinschaft, die zu Kompromissen nicht fähig ist. [...] Die Imame in den Moscheen und die Lehrer in den Koranschulen haben seit 30 Jahren nicht nur die Schriften des Islam vermittelt, sondern auch den Haß auf die Welt des Westens gepredigt.

Die Scharia werde praktiziert, indem man Frauen wie Haustiere halte und Ehebrecherinnen zu Tode steinige. Er beschuldigt vor allem den Wahhabismus, dem auch das saudi-arabische Herrscherhaus seit 200 Jahren anhängt. Kurz: „Die Simplizität der [islamischen] Theologie hat 1,3 Milliarden Gläubige eingebunden." Anders urteilt *Udo Ulskotte*, Der Krieg in unseren Städten, mit dem programmatischen und bezeichnenden Untertitel: Wie radikale Islamisten Deutschland unterwandern. Er unterscheidet: [108]

> Während der Islam eine Religion ist, ist der Islamismus eine Ideologie. Und nicht der Islam, sondern der Islamismus ist die Ursache der heutigen Gefahr. Die Religion ist nur das Medium eines politischen Konflikts und, wenn man so will, die Tarnkappe der Terroristen im Namen Allahs.

Oder sollten wir nicht eher fragen, welches *Gottesbild*, welches *Gottesverständnis* der Koran und die für den Islam verbindlichen Traditionen vorstellen, statt zunächst den Islamismus zu thematisieren? Kommen wir nicht eher auf diesem *theologischen* Weg zu einem fundierten Urteil über diese Weltreligion? Ist es nicht der muslimische Glaube an Allah, der letzten Endes die religiöse Einstellung und somit das religiöse Verhalten der Muslime bestimmt. Also: *Wer ist Allah?* Die Frage nach Gott muß aber, wenn wir hermeneutisch verantwortlich argumentieren wollen, aus einer doppelten Perspektive gestellt werden. Es geht auf der einen Seite darum, die islamischen Zeugnisse über Allah heranzuziehen. Auf der anderen Seite ist aber in einer Religion das Gottes-

[108] *Ulfkotte*, Der Krieg in unseren Städten, 11.

verständnis oder Gottesbild immer das Verständnis des *ge-glaubten* Gottes. Der Glaube an Gott ist jedoch immer der Glaube des einzelnen Menschen, des Individuums. Glaube ist ja von seinem Wesen her *verstehender Glaube*. Glaube ist von seinem Wesen her gerade nicht die bloße Rezeption eines Glaubenssatzes. Wollen wir aber als hermeneutische Fundamentalprämisse für unsere Beurteilung des Islam den glaubenden Muslim als Individuum annehmen, so liegt der Einwand schon bereit: Der Muslim ist doch Glied einer Religionsgemeinschaft, in der in der Frage nach dem islamischen Glauben eben nicht das Verstehen des Einzelnen maßgebend ist. Kann man, ja, darf man wirklich den islamischen Glauben, arabisch *îmân*, im Sinne einer aus europäisch christlichem Denken erwachsenen Hermeneutik vom Einzelnen her definieren? Doch gerade an dieser Stelle scheiden sich die Geister, und zwar in recht bedeutsamer Weise. So ist es bezeichnend, daß es gerade im Denken christlicher Theologen zur Diskussion kam, ob es dem Islam angemessen sei, ihn vom islamischen *Glauben* her zu verstehen. In dieser Diskussion spiegelt sich, wenn ich es richtig sehe, auch die theologische Kontroverse über Grundfragen der theologischen Hermeneutik im zwanzigsten Jahrhundert. Aus dieser Perspektive dürfte es hilfreich sein, wenn wir zur Kenntnis nehmen, wie kontrovers auf christlicher Seite Grundfragen des Islam diskutiert werden. Diesem Fragenkomplex ist die Dissertation von *Andreas Renz* gewidmet: Der Mensch unter dem An-Spruch Gottes. Offenbarungsverständnis und Menschenbild des Islam im Urteil gegenwärtiger christlicher Theologie. Schon der Untertitel zeigt, daß der Autor der Überzeugung ist, Theologie - *Theo*-Logie im engeren Sinne, also die spezielle Lehre von Gott, der Traktat *De Deo* - müsse zusammen mit der theologischen Anthropologie gesehen werden. Dem ist grundsätzlich zuzustimmen. Wenn hier vom An-*Spruch* Gottes die Rede ist, dann ist, auch von der Schreibweise des Wortes her, der angesprochene Mensch nicht nur im Titel impliziert, sondern auch als solcher thematisiert. Außerdem findet sich im Untertitel der für die Gottesproblematik unverzichtbare Begriff „Offenbarungsverständnis". Denn Offenbarung ist sowohl im Christentum als auch im Islam der Vorgang des sich offenbarenden und sich so erschließenden Gottes, also *Gott* als

das *Ereignis seines Sich-Offenbarens.*[109] Dem Verfasser geht es demnach um das *Zueinander von Gott und Mensch* im Islam und dabei zugleich um die Auswirkung des spezifisch islamischen Gottesgedankens auf das religiöse Leben der Muslime. Und da bekanntlich für den Islam politische und religiöse Wirklichkeit eine untrennbare Einheit sind, also Staat und „Kirche" die existentielle Einheit für das tägliche Leben der Muslime ausmachen, werden wir von der islamischen Gotteslehre her auch deren Verhalten besser verstehen. Unsere entscheidende Frage lautet demnach gerade in unserer heute so turbulenten Zeit, in der sich die islamistischen Muslime so aggressiv gebärden: Ist der terroristische Islamismus die *notwendige* Konsequenz des islamischen *Glaubens* an den Einen Gott? Ist nun die Gottesfrage für unsere Semesterthematik das zentrale Anliegen, so ist es unerläßlich, auch nach dem spezifisch islamischen Glauben als dem Glauben an den Einen Gott zu fragen. Daß Glaube und Gott in einer Religion aufs engste zusammenzudenken sind, gehört zum Wesen jeder monotheistischen Religion, nicht nur der christlichen. Aber eben, was wird unter dem Wesen des Glaubens verstanden?
Und ein weiteres sollten wir in diesem Zusammenhang nicht aus dem Auge verlieren: Wie steht es mit *unserer europäischen Einstellung zum Islam?* Wollen wir ihn verstehen, so müssen wir auch *uns selbst* bei einer solch existenzentscheidenden Frage *mitbedenken.* Das erfordert schon allein unsere hermeneutische Einstellung, unsere hermeneutische Aufgabe. Und das erfordert ebenso unsere hermeneutische Fairneß gegenüber den Muslimen.
Diese unsere Einstellung ist freilich nicht frei von *Emotionen,* die großenteils auch auf die Geschichte des Islam in Europa zurückgeht. Irgendwie sind es *geschichtliche Ereignisse,* die wir aus unserem Schulunterricht vor Augen haben und die uns - sei es bewußt, sei es unterbewußt - immer noch beeinflussen. Da erinnern wir uns an die Türken vor Wien. Zweimal haben sie diese Stadt bedroht, 1529 und 1683, und natürlich nicht nur die Stadt. Unser aus der christlichen Tradition kommendes Abendland wäre damals

---

[109] *Hübner*, Zuspruch des Seyns und Zuspruch Gottes, vor allem 164ff.

fast islamisch überrannt worden. Beide Male konnte aber -
die meisten Abendländer sagen: Gott sei Dank! - diese Aggression abgewehrt werden. Europa behielt seine Identität.
Viele werden sich auch noch aus dem Geschichtsunterricht
des Jahres 1453 entsinnen. Die osmanischen Türken bela-
gerten in ihrem Angriffskrieg Konstantinopel und eroberten
das geistliche Zentrum des östlichen Christentums. Die Mi-
narette um die Hagia Sophia demonstrieren noch heute das
christliche Ende dieser so bedeutenden Kirche. Heute ist
dieses Gebäude ein Museum. Glück hatte das christliche
Abendland, daß der islamische Eroberungsfeldzug im Westen Europas bereits 732 zurückgeschlagen wurde. Karl
Martell besiegte die Araber bei Tours. Europa blieb es er-
spart, daß, wie in den vom Islam eroberten Ländern, die
Neuerrichtung und Erneuerung von Kirchen, das Glocken-
läuten und vor allem die christliche Mission unter Muslimen
mit rigoroser Strenge verboten wurden. Wir wissen ja, daß
heute noch in einigen islamischen Staaten die Todesstrafe
auf eine solche Mission steht. All diese Vorgänge innerhalb
einer langen Geschichte haben natürlich im europäischen
Bewußtsein die Angst vor dem Islam verstärkt. Und aus der
weithin immer noch verbreiteten Kenntnis dieser geschichtlichen Ereignisse liest man in Deutschland natürlich mit
Sorge, daß es z.B. in Köln Bestrebungen gibt, ein Kalifat zu
schaffen. Man liest mit Abscheu und je nach Temperament
mit Wut oder Resignation, daß in diesem oder jenem afrika-
nischen Staat die zum Teil brutale Scharia eingeführt wurde
oder eingeführt werden soll. Und die islamistischen Mas-
senmorde von New York, Bali oder wo auch sonst verstär-
ken, ja potenzieren die Angst vor einer schleichenden, aber
strategisch geplanten Islamisierung Europas, wo weithin ein
kämpferischer Islam einem in Europa müde und teilweise
sogar morsch gewordenen Christentum entgegensteht. Der
katholische Bischof von Fulda hat erklärt, die geschwundene
Glaubenskraft der Christen würden dem Islam den Weg zur
Islamisierung bereiten. Man sollte schon zur Kenntnis nehmen, was in dieser Situation Ibrahim El-Zayat über seine
„Visionen" von einem islamischen Staat in Deutschland im
islamischen Jugendmagazin TNT, einer in Deutschland im

Umfeld von Milli Görüs veröffentlichten Zeitung, geschrieben hat:[110]

> Ich glaube nicht, daß es unmöglich ist, daß der Bundeskanzler im Jahre 2020 ein in Deutschland geborener und aufgewachsener Moslem ist, daß wir im Bundesverfassungsgericht einen moslimischen Richter oder eine moslimische Richterin haben werden. [...] *Dieses Land ist unser Land*, und es ist unsere Pflicht, es positiv zu verändern. *Mit der Hilfe Allahs werden wir es zu unserem Paradies auf der Erde machen, um es der islamischen Ummah der Menschheit insgesamt zur Verfügung zustellen.*

Es geht mir nicht darum, mit diesen Hinweisen die Angst vor dem Islam zu vermehren und Emotionen zu schüren oder, in entgegengesetzter Richtung, den Versuch zu unternehmen, die genannten Geschehnisse in ihrer Bedeutung und Bedeutsamkeit zu mindern. Vor allem darf die Erinnerung an sie auf keinen Fall dazu führen, die heute in Deutschland lebenden Türken mit diesen christentumsfeindlichen Ereignissen oder Äußerungen in Verbindung zu bringen. Wo allerdings in unseren Breiten Muslime aggressiv gegen den christlichen Glauben und die demokratischen und humanen Überzeugungen des sogenannten Westens vorgehen, wo sie unser Rechtssystem dem islamischem Recht der Scharia unterwerfen wollen, da darf es keinerlei Toleranz unsererseits geben: Wehre den Anfängen! *Principiis obsta!* Toleranz gegenüber dem „Kalifen" von Köln und seinen Gesinnungsgenossen darf es nicht geben. Denn hier wird islamistische Aggressivität zur Kriminalität.

Kommen wir nun zum Thema des *Gottesgedankens im Islam*, vor allem im Koran. Lassen wir uns dabei in zentralen Fragen von der genannten Untersuchung des Andreas Renz leiten, aber auch von anderen Islam-Wissenschaftlern. Der Wert der Dissertation von Renz liegt u.a. darin, daß er unterschiedliche islamische Offenbarungsverständnisse im Urteil wichtiger Autoren referiert und kritisch dazu Stellung nimmt. Er nimmt uns so in die Diskussion um das innere Wesen des Islam hinein. Das Schlußkapitel des Buches bringt das Fazit der Untersuchung: Offenbarungsverständnis

---

[110] *Ulfkotte*, Der Krieg in unseren Städten, 251; Kursivierung durch mich.

und Menschenbild von Christentum und Islam im theologischen Vergleich. Die von Renz bedachten Autoren sind Wil-
fried Cantwell Smith, Kenneth Cragg, Hans Küng, Hans
Zirker und Reinhard Leuze. Renz schaut also erfreulicher-
weise über den deutschen Sprachraum hinaus. Im Rahmen
unserer Vorlesung gehe ich aber nur näher auf Smith,
Cragg und Zirker ein. Gerade deren unterschiedliche Inter-
pretationen, auch im Spiegel der kritischen Sicht von Renz,
führen uns ins Zentrum des für den Islam wesentlichen
theologischen Denkens.
Allah ist nach einem verbreiteten *Vorverständnis* ein durch
und durch transzendenter Gott. Dieses Vorverständnis bzw.
seine Bestreitung spielt bei den von Renz behandelten Autoren eine bedeutende Rolle. Allahs Transzendenz - so dieses
Vorverständnis - lasse ihn seiner Schöpfung fern sein, absen-
tiere ihn völlig aus unserem Dasein. Der christliche Gott
hingegen sei schon im Alten Bund mitten unter seinem Volk
gewesen, und im Neuen Bund sei diese seine Gegenwärtig-
keit unter den Menschen durch die Inkarnation seines Sohnes noch intensiver geworden. Also im *Islam*: der ferne,
unnahbare Gott in seiner *absoluten Transzendenz*, im *Christentum* hingegen: der ferne und zugleich nahe Gott, der
trotz seiner Transzendenz zugleich der *Gott inmitten der
Immanenz* sei. Diese Sicht ist nicht völlig falsch, in ihr geschieht aber eine bedenkliche Verzeichnung des islamischen
Gottes. Wir müssen hier zu einem differenzierteren Bild Allahs kommen, um theologisch gerecht urteilen zu können.
Zunächst zu *Wilfred Cantwell Smith*, einem vor noch nicht
allzu langer Zeit verstorbenen presbyterianischen Theologen, Religions- und Islamwissenschaftler.[111] Für unsere
Überlegungen dürfte sein hermeneutisches Bemühen von
besonderem Interesse sein, das er seit Beginn seiner wissen-
schaftlichen Tätigkeit in den vierziger Jahren des vergange-
nen Jahrhunderts an den Tag legte. Es lohnt sich, bei seiner
Sicht etwas länger zu verweilen, weil hier in *theo*-logischer
Sicht Weichen gestellt werden. Als der *Hermeneutiker*
brachte Smith auch *sich selbst* in die Religionswissenschaft

---

[111] Zu W.C. Smith s. vor allem *Renz*, An-Spruch Gottes, 63-126, und
Grünschloß, Religionswissenschaft als Welt-Theologie. Wilfred
Cantwell Smiths interreligiöse Hermeneutik.

und Theologie ein. Diesen Aspekt haben wir ja in diesem
Semester schon recht ausführlich bedacht. Trotzdem sei
noch einmal ausdrücklich gesagt: Ernsthaft hermeneutisch
kann nur derjenige denken, der auch über sich selbst als
Verstehenden nachdenkt, der also verstehend sein eigenes
Verstehen und Verstehen-Können bedenkt. Mit Recht hebt
Renz diesen Aspekt bei Smith hervor. Er zitiert ihn: [112]

Um den Glauben eines anderen wirklich zu verstehen, darf ein For-
scher daher nicht nur die Darstellungen eines Gläubigen anhören oder
lesen, sondern muß sich mit dem Leben des anderen so vertraut machen, wie dies nur durch jene persönliche gegenseitige Beziehung, die
man als Freundschaft bezeichnet, möglich ist.

Freilich - sofern der andere nicht die Freundschaft verwei-
gert!
Einmal von der spezifischen Islam-Thematik abgesehen, unterscheidet er als Religionswissenschaftler generell, also im
Blick auf alle Religionen, *faith* und *cumulative tradition*,
und zwar im Zusammenhang damit, daß der Mensch
gleichzeitig in zwei Welten lebe, in der irdischen und in der
trans-zendenten Welt. Vielleicht kommt hier dem einen oder
der anderen *Søren Kierkegaard* in den Sinn, nämlich der
Anfang seiner Schrift „Die Krankheit zum Tode": [113]

Der *Mensch* ist eine *Synthese von Unendlichkeit und Endlichkeit*, von
Zeitlichem und Ewigem.

Auch diesen Gesichtspunkt der Existenz des Glaubenden
haben wir schon in anderem Zusammenhang bedacht. Es ist
die theologische Frage nach dem *Wesen* der transzendenten
Wirklichkeit in ihrer Beziehung zur irdischen Welt, die Frage
somit nach dem *Verhältnis* von Transzendenz und Immanenz, und zwar sowohl im Blick auf Gott als auch auf den
Menschen. Hinsichtlich des Menschen heißt es in diesem
Zusammenhang mit Nachdruck bei Smith: Was diese große
Menschenfrage betreffe, sei das Verbindungsglied zwischen

[112] *Smith*, Vergleichende Religionswissenschaft: Wohin - warum?,
63f.
[113] *Kierkegaard*, Die Krankheit zum Tode, S.

Transzendenz und Immanenz die *lebende Person*.[114] Er
sieht also - und ich denke, er sieht es richtig - das Verhältnis
von Transzendenz und Immanenz im Horizont des *personalen Denkens*.

Zum personalen Denken: Es ist *per definitionem* kein ab-
strakt theologisches Denken und somit kein Denken, das
von der Wirklichkeit der eigenen Existenz gelöst ist. Denn
nichts anderes als ein derart „gelöstes Denken" meint das
ab-strakte und somit vom Konkreten *fort*-gezogene Denken. Und so stellt sich notwendig die zentrale hermeneutische Frage, ob überhaupt im Vollzug des personalen Denkens ein aus der immanenten Wirklichkeit abstrahierter und
folglich *rein* transzendenter Gott gedacht werden kann. Natürlich, es ist von einer rein begrifflichen Denkposition her
durchaus möglich, einen solchen Gott begrifflich zu kon-
struieren. Aber dieser Gott wäre lediglich das Produkt eines
menschlichen Denkvollzugs und somit nur das Produkt des
Jonglierens mit von Menschen konstruierten Begriffen. Er
wäre die Projektion eines menschlichen Denkkonstruktes ins
Jenseits hinein, nämlich Gott nach dem Bilde des Menschen.
1 Mose 1,26f. - Gott hat den Menschen nach seinem Bilde
geschaffen - wäre auf den Kopf gestellt. Es wäre Theologie
im Dienste des Atheismus! Ludwig Feuerbach läßt grüßen!

Das ist nun die entscheidende Frage: *Wenn* der Muslim in
der Lage sein sollte, in religiöser Hinsicht existentiell zu
denken, also aus seiner Existenz heraus theologisch zu denken, mit Kierkegaard: als Existierender zu denken, darf man
ihm dann überhaupt einen abstrakten, einen unwirklichen
Gottesbegriff unterstellen? Denn das ist jedenfalls unbestreitbar: Eine die eigene Existenz mitbedenkende Theologie, mehr noch: *eine aus ihrer Existenz heraus denkende
Theologie degeneriert niemals zur „Theo"-Logie eines rein
objektiven Begriffsgebäudes*! Eine objektivistische Pseudo-
theologie ist niemals die Theologie der je eigenen Existenz.
Wenn wir also nach Smith den Islam und sein Gottesverständnis aus der Perspektive des personalen Denkens verstehen und wenn wir somit das islamische theologische
Denken als Denken aus Existenz interpretieren können -
diese Möglichkeit ist freilich die unabdingbare Vorausset-

---

[114]   *Renz*, An-Spruch Gottes, 70.

zung! -, dann ist es fraglich, ob im Islam an eine *absolute* Transzendenz Gottes geglaubt wird, ob dort überhaupt an sie geglaubt werden kann. Dann aber müssen wir erwägen, ob nicht bestimmte theologische Aussagen des Korans, in denen sich uns der Gedanke eines *rein* transzendenten Gottesbildes aufzudrängen scheint, als überspitzte Aussagen zu werten sind, nämlich als Aussagen, die ihre ureigene, ihre eigentliche Aussageintention erst im Kontext anderer Koran-Aussagen gewinnen.

Die bisherig referierten Überlegungen von Smith könnten so verstanden werden, als wollte er den islamischen Gottesglauben recht eng an den christlichen rücken. Und in gewissem Ausmaß wollte er das wohl auch. Renz zitiert u.a. folgende bezeichnende Aussage aus Smith, Islamic History as a Concept:[115]

Dies [die durch den Ausruf des Muezzins zum Gebet hergestellte Verbindung mit Gott] und die vielen anderen Symbole, Riten und Gewohnheiten, durch die sein Glaube ausgedrückt und vermittelt wird, hebt den Einzelnen aus seiner eintönigen Arbeitswelt heraus und versetzt ihn in eine theozentrische Richtung, die ihn Gott begegnen läßt.

Freilich ist in diesem Zitat noch nicht in aller Klarheit ausgesagt, daß der transzendente Gott in die Immanenz hinein wirkt. Doch kurz danach lesen wir bei Renz, der Islam habe nicht nur das Gesicht der Welt verändert, sondern auch die Herzen der Menschen - zum Positiven hin natürlich! Und er bringt dann ein weiteres Zitat, das aufschlußreicher sein dürfte:[116]

Raum, Zeit und Gott sind - zumindest ideell - im Islamischen Moment miteinander verbunden, um nicht zu sagen verschmolzen.

Ist aber *Gott mit Raum und Zeit verschmolzen*, so ist sein transzendentes Sein *im* immanenten Sein deutlich zum Ausdruck gebracht. Raum und Zeit, das ist der Bereich dieser Welt, der Bereich des Menschen, der Bereich seiner Ge-

---

[115] *Smith*, Islamic History as a Concept, 5; zitiert in *Renz*, An-Spruch Gottes, 87.
[116] *Smith*, Islamic History as a Concept, 5; zitiert in *Renz*, An-Spruch Gottes, 87.

schichte und Geschichtlichkeit. Vielleicht dürfen wir es so
sagen: Allah partizipiert gewissermaßen am geschichtlichen
Sein des Menschen, zumindest des glaubenden Menschen.
Die islamische Geschichte, in die der Muslim eingebunden
ist, charakterisiert Smith als „a divine-human encounter in
motion".[117] Und wenn Gott dem Menschen begegnet, indem er im Bereich der immanenten Geschichte wirkt, sieht
Smith den glaubenden Menschen als ein zugleich irdisch-
geschichtliches und, mit den Worten von Renz, „sich selbst
und die Geschichte und Welt transzendierendes Wesen".[118]
Deshalb sieht Renz bei Smith eine Annäherung des christlichen und des islamischen Glaubens:[119]

> Christlicher und muslimischer Glaube sind von ihrem doktrinalen Ge-
> halt her natürlich nicht identisch, aber beide Glaubensweisen sind für
> Smith Weisen des Menschseins, ja hervorragende „Antwort darauf,
> Mensch zu sein".

Es war zu erwarten, daß Smith mit dieser Islam-Sicht schar-
fe Kritik finden würde. Auch er selbst hat fest damit gerechnet. In der Tat war seine Deutung des Islam - so Renz
im Blick auf die von Smith positiv beantwortete Frage nach
der transzendenten Herkunft des Korans[120] - in theologischer Hinsicht revolutionär. Renz fragt kritisch, ob Smith
nicht eine hermeneutisch unzulässige Übertragung vorge-
nommen habe, wenn er den christlichen Begriff *faith* als
eine universale Kategorie betrachte. Hier scheine „eine
deutliche Schwachstelle in der interreligiösen Hermeneutik
Smiths zu existieren".[121] Er kritisiert an ihm vor allem, „daß
er zentrale dogmatische und ethische Themen des Islams
praktisch völlig übergeht, damit im Grunde nicht die *islamische* Anthropologie darstellt, sondern vielmehr eine *tran-
szendentaltheologische* Anthropologie dem Islam 'über-
stülpt'".[122] Bei Smith zeige sich „sehr eindrücklich die

---

[117]   Smith, Participation, 120; zitiert in *Renz*, An-Spruch Gottes, 87.
[118]   *Renz*, An-Spruch Gottes, 88.
[119]   Ebd. 99.
[120]   Ebd. 113.
[121]   Ebd. 112.
[122]   Ebd. 126; Kursivierung durch mich.

grundsätzliche Problematik jeglicher interreligiösen und interkulturellen Hermeneutik".[123]
Im Grundsätzlichen stimme ich Renz in seiner Kritik zu. Aber das Problem ist komplizierter: Sicherlich, Smith hätte den Glauben des Islam wohl kaum als *faith* interpretiert, wäre ihm nicht das christliche Glaubensverständnis vorgegeben gewesen. Er dachte zweifellos in seinen Denkstrukturen von der ihm vertrauten christlichen Tradition her. Für ihn, den evangelischen Christen und Theologen, war der Glaube von seinem christlich personalen Denken her eine Selbstverständlichkeit. Es ist dasjenige personale Denken, das er schon als alttestamentliches Erbe übernommen hatte. Doch auch unabhängig vom biblischen Erbe: Wer einmal das hermeneutische „Grundgesetz" begriffen hat, daß man Existenzfragen von der eigenen Existenz her zu bedenken und zu durchdenken hat und somit in Glaubensfragen sich selbst mit seiner eigenen Person einbringen muß, der ist in der Lage, auch Glaubenszeugnisse anderer Religionen von diesem personalen Vorverständnis her zu lesen und deshalb solchen Zeugnissen die existentielle Komponente zuzubilligen. Denn der Glaube *an* Gott - wo immer auch an Gott geglaubt wird - ist zugleich der *je eigene* Glaube. Es geht hier um die Überwindung der sogenannten Subjekt-Objekt-Spaltung[124], eine Überwindung nämlich, durch die wir zur Erkenntnis der *untrennbaren Einheit* von *„objektivem" Glauben an Gott* und *„subjektivem" Glaubensgeschehen* gelangen. Den Christen und insonderheit den christlichen Theologen befähigt aber gerade seine theologisch-religiöse Herkunft zum guten Verstehen von Zeugnissen existentiell vollzogener Glaubensüberzeugungen. Das gilt besonders für evangelische Theologen, überhaupt für Glaubende der reformatorischen Kirchen. Erinnern Sie sich, sofern Sie lutherisch konfirmiert sind, an Luthers Kleinen Katechismus! In ihm stellte Luther immer wieder die Frage: „Was ist das?" So auch beim Ersten Artikel des Glaubensbekenntnisses, wo es heißt:

---

[123] Ebd. 110.
[124] Wir haben bereits schon einmal auf sie aufmerksam gemacht.

Ich glaube an Gott, den Vater, den Allmächtigen, Schöpfer des Himmels und der Erde.

Und auf die stereotype Frage „Was ist das?" antwortet er hier:

Ich glaube, daß mich Gott geschaffen hat samt allen Kreaturen, mir Leib und Seele, Augen, Ohren und alle Glieder, Vernunft und alle Sinne gegeben hat und noch erhält.

Der in evangelisch-reformierten Kirchen gebräuchliche Heidelberger Katechismus beginnt mit der Frage: „Was ist dein einziger Trost im Leben und im Sterben?" Die Antwort auf diese Erste Frage lautet: [125]

Daß ich mit Leib und Seel, beide im Leben und im Sterben, nicht mein, sondern meines getreuen Heilands Jesu Christi eigen bin.

Jetzt ohne Bezug auf einen Katechismus gesagt: Auch der katholische Christ sieht seinen christlichen Glauben im persönlichen Gegenüber zu dem Gott, der ihn durch seinen Sohn Jesus Christus erlöst hat. Ein objektivistisch konzipiertes Dogma gibt es also für den christlichen Glauben im Grunde nicht - Exzesse natürlich auf allen Seiten nicht ausgeschlossen. Hat man verstanden, daß Glaube dann echter Glaube ist, wenn sein „objektiver" Inhalt existentiell ergriffen ist, dann sollte man, ja, dann muß man diese Erkenntnis auch Glaubensaussagen anderer Religionen zubilligen.

Der folgende hermeneutische Exkurs ist an dieser Stelle unserer Überlegungen angebracht: Das *personale Denken* ist *nicht nur theologisches Erbe.* Schauen wir auf die philosophische und geistesgeschichtliche Entwicklung in Europa, vor allem seit der Aufklärung und Romantik, so finden wir dort immer wieder ein Denken, das den Menschen als Individuum, als zur Begegnung fähige Person, als ansprechbares

---

[125] *Eberhard Busch,* Der Freiheit zugetan. Christlicher Glaube heute - im Gespräch mit dem Heidelberger Katechismus, 25, kommentiert diese Frage sehr schön mit folgenden Worten: „Die Frage [...] geht davon aus, daß uns ein Trost gegeben ist, daß er der einzige ist, der uns im Leben und im Sterben trösten kann, und daß dieser Trost die Summe, die Mitte, das A und das O des christlichen Glaubensbekenntnisses ist."

Wesen ernst nimmt. Der Mensch kann, weil ansprechbar, hören. Er kann als Hörender die Wahrheit erfassen und verstehen. Er kann aber auch in einem verkehrten Hören die Wahrheit verfehlen. Er kann also im redenden und hörenden Miteinander mit seinen Mitmenschen als Mensch bestehen, er kann aber dabei auch in seinem Mensch-Sein radikal scheitern. *Individuum ineffabile!* Das Individuum ist unaussprechbar. Es ist nicht definierbar, weil es der jeweils einzigartige, der je individuelle Mensch ist. Und so hat gerade die *hermeneutische Philosophie* seit Schleiermacher, Dilthey, Heidegger und Gadamer das Verstehen des anderen Menschen in zum Teil genialer Weise thematisiert. Lesen wir etwas über einen Menschen, so erfahren wir ja etwas von seiner Existenz, von seinem Leben. Und nur, weil wir selbst Leben sind, selbst Existenz sind, verstehen wir das Leben anderer, erfassen wir etwas von der ganz einmaligen Existenz eines anderen Menschen. Wir lesen, was im Leben anderer geschieht, wie sie es selbst er-*leben.* Und wir verstehen es, weil der schon genannte Grundsatz gilt: *Nur Leben versteht Leben. Nur Existenz versteht Existenz.*
Genau das gilt auch für die Schriften der großen religiösen Persönlichkeiten der Weltgeschichte und Religionsgeschichte. Es gilt für die Autoren der Bibel, es gilt für den Autor der Bhagavadgîtâ[126], es gilt für Muhammad. Wir verstehen religiöse Gedanken - freilich in gewissen Grenzen! -, weil wir religiöse *Existenz* verstehen. Wir verständen sie sogar selbst dann, wenn auch nur in eingeschränkter Weise, würden wir nicht an Gott glauben. Allerdings vermag der Atheist nicht, Gott als den zu verstehen, der auch seine, des Atheisten menschliche Existenz bestimmt. Denn Gott bleibt für ihn lediglich ein irrealer Begriff. *Der Atheist kann Gott nicht als Wirklichkeit verstehen.* Aber er kann *existierend* verstehen, daß sich der Glaubende in seiner *Existenz* als von Gott Bestimmter versteht.
Es ist eben dieser Existenzverhalt, der Smith in seiner bewußt hermeneutischen Grundintention recht gibt, wenn er den islamischen Glauben, *îmân,* (s. das hebräische *hæ'æmîn*) als einen die Existenz des Muslims bestimmenden Glauben

---

[126] Die literarkritische Problematik der Bhagavadgîtâ lasse ich hier außer Betracht.

sieht, indem er von diesem Glauben als *faith* spricht. Freilich
wird der Muslim einwenden, der Christ Smith könne seinen
islamischen Glauben nicht wirklich verstehen, weil er ihn
nur von außen sehe. Und ein gewisses hermeneutisches
Recht hat der Muslim dabei auf seiner Seite. Aber Smith hat
zumindest begriffen, daß der Muslim seinen Glauben lebt,
indem er ihn in existentieller Betroffenheit bejaht. Smith hat
also den christlichen und islamischen Glauben als Existenzverhalt vor Augen; es ist der christliche Theologe Smith, der
für den existenzbestimmenden Charakter eines jeden religiösen Glaubens offen ist[127], es ist der glaubende Theologe
Smith, der auch den *islamischen Glauben als existenzbestimmenden Glauben verstehen* lassen will. Und selbst wenn
es Aussagen im Koran gäbe, die Allah als denjenigen Gott
beschrieben, der sich in seiner jenseitigen Transzendenz allem Verstehen der Menschen entzöge, so könnte Smith den
Muslim, der diese Transzendenz-Aussagen des Korans läse,
als einen Glaubenden verstehen, der sich ja selbst durch die
absolute Transzendenz eben dieses Gottes betroffen wüßte.
Nur - Allah eignet keine *absolute* Transzendenz! Sie kann es
auch nicht, weil Gottes Transzendenz nach den religiösen
Erfahrungen des gläubigen Muslims zu dessen existentieller
Betroffenheit führt. Die Rede vom *Absolut*-Sein Gottes, von
seiner absoluten Transzendenz, ist in theologisch *grundsätzlicher* Hinsicht für Allah wie auch für den alt- und neutestamentlichen Gott eine letzten Endes theologisch nicht ver-
antwortbare Aussage. Denn die Relation, die Beziehung
Gottes zur Welt, zur Kreatur, eben diese Relation ist schon
allein dadurch gegeben, daß sowohl nach jüdischem und
christlichem als auch nach islamischem Glauben Gott die
Welt geschaffen hat und somit die *Relation des Schöpfers
zum Geschöpf* und *vice versa* ebenso die *Relation des Ge-
schöpfes zum Schöpfer gegeben* ist. Gott ist relativ auf seine
Schöpfung hin. Der Mensch als Geschöpf ist relativ auf seinen Schöpfer hin. Das Wort „Relation" würde seines Sinnes
entleert, wenn man es im Kontext durch den Begriff „Abso-
lutheit" negierte. Die Rede vom absolut transzendenten
Gott, also von Gott als dem absoluten Sein, mag als ehr-

---

[127] Seine Welt-Theologie werden wir später noch thematisieren; s.
Grünschloß, Religionswissenschaft als Welt-Theologie, 262-319.

fürchtiges und demütiges Sprechen von Gott intendiert sein. Doch ist solche Rede von Gott als *esse absolutum*, wie sie in bestimmten Epochen der Dogmengeschichte begegnet, eine nicht durchdachte Rede, sie ist eine un-*sinn*-ige Rede.

Smith gesteht also mit Recht dem seine Religion ernst nehmenden Muslim zu, einen auf den lebendigen Gott bezogenen Glauben zu haben und folglich in einer lebendigen Beziehung zu Allah zu existieren. Und doch: Obgleich beide Theologen bewußt vom hermeneutischen Wollen durchdrungen sind, wirft Renz Smith vor, mit seiner Konzentration auf den persönlichen Glauben der Menschen die dogmatischen und ethischen Inhalte der Religionen zu vernachlässigen:[128]

So fehlen in Smiths Islaminterpretation die Darstellung und Bewertung etwa des islamischen Gottesbildes, zentraler Themen der islamischen Anthropologie, der Schöpfungslehre und Eschatologie, eine Auseinandersetzung mit konkreten ethischen Problemen (Menschenrechte etc.), eine ausführlichere Würdigung der religiösen Grundpflichten der Muslime.

Die Erklärung hierfür sieht Renz in der reformatorisch-presbyterianischen Identität von Smith. Aus ihr erwachse „die grundlegende Skepsis, ja Ablehnung aller Äußerlichkeiten und Vermittlungsinstanzen in der Religion einerseits und die Konzentration auf die Exklusivpartikel *'sola fide'* [allein durch Glauben], *'sola gratia'* [allein durch Gnade] und *'sola scriptura'* [die Schrift allein] auch in der Interpretation des Islam und anderer Religionen andererseits". Nur „das Prinzip des *'solus Christus'* [Christus allein] [...] scheint in Smiths interreligiöser Hermeneutik keine zentrale Rolle mehr zu spielen".[129]

Der Vorwurf der Vernachlässigung der dogmatischen Inhalte trifft Smith allerdings nicht ganz. Zumindest trifft ihn der Vorwurf nicht, was die *Theo*-Logie im eigentlichen Sinne angeht, nämlich die Lehre von Gott innerhalb der Gesamttheologie. Denn wenn Smith Gott als den versteht, der sich den Menschen geoffenbart hat und sich ihnen immer noch offenbart, dann hat er doch Entscheidendes zum *We-*

[128] *Renz*, An-Spruch Gottes, 120.
[129] Ebd. 121.

sen Gottes gesagt. Auch folgende Auffassung von Smith ist
in diesem Zusammenhang zu bedenken: Er versteht Allah
nicht nur als den Gott, von dem die Muslime sagen, er habe
sich ihnen durch Muhammad offenbart. Vielmehr geht es
ihm - ich habe es schon kurz erwähnt - um die Frage, ob die
Offenbarung Allahs auch für den Christen religiöse und
theologische Relevanz habe. Renz verweist darauf, daß nach
Smith der Koran für die Muslime die *ipsissima verba Dei*
enthalte:[130]

> Gott sprach zur Menschheit nicht nur im Arabien des siebten Jahrhun-
> derts zu Muhammad, sondern seit Ewigkeit her zu jedem Menschen
> überall in der Welt - einschließlich dem einzelnen Muslim, der oder die
> daraus[131] liest oder rezitiert, oder ihn andächtig hält, oder lebendig oder
> dunkel oder gar unbewußt sich einer Passage oder Phrase daraus erin-
> nert.

Also erscheine im Koran „*das Ewige, Göttliche im Zeitlichen* und Greifbaren, ist darin gegenwärtig".[132] Allah ist
demnach im Islam, wie Gott im Christentum, der *Deus hermeneuticus.*[133] Wie sich Gott im christlichen Glauben aus
seiner Transzendenz heraus in die Immanenz hinein äußert
und folglich sein transzendentes Sein in die Immanenz seiner
Schöpfung hineinnimmt, so auch Allah im Islam, freilich
unter anderen geschichtlichen Vorzeichen. Das aber bedeutet, daß Smith in seinen Aussagen zum islamischen Gott
unbestreitbar *materiale* Aspekte des Gottesgedankens dargelegt hat, und zwar Aspekte, die sowohl für den Islam als
auch für das Christentum von existentieller Bedeutsamkeit
sind. Was also die zentralen dogmatischen Aussagen zum
Sein Gottes betrifft, dürfte keine Vernachlässigung der
dogmatischen Inhalte der Religion erkennen lassen.
Wie ist aber die von Renz kritisierte Konzentration von
Smith auf die Exklusivpartikel *sola fide, sola gratia* und
sola scriptura theologisch zu beurteilen? Haben wir es hier

---

[130]   *Smith*, What is Scripture?, 70; zitiert bei *Renz*, An-Spruch Gottes,
83.
[131]   Gemeint ist der Koran.
[132]   *Smith*, What is Scripture?, 70; zitiert bei *Renz*, An-Spruch Gottes,
83; Kursivierung durch mich.
[133]   *Hübner*, Deus hermeneuticus.

mit einer aus der katholischen Theologie kommenden Ablehnung eines evangelischen Theologumenons zu tun, da Renz ausdrücklich auf die reformatorisch-presbyterianische Identität von Smith verweist? Da sich aber katholische und evangelische Theologen gerade in der Frage nach der Rechtfertigung des Menschen allein durch Gnade und Glauben sehr nahe gekommen sind (s. die allerdings umstrittene römisch-katholische und evangelisch-lutherische „Gemeinsame Erklärung zur Rechtfertigungslehre"[134]) und man sicherlich annehmen kann, daß Renz diese ökumenische Nähe bekannt ist und er sie auch nicht ablehnt, vermute ich, daß er bei Smith eine Überbetonung des reformatorischen Standpunktes zu sehen glaubt.

Was aber besagen die drei *sola* im Horizont des als *Deus hermeneuticus* verstandenen Gottes? Ich möchte auf folgende Weise antworten: Ist Gott als der *Deus hermeneuticus* der *sich selbst* dem Menschen Offenbarende und Erschließende, so ist die *Frage nach dem Glauben* - genauer: nach dem Glauben an den sich selbst offenbarenden Gott, in reformatorischer Terminologie: nach dem *sola fide* - nichts anderes als die *Frage nach der Antwort des Menschen auf Gottes Anrede*, oder unter Anspielung auf den Buchtitel der Dissertation von Andreas Renz „*Mensch unter dem An-Spruch Gottes*" die Frage nach der Antwort des Menschen auf den an ihn ergangenen An-Spruch Gottes. Komplementär dazu ist die islamische Entsprechung zum *sola gratia* der allbarmherzige Gott, wie wir ihn bereits aus Sure 1 und Sure 112 kennen - freilich ohne das soteriologische *solus Christus*. Renz hat recht: In Smiths interreligiöser Hermeneutik spielt das *solus Christus* keine zentrale Rolle. Was das *sola scriptura* betrifft, werden wir noch genauer untersuchen müssen; es geschieht in unseren Überlegungen zu Zirker.

In genau diesem Zusammenhang ist für unser Thema die Dissertation von *Andreas Grünschloß*, Religionswissenschaft als Welt-Theologie in besonderer Weise informativ, eine gründliche Untersuchung der interreligiösen Hermeneu-

---

[134] Dazu: *Th. Söding* (Hg.), Worum geht es in der Rechtfertigungslehre?;. darin auch *Hübner*, Die paulinische Rechtfertigungstheologie als ökumenisch-hermeneutisches Problem, 76-105.

tik Smiths. Das trifft vor allem für die Abschnitte über sein
Verständnis des Islam in der Gegenwart und seine Sicht der
islamischen Theologie zu. Auch Grünschloß thematisiert
Smiths Interpretation des Glaubens als *faith*, und zwar sowohl als islamischen Glauben als auch als Glauben im Sinne
von *„religious faith"* in dessen späterer Welt-Theologie. Er
kritisiert Smiths Auffassung, daß „im Koran [...] die fundamentale Kategorie *faith* [sei], genauer gesagt, das Verbal-
nomen *îmân"*. Nach Smith müsse dementsprechend die
šahâda - das ist das älteste islamische „Glaubensbekenntnis"[135] - „als ein existentielles 'Bezeugen' *(a bearing witness)* von 'Fakten' angesehen werden". Die Kritik von
Grünschloß am Gedanken des *existentiellen Bezeugens*
zeigt eine nicht geringe Nähe zur Kritik von Renz an der
Betonung von *faith* durch Smith.[136] Allerdings dürfte seine
Kritik mehr das existentielle Moment des islamischen Glaubens betreffen, als es bei Renz der Fall ist.

Grünschloß expliziert diese Kritik an Smiths 1971 gehalte-
nen Vortrag „Faith as Tasdîq" mit der zentralen Aussage,
der Glaube sei die Bewegung des Herzens (*al-îmân
taṣdîqun bi-al-djanân* bzw. *al-îmân huwa al-taṣdîq bi-al-
qalb*). Die entscheidende Frage lautet also: Was ist *taṣdîq*?
Die Wurzel dieses arabischen Wortes ist *ṣdq*. Die Voraussetzung für die Gleichsetzung von *faith* und *taṣdîq* durch
Smith ist seine Interpretation von *„religious faith"* als
„virtually universal quality or characteristic".[137] Und wiederum verweist Grünschloß kritisch auf Smiths Auffassung
vom existentiellen Charakter des islamischen Glaubens,
wenn er hinsichtlich der islamischen Konzeption von *Wahrheit* anhand der Begriffe *ḥaqqa* (s. hebräisches *ḥuq* = etwas
Bestimmtes, Gesetz), *ṣadaqa* (s. hebräisches *ṣᵉdâqâh* = das
Richtige, Recht, Gerechtigkeit) und *saḥḥa* auf dessen Formulierung vom „streng personalistischen Zentrum von

---

[135] Anführungsstriche bei *Grünschloß*.

[136] *Renz*, An-Spruch Gottes, nennt in diesem Zusammenhang u.a.
auch *Grünschloß*, z.B. S. 123, Anm. 260; dieser habe Smith vorgewor-
fen, „seine Arbeiten seien aus religionswissenschaftlicher Sicht zu
christlich-theologisch". *Renz*, ebd. 123: „In der Tat scheint die Christologie in Smiths religionstheologischem Ansatz explizit keine dominierende Rolle zu spielen."

[137] *Grünschloß*, Religionswissenschaft als Welt-Theologie, 113.

Wahrheit" spricht, nämlich „von eine[r] Art *Kongruenzpostulat* bezüglich 'innerer Überzeugung', 'Worten' und 'darauffolgenden Taten'".[138] Smith präzisiert den islamischen Glauben - Grünschloß verweist an dieser Stelle auf die spätere Interpretation von *îmân* durch *taṣdîq*[139] - als „'Gewißheit', 'persönliche Aneignung', 'Anerkenntnis' und *'Existentialisierung' von Wahrheit*".[140]

Nun sind sowohl Smith als auch seine Interpreten Grünschloß und Renz zu Recht davon überzeugt, daß Theologie auf Hermeneutik angewiesen ist. Wahrscheinlich würden alle drei Autoren meiner Überzeugung zumindest im Kern zustimmen, daß zum *Wesen* der Theologie, will sie wirklich die Theologie des sich worthaft äußernden Gottes sein, notwendig die hermeneutische Dimension gehört. Gehen wir aber von diesem fundamentalen hermeneutischen Verständnis von Theologie aus, wenn wir einen nicht christlichen Menschen in seinem Glauben *verstehen* wollen, so ist m.E. evident, daß es niemals genügt, sein „objektives" Glaubensbekenntnis in rein begrifflicher Weise zur Kenntnis zu nehmen. Verstehen können wir einen Anders-*Gläubigen* nur, wenn wir ihn als *Glaubenden* verstehen, also als Menschen in seiner *fides*. Und das heißt, wenn wir ihn in seinem existentiellen Glaubend-*Sein* verstehen. Erinnern wir uns: Nur Existenz versteht Existenz. Nur Leben versteht Leben. In einem späteren Stadium seiner religions-geschichtlichen und theologischen Bemühungen um eine Welt-Theologie sieht Smith das Objekt der Offenbarungen als „*das* Transzendente"; in den theistischen Religionen werde es jedoch als „*der* transzendente Gott" bezeichnet. Er sieht zugleich den Menschen als ein transzendentales (im Sinne Kants) und freies Wesen, das zur Rezeption einer göttlichen Offenbarung befähigt ist, d.h. als *homo religiosus*.[141] Damit ist Entscheidendes über das *Wesen* Gottes und zugleich auch über das *Wesen* des Menschen ausgesagt.

Dann aber können wir wie folgt urteilen: Steht auf der einen Seite Gott als der sich Offenbarende und damit der den

---

[138]   Ebd. 114.
[139]   Ich gehe auf diese Frage nicht näher ein; dazu ebd. 113-115.
[140]   Ebd. 115, Kursivierung durch mich.
[141]   *Renz*, An-Spruch Gottes, 122.

Menschen Ansprechende und ist auf der anderen Seite der
Glaube des Menschen die Antwort auf diesen An-Spruch
Gottes, so gehört das persönliche und individuelle Moment
des Glauben zum *Wesen* des Glaubens. Dieser dem anspre-
chenden Gott antwortende Glaube ist aber keinesfalls etwas
rein Subjektives oder gar Individualistisches. Denn auch der
persönliche Glaube ist ja nicht nur etwas Individuelles. Zum
Glauben des Einzelnen gehört ja ebenso die Gemeinschaft
der Glaubenden. Denn durch diese Gemeinschaft, sei es nun
die Kirche oder sei es die islamische *umma* (die islamische
Glaubensgemeinschaft), kommt es auf *geschichtlichem* Wege[142] zur Vermittlung dessen, was den Glauben der christlichen Kirche oder den Glauben des Islam inhaltlich konstituiert. Das ist das Wahrheitsmoment des leicht mißverständli-
chen Satzes *nulla fides sine ecclesia*, kein Glaube ohne die
Kirche.

An diesem Punkte unserer Überlegungen befindet sich der
theologische und hermeneutische Ort, wo der *Bibelwissenschaftler* in genuiner Weise *das Seine einbringen* kann,
mehr noch, wo er es einbringen sollte. Betrachten wir aus
seiner Perspektive den soeben dargestellten hermeneutischen Aspekt von einer komplementären Seite. Wenn der
Bibelwissenschaftler, und in erster Linie der Neutestamentler, hermeneutisch denken will, so kann er im Rückblick auf
das 20. Jahrhundert auf keinen Fall *Rudolf Bultmann* und
seine *existentiale Interpretation* übergehen. Existentiale Interpretation, das ist seine von *Martin Heidegger* entlehnte,
aber von ihm modifizierte Methode, um biblische Texte auf
das ihnen jeweils zugrunde liegende Existenzverständnis zu
befragen.[143] 1941 hielt er über diese Thematik seinen programmatischen Vortrag „Neues Testament und Mythologie", der wegen seines Programms der *Entmythologisierung* nach dem Zweiten Weltkrieg zu heftigen und emoti-
onsgeladenen Debatten führte. Sie brachte ihm einen Ket-

---

[142] In der Terminologie *Heideggers* in „Sein und Zeit": Menschliches Dasein als geschichtliches Dasein (§§ 72-77) und als Mitsein mit
Anderen bzw. Mitdasein der Anderen (§ 26). Natürlich kann es auch
eine andere Terminologie sein!
[143] *Hübner*, Was ist existentiale Interpretation?; *ders.*, Bultmanns
„existentiale Interpretation".

zerhut nach dem anderen ein. Doch diese Entmythologisierung ist gerade nicht der Grund, warum er die neutestamentlichen Texte existential interpretierte! Weithin entstand zwar der Eindruck, daß er diese Methode lediglich praktizierte, um einen Ausweg aus der Klemme zu finden, in die er sich mit seiner überkritischen Bibelkritik hinein manöveriert hatte. Denn da er in seiner kritischen Radikalität die *gesamte* neutestamentliche Verkündigung des Christusereignisses als mythologisch deutete, habe er sich, so meinte man, mit der existentialen Interpretation eine Handhabe geschaffen, mit den mythologischen Aussagen intellektuell zu Rande zu kommen. Nur deshalb habe er sich in die Gefangenschaft des Philosophen Martin Heidegger begeben. Indem man - zum Teil noch heute - behauptet, Bultmann habe auf diese Weise der Entmythologisierung die Priorität vor der existentialen Interpretation eingeräumt, macht man seine existentiale Interpretation zum Vehikel der Entmythologisierung. Nun mag man zwar darüber streiten, ob er nicht zu weit gegangen ist, als er die gesamte neutestamentliche Verkündigung als mythologisch erklärte. Und m.E. hat er auch in einigen zentralen Punkten überzogen. Dennoch ist es wurzelhaft falsch, seine großenteils auf Heideggers Existenzialphilosophie beruhende Methode der existentialen Interpretation als schnöden Ausweg aus der Entmythologisierung zu diffamieren. Denn die *theologische Grundabsicht Bultmanns* war eindeutig eine *hermeneutische.* Er wollte das Neue Testament so *interpretieren*, daß es auch heute noch zur *Anrede* an den Menschen werden kann. Der Christ soll das Neue Testament so *verstehen*, daß es in seine konkrete Existenz hineinspricht, ihn also sich selbst neu verstehen läßt. Bultmann hat mir eigens brieflich versichert (5. Juni 1972), ich hätte ihn richtig verstanden: Für ihn sei die hermeneutische Methode der existentialen Interpretation sein eigentliches Anliegen und somit die Entmythologisierung lediglich die Anwendung dieser Methode auch auf mythologische Texte. Danach besteht für den Neutestamentler die eigentliche Aufgabe darin, mit Hilfe der existentialen Interpretation den *Anredecharakter* des Neuen Testaments zu vermitteln.

Warum aber beim Thema „Islam" dieser Ausflug in die *christliche* Hermeneutik? Er war erforderlich, weil uns diese

Hermeneutik vor die Aufgabe stellt, einen religiösen Text, *welcher Religion auch immer,* auf das glaubende Existenzverständnis seines Autors hin zu befragen. Denn jeder religiöse Text wird, wenn er von einem *homo religiosus* - sei er Christ, sei er Muslim - gelesen wird, als ein Zeugnis gelesen, das seine Existenz bestimmt. Wollen wir also den Islam wirklich *verstehen*, so ist dies eine eminent hermeneutische Aufgabe, die die Frage nach dem *Glauben*, nach der Glaubensüberzeugung des Muslims als eine zentrale Frage erkennen läßt. Denn im Glauben, im *îmân*, sieht sich der Muslim in seiner existentiellen Betroffenheit vor Gott gestellt, vor Allah.

Grundlegend für unsere Überlegungen ist: Wir haben soeben von *keiner spezifisch christlichen Hermeneutik* gesprochen, sondern von einer grundsätzlich allgemein gültigen Hermeneutik, mit den Worten von Wilfred Cantwell Smith: *„religious faith* ist eine *virtually universal human quality or characteristic".*[144] Dieser *universale* Zug einer allgemeinen, aber theologisch relevanten Hermeneutik ist auch für Bultmanns hermeneutischen Überlegungen konstitutiv, z.B. wenn er in seinem programmatischen Aufsatz „Das Problem der Hermeneutik" (1950) schreibt; „daß der Mensch [!] sehr wohl wissen kann, wer Gott ist, nämlich in der Frage nach ihm. Wäre seine Existenz nicht (bewußt oder unbe*wußt*) von der Gottesfrage bewegt im Sinne des Augustinischen *'Tu nos fecisti ad Te, et cor nostrum inquietum est, donec requiescat in Te'*[145], so würde er auch in keiner Offenbarung Gottes Gott als Gott erkennen."[146] Es verwundert etwas, daß in den sonst so gut informierenden, wertvollen und weiterführenden Ausführungen von Grünschloß und Renz zum Verhältnis von Christentum und Islam trotz ihres hermeneutischen Engagements der Verweis nicht nur auf Bultmann entfällt, sondern auch die philosophische Hermeneutik so gut wie völlig ausgeblendet wird. Weder Wilhelm Dilthey noch Martin Heidegger noch Hans-Georg

---

[144]   *Grünschloß*, Religionswissenschaft als Welt-Theologie, 113.
[145]   In deutscher Übersetzung: „Du hast uns auf dich hin erschaffen. Und unser Herz ist unruhig, bis es in dir ruht."
[146]   *Bultmann*, Das Problem der Hermeneutik, 232.

Gadamer spielen in ihren hermeneutischen Erwägungen eine Rolle.

Wie sehr im gegenwärtigen Islam der Glaube als Glaube des Einzelnen, des Individuums gesehen wird, zeigt die 1973 vom Islamischen Zentrum Genf herausgegebene Schrift „Der Islam. Geschichte, Religion, Kultur", ursprünglich vom Islamischen Zentrum Paris in französischer Sprache verfaßt. Das 4. Kapitel ist überschrieben: Der Mensch und sein Glaube. Darin lesen wir in § 126 die bezeichnende und nicht interpretationsbedürftige Aussage:[147]

Jedes Individuum hat Glauben: an Wahrheiten, an abergläubische Dinge und manchmal sogar an Dinge, die auf Mißverständnissen beruhen [...]. *Glaube ist grundsätzlich Sache des Einzelnen*: dennoch kennt die Geschichte des Menschengeschlechtes um seinetwillen manch einen Akt brudermörderischer Gewalt und anderer Greuel, Taten, deren sich selbst die Raubtiere schämen würden.

Kommen wir nun zur Darstellung des Islam von *Kenneth Cragg* durch Andres Renz. Cragg ist anglikanischer Theologe und zugleich Islamwissenschaftler und Arabist. Er qualifizierte sich in der akademischen Forschung und Lehre, war aber auch im kirchlichen Dienst tätig. Er war sogar für mehrere Jahre Assistant Bishop in der anglikanischen Diözese Jerusalem und anschließend Bischof von Chichester. Auch er ist ein Theologe, dessen Theologie von einem *personalen Denken* bestimmt ist. Bezeichnend ist sein Diktum über den religiösen Dialog:[148]

Was sich im Dialog austauscht, sind nicht 'Religionen', sondern Menschen; nicht Lehren *in abstracto*, sondern Lehren *in vita*; nicht Riten *in vacuo*, sondern Gottesdienst des Herzens.

Halten wir zu Beginn noch fest, daß Craggs Bemühen um den Islam und andere nichtchristliche Religionen durchaus missionarisch motiviert sind.

Aus den von Renz behandelten Autoren greife ich vor allem deshalb Cragg heraus, weil sein Angang an die Islam-

---

[147] *Islamisches Zentrum Genf*, Der Islam, 85; Kursivierung durch mich.
[148] *Cragg*, Christian-Muslim Dialogue, 127.

Problematik ein anderer ist als der meine. Ich sagte Ihnen ja,
daß ich angesichts islamistischer Verbrechen wie in New
York oder Bali nicht mit einer phänomenologischen Beschreibung des Islam beginne, sondern danach frage, wer
Allah, der Gott des Islam, ist. Renz baut nun sein Referat
über Cragg so auf, daß er zunächst dessen islamische Anthropologie darstellt, um dann sein Gottesverständnis unter
der Überschrift „Gottes Beziehung zum Menschen" zu
thematisieren. Dabei spricht er auch über Gottes Existenz
und Wesen und anschließend über seine Offenbarung in Natur und Wort. Cragg interessiert die Gottesfrage nicht so
sehr um ihrer selbst willen, sondern um *des* Gottes willen,
der der Gott des Menschen ist. Religion ist in seinen Augen
„die Fähigkeit, Ja zu sagen zum Geheimnis, zum Wunder,
zur Neugier, zur Hoffnung". Beachten wir aber auch, was
hier nicht gesagt ist. In seiner Definition von Religion findet
sich nicht das scharf umgrenzte Dogma. Religion ist für
Cragg auch die Fähigkeit „Nein zu sagen zu Verstellung, zu
Sinnlosigkeit, zu Zynismus". Renz zitiert weiter:[149]

Es ist die Fähigkeit zu erkennen, was Blasphemie ist, und die Fähigkeit,
Ehrfurcht und Ehrerbietung über die rein ausbeuterischen, besitzaneig-
nenden oder vulgären Instinkte menschlicher Gier und menschlichen
Hochmutes siegen zu lassen. Es ist die Fähigkeit zu einer göttlichen
Demut, einem radikalen Gottesdienst, einem offenen Staunen, einer
leisen Sehnsucht. Es ist die Verpflichtung, im umfassenden Sinne verantwortlich zu sein, nicht gegenüber diesem oder jenem Gesetzeskodex,
Grund oder Glaubensbekenntnis, sondern gegenüber der Wirklichkeit,
der diese zu dienen beanspruchen.

Diese Sätze sprechen den Menschen an, sie können den
Menschen betroffen machen - vorausgesetzt, er hört hin.
Das Bild des Theologen und Islamwissenschaftlers Kenneth
Cragg dürfte jetzt in seinen wesentlichen Zügen vor unserem geistigen Auge stehen. Ihm geht es um den Menschen,
ihm geht es um Gott um des Menschen willen. Und so emp-
fiehlt er, den *Dialog mit dem Islam* oder mit anderen Religionen *mit dem Thema „Mensch" zu beginnen.* Denn Religionen hätten es mit dem Herzen des Menschen und mit

[149] *Ders.*, The Christian and Other Religions, 111; zitiert in: *Renz*,
An-Spruch Gottes, 131f.

dem Ziel *(finitude)* des Lebens zu tun. Nie wäre man von
einer *lebendigen Theologie* entfernt, wenn man sich radikal
und ehrlich dazu verpflichte, den Menschen zu verstehen.[150]
So beginnt also Renz nach einleitenden Worten über die
Würde des Menschen mit Craggs Darstellung der islamischen Anthropologie. Er setzt bezeichnenderweise damit
ein, daß er als „ersten gemeinsamen Nenner von Judentum,
Christentum und Islam" den Begriff der *Schöpfung* nennt.
Schöpfung aber impliziere bereits eine Beziehung Gottes zu
seiner Schöpfung. Die *Relation Gottes zum Menschen* - also
im Prinzip doch schon die Ablehnung einer *absoluten*
Transzendenz Gottes! - ist ein zentraler Aspekt des allen drei
Religionen gemeinsamen Gottesverständnisses. Und Renz
zitiert dazu einen sehr schönen Satz von Cragg:[151]

Schöpfung ist daher ein Involviertsein Gottes, ein *In-Beziehung-Sein
Gottes zum Menschen*, sozusagen eine freiwillig gewollte 'Participatio'
Gottes am Menschen als Partner.

Obwohl Renz für die Darstellung der Islam-Sicht Craggs
zuerst dessen Deutung der islamischen Anthropologie und
dann erst dessen Deutung der eigentlichen Theologie - diese
jedoch wieder im Blick auf den Menschen - referiert, bringt
er doch schon zu Beginn des anthropologischen Teils eine
entscheidende Aussage in Hinsicht auf Gott: Dieser steht in
Beziehung zum Menschen, der von ihm her, seinem Schöpfer, seine Würde besitzt. Schon im Vorblick auf spätere
Überlegungen: Trifft dieses *theo*-logische und zugleich *an-
thropo*-logische Urteil Craggs zu, dann stehen diejenigen
Islamisten, die sich menschenverachtender Verbrechen
schuldig machen, außerhalb des Islam.
Weiter also zu Craggs Sicht der islamischen Anthropologie!
Renz stellt sehr schön die große Faszination im Koran über
das Geheimnis von Sexualität, Fortpflanzung und Geburt
des Menschen heraus, und zwar unter Berufung auf Sure
56,58f. Er interpretiert zutreffend:[152]

---

[150] *Renz*, An-Spruch Gottes, 132.
[151] *Cragg*, Bible Studies: God and Man, 8; zitiert in: *Renz*, An-Spruch
Gottes, 133; Kursivierung durch mich.
[152] *Renz*, An-Spruch Gottes, 133.

Der sexuelle Orgasmus als Ursprung jeder neuen Generation ist also letztlich ein Geschenk des Schöpfergottes. Und jede neue Geburt ist die Verkündigung der göttlichen Verpflichtung gegenüber dem Menschen.

Wir sollten an dieser Stelle darauf verweisen, daß wir in christlichen Darstellungen einer theologischen Anthropologie diesem Aspekt nahezu durchgehend nicht als dem Fundament der Ausführungen begegnen. Wir können im Rückblick auf viele theologische und kirchliche Äußerungen über die Sexualität des Menschen leider nicht bestreiten, daß sich, was menschliche Sexualität angeht, in das Denken und Empfinden dieser Kirchenvertreter immer wieder bigotte Prüderie eingeschlichen hat. Das Hohe Lied - also ein Buch unserer Heiligen Schrift! - spricht sehr offen von der Liebe zwischen zwei jungen Menschen. Dieses Buch gelangte freilich nur deshalb in die Bibel Israels, weil man es damals allegorisch interpretierte: Es gehe um das Verhältnis von Gott und Israel. Und in der christlichen Kirche interpretierte man dann dementsprechend das Verhältnis der beiden jungen Menschen als das Verhältnis von Christus und seiner Kirche. Greifen wir noch einige Aspekte der islamischen Anthropologie in der Sicht Craggs heraus. Nennen sollte man den Menschen als *ḫalîfa*, dem von Gott die Herrschaft in der Welt delegiert wurde. Diese *ḫalîfa*-Würde ist jedoch nicht das politische Amt des Kalifen, wie der selbsternannte „Kalif von Köln" sie erneuern will. Nach Cragg entspricht der Begriff *ḫalîfa* des Korans dem biblischen Begriff der Gottesebenbildlichkeit, *imago Dei* (1 Mose 1,26; Ps 8,7; 103). Übergehen wir die übrigen Auszeichnungen des Menschen nach dem Koran und schauen jetzt auf dessen Aussagen über Gott.
Nach Cragg liegt der *entscheidende Unterschied* des *christlichen* und des *islamischen Gottesverständnisses* darin, wie sich Gott zum Menschen verhält. Also immer wieder, fast wie ein Refrain: Wo im Koran über Gott nachgedacht wird, da wird zugleich über den Menschen nachgedacht. Cragg weist in diesem Zusammenhang den muslimischen Vorwurf zurück, die Christen hätten Jesus von Nazareth vergöttlicht: Nein, sie *glauben nicht an die Vergöttlichung Jesu, sondern an seine Göttlichkeit*. Diese Unterscheidung mag zunächst

als begriffliche Haarspalterei aufgefaßt werden. Worin soll denn der Unterschied zwischen Vergöttlichung und Göttlichkeit bestehen? Doch dieser Einwand ist unberechtigt, denn es gibt in der Tat einen recht bedeutsamen Unterschied. Eine Vergöttlichung Jesu würde nämlich meinen, daß dieser als der Mensch Jesus von Nazareth zum Gott gemacht worden wäre. Kommt ihm jedoch nach christlichem Glauben das Prädikat der Göttlichkeit zu, so besagt das, daß in ihm Gott in unsere irdische Sphäre herabgekommen ist. Ausgesagt ist also mit der Göttlichkeit Jesu die *Bewegung von Gott zum Menschen*, nicht aber die vom Menschen zu Gott. Es geht somit nach christlicher Auffassung um Gottes *Kondeszendenz*, Gottes Abstieg in unser irdisches Dasein. Cragg sieht in der christlichen Auffassung von der göttlichen Kondeszendenz (laufend im Joh: Jesus ist der vom Himmel Herabgekommene, ὁ καταβάς, *ho katabás*) eine Analogie zum islamischen Begriff *tanâzul*, Herabstieg. Ich zitiere Cragg:[153]

Von *tanâzul* in welcher Weise und in welchem Grad auch immer zu sprechen heißt, an Gottes Beziehung zur Menschheit zu glauben, was der Islam in nachdrücklicher Weise tut.

Also laufend der zentrale theologische Gedanke: Die Rede von Gott ist zugleich die Rede vom Menschen. Von Gott zu sprechen schließt notwendig in sich ein vom Menschen zu sprechen. Das aber ist auch die christliche Auffassung. In seinem programmatischen Aufsatz „Welchen Sinn hat es, von Gott zu reden?" sagte Rudolf Bultmann schon 1925:[154]

Es zeigt sich also: will man von Gott reden, so muß man offenbar *von sich selbst reden.*

Nach all dem, was wir bisher zur Kenntnis genommen haben, impliziert also die koranische Rede von Gott die Rede vom Menschen und tut das in vergleichbarer, wenn auch nicht in gleicher Weise wie die christliche Theologie. Und so befinden sich nach Cragg islamische und christliche Theologie keineswegs in völlig verschiedenen Diskurswelten. Daß

[153] *Cragg*, Jesus and the Muslim, 204.
[154] *Bultmann*, Welchen Sinn hat es, von Gott zu reden?, 28.

Gott der für die Menschen überaus Bedeutsame ist, zeigt
sich im Islam auch an den „Namen Gottes", vor allem an
rahmân, der, welcher barmherzig *ist*, und *rahîm*, der, welcher Barmherzigkeit *erweist*. Dazu Renz:[155]

Besonders diese „Namen Gottes" machen für Cragg deutlich, daß
auch der islamische Monotheismus durch und durch eine göttlich-
menschliche Begegnung ist.

Nach Cragg - und dieses Fazit sollten wir unbedingt festhal-
ten - ist gewissermaßen *im islamischen Monotheismus-
Begriff* die *Beziehung Gottes zum Menschen impliziert*.
Zumindest im Prinzip hat er in dieser theologischen Frage
recht. Renz führt auch aus, daß Cragg in den von Gott
selbst gegebenen „Namen Gottes", unter denen er anzuru-
fen sei, eine Analogie oder gar eine Vorstufe zur christlichen
Inkarnationslehre gesehen hat![156] Vielleicht ist das aber eine
Überinterpretation von seiten Craggs.
In die Tiefen der systematisch-theologischen Reflexion führt
Craggs Deutung des *Korans*. Bezeichnend ist bereits der
Titel seines 1971 erschienenen Buches „The Event of the
Qur'ân". Verzichten wir bei der Deutung des Titels auf den
modischen und oft so oberflächlich gemeinten Anglizismus
„event" im Deutschen, mit dem zumeist Zweit- und Dritt-
klassiges emotional auf eine Höhe gehoben wird, die sol-
chem Geschehen nicht zukommt. Ich übersetze daher den
Titel mit „Das *Ereignis* des Korans". Renz vermutet, daß
Cragg vom *Koran-Ereignis* in Analogie zum *Christus-
Ereignis* spricht.[157] Dieser würde damit eine kaum zu über-
bietende Hochachtung vor dem Koran zum Ausdruck bringen, die ihm von gläubigen Muslimen in der Tat erwiesen
wird. Denn der *Koran* - ich übertreibe nicht - ist in deren
Augen der *präsente Gott*. In seiner theologischen Intention
dürfte Cragg die hohe Bedeutsamkeit von „Ereignis" zum
Ausdruck bringen, die dieser Begriff in der Philosophie, besonders der Martin Heideggers, gewonnen hat.[158] Für die

[155] *Renz*, An-Spruch Gottes, 161.
[156] Ebd. 161.
[157] Ebd. 163.
[158] *Sinn*, Art. „Ereignis": HWP 2, 608f. In dem 1972 erschienenen
Band konnte jedoch das wichtigste Werk Heideggers zum Ereignis

Frage nach Gott als des sich Offenbarenden kann die Poten-
tialität des Wortes „Ereignis" nicht hoch genug eingeschätzt
werden![159]
Cragg geht es darum, das Koran-Ereignis als ein in Zeit und
Raum stattfindendes Offenbarungsgeschehen zu vermitteln:
Der Koran *ist* dieses Geschehen, er *ist* dieses Ereignis. Zu-
gleich ist er aber auch das Zeugnis von diesem Geschehen.
Zu Craggs Buch „Readings in the Qur'ân" lesen wir bei
Renz:[160]

Damit ist bereits ein wichtiger Unterschied zur Bibel markiert, die lediglich das Zeugnis eines Offenbarungsgeschehens ist, nicht aber das
Offenbarungsereignis selbst.

Es stimmt schon, daß die Bibel, und vor allem das Neue
Testament, weithin das Zeugnis des Ereignisses der Offenbarungen Gottes und schließlich der Offenbarung Gottes in
Jesus Christus ist. Aber es gibt entscheidende Aussagen gerade im Neuen Testament, die nicht nur Zeugnis dieses Ereignisses sind, sondern an diesem theologischen Ereignis des
sich selbst offenbarenden Gottes teilhaben. Wir werden darauf zu sprechen kommen, wenn wir im letzten Teil der
Vorlesung Röm 1,16f. in seiner Tiefendimension interpretieren. Es gibt eben Aussagen der Heiligen Schrift, die das
Sich-Offenbaren und das Sich-Erschließen Gottes *sind*.
Cragg jedenfalls hat Wesenhaftes des Christus-Ereignisses
gesehen, von dem her er sich bemühte, den Koran in der
Perspektive der Muslime zu verstehen.

---

noch nicht gewürdigt werden: *Heidegger*, Beiträge zur Philosophie
(Zum Ereignis), [1]1989, [2]1994.
[159] Hier kann das für die Theologie nicht ausdiskutierte Problem des
Verhältnisses von *Gott* und *Seyn* im seynsgeschichtlichen Denken in
den „Beiträgen zur Philosophie" nicht dargestellt werden, weil sie weit
über die Thematik unseres Semesterthemas hinausgreift. Das wichtigste philosophische Werk zum Ereignis im seynsgeschichtlichen Denken Heideggers ist *von Herrmann*, Wege ins Ereignis. Ich habe mich
zu dieser Frage geäußert in: *Hübner*, „Vom Ereignis" und vom Ereignis Gott; *ders.*, Martin Heideggers Götter und der christliche Gott;
ders., Seynsgeschichtliches und theologisches Denken; *ders.*, Zuspruch des Seyns und Zuspruch Gottes. Die Spätphilosophie Martin
Heideggers und die Hermeneutik des Neuen Testaments.
[160] *Renz*, An-Spruch Gottes, 163.

Schauen wir auf das zurück, was wir zum Islam gesagt haben, und wiederholen wir die Frage, auf die alles ankommt:
Wer ist Allah? Dazu haben wir bisher zwei Islam-
Wissenschaftler gehört. Für *Wilfred Cantwell Smith* war
diese Frage eine Frage seines eigenen personalen Denkens
nach dem Verhalten des Muslims zu Allah, der sich Muhammad geoffenbart hatte, aber eben nicht nur diesem,
sondern, weil Gottes Wort ewig ist, sich immer schon geoffenbart hat und auch weiterhin offenbart. Obwohl Gott der
Jenseitige sei, erschließe er sich ins Diesseits hinein. Auch
heute noch enthalte der Koran für jeden Muslim, der ihn
liest und darüber meditiert, die *ipsissima verba Dei*, Gottes
ureigene Worte. Allah begegne daher in seinem ewigen
Wort. Andreas Renz äußerte sich dazu - ich wiederhole den
Satz noch einmal - : [161]

Im Koran erscheint das Ewige, Göttliche im Zeitlichen und Greifbaren,
ist darin gegenwärtig.

Das aber war für uns ein besonders aufschlußreiches Ergeb-
nis von hoher theologischer Relevanz: Von einem *absolut*
transzendenten Gott kann nach dieser Sicht nicht die Rede
sein. Der Glaubende *begegnet Gott* - darauf kommt alles an!
Nochmals: Wer als Nichtmuslim wissen will, wer Allah für
den Muslim ist, muß wissen, was *Glaube* im Islam bedeutet.
Glaube ist dort der Glaube an den sich offenbarenden Gott.
Der zweite Autor, den wir wegen des Islam zur Kenntnis
nahmen, war *Kenneth Cragg*. Er sah im christlichen Glauben an die Inkarnation des Sohnes Gottes, an Gottes *Kondeszendenz*, eine Analogie zum islamischen Begriff *tanâzul*,
auf deutsch: Herabstieg, verstanden als *terminus technicus*
für die Herabsendung des Korans (also nicht: Herabstieg
Gottes!). Cragg sah gerade darin die Beziehung des transzendenten Gottes zur Menschheit. Mag man auch darüber
streiten, in welchem Ausmaß der Mensch fähig sein könne,
die Beziehung Gottes zu ihm zu verstehen, so gehöre doch
immerhin zu dessen Offenbarung, daß er sich als der
rahmân, der barmherzig *ist*, und zugleich als der *rahîm*, der
sich als barmherzig *erweist*, offenbart. - Von uns in Paren-

---

[161] Ebd. 83.

these gesagt: In einer gewissen Entsprechung dazu meint nach der paulinischen Theologie „Gottes Gerechtigkeit", daß Gott gerecht *ist* und als solcher gerecht *macht* (Röm 3,26). - Und wir nahmen die Interpretation dieses craggschen Gottesverständnisses durch Renz zur Kenntnis, wonach der islamische Monotheismus durch und durch göttlich-menschliche Begegnung ist. Ich interpretiere: *Im islamischen Monotheismus* ist die Beziehung Gottes zum Menschen und somit die *Relation der Transzendenz zur Immanenz impliziert.* Der Koran ist in diesem Sinne für Cragg ebenso wie das Christusereignis ein in Raum und Zeit stattfindendes Offenbarungsgeschehen. Aber dieses Offenbarungsgeschehen - und daran hängt, wie wir gesehen haben, nach Craggs Verständnis sehr viel - sei im Islam nicht Wesensoffenbarung, sondern Willensoffenbarung Gottes:[162]

It is a revelation [...] of law not of personality.

Renz kritisiert diese Auffassung von der Offenbarung Gottes ziemlich scharf.

Ich habe bewußt die in manchen Punkten nicht weit auseinanderliegenden Positionen von Smith und Cragg ausführlich referiert, um nun diese beiden mit der in einer entscheidenden Hinsicht entgegengesetzten Auffassung eines dritten Autors zu konfrontieren. Ich meine den katholischen Fundamentaltheologen und Religionsgeschichtler *Hans Zirker.* Von dessen Islamdarstellung sagt Renz, sie sei „wohl [...] eine der sympathischsten, gründlichsten und vorsichtigsten Annäherungen der christlichen Theologie an den Islam".[163] Ich stimme dem zu, auch wenn gleich noch einiges Kritische zu Zirker zu sagen ist. Er faßt das Offenbarungsverständnis des Islam als Kommunikation. Wichtig für unsere Überlegungen ist vor allem in der Darstellung durch Renz der Abschnitt „Die 'absolute Transzendenz Gottes'".[164] Zirker spricht von der *radikalen Überlegenheit*, in der Gott für den Islam von aller Welt abgehoben sei. Dieser lasse dem

---

[162] *Cragg*, The Call of the Minaret, 47, zitiert bei *Renz*, Der Mensch unter dem An-Spruch Gottes, 166.
[163] *Renz*, An-Spruch Gottes, 293.
[164] Ebd. 247-249.

Menschen zwar seine Weisungen zukommen; aber von einer
Selbstmitteilung könne nicht die Rede sein, da er als der radikal Eine Gott zugleich der *absolut verborgene Gott* sei.
Renz verweist auf *Sure 16,74[75]*[165], nach der der Mensch
keine Gleichnisse für Gott anstellen solle.[166] Damit ist seitens
des Korans 1 Mose 1,26 bestritten, wo es heißt, daß der
Mensch nach Gottes Bild und Gleichnis geschaffen sei, auch
wenn die Aussage der Bibel „Mensch - Bild Gottes" im Koran in die entgegengesetzte Richtung „Gott - Bild des Menschen" gebracht ist. Im Koran lesen wir:

Darum macht kein Bild von Allah; denn Allah weiß alles, ihr aber
nichts!

Mit dieser für die koranische Anthropologie äußerst wichtigen Sure ist in der Tat das Verhältnis von Gott und Mensch
in erheblich anderer Weise gedacht als in der Bibel. Gott
und Mensch werden weit auseinandergerissen. Den Muslimen soll hier der Abstand zwischen Gott und Mensch bewußt gemacht werden. Dafür bringt Renz eine aufschlußrei-
che Stelle von Zirker, eine Aussage von hohem theologisch-
inhaltlichen Gewicht, die ich deshalb hier ausführlich zitiere:[167]

In konsequenter Behauptung der absoluten [!] Transzendenz Gottes
gilt deshalb für eine Richtung muslimischer Theologie, die sich von
alten Zeiten bis heute durchgehalten hat, der hermeneutische Grundsatz,
daß Gott in seiner Offenbarung uns zwar eine Sprache zur Verfügung
stelle, damit wir von ihm reden können, daß es uns aber prinzipiell unmöglich sei, zu sagen, was ihre Begriffe in Beziehung zu Gott an sich
bezeichnen: Wir gebrauchen sie 'ohne ein Wie' *(bilâ kayfa)*. Der *aussageartige* Charakter der religiösen Sprache wird so auf einen *pragmatischen* zurückgeführt: Was wir von Gott sagen, hat seinen Sinn
darin, daß es *uns dazu verhilft*, uns und unsere Welt ihm gegenüber
gläubig zu verstehen und diesem Glauben entsprechend zu leben. Mehr
steht uns dann nicht zu.

---

[165] Je nach Zählung in den Koran-Ausgaben.
[166] *Renz*, An-Spruch Gottes, 247.
[167] *Zirker*, Christentum und Islam - Entsprechungen und Differenzen,
123; zitiert bei *Renz*, An-Spruch Gottes, 247f.

Beachten wir aber, daß Zirker hier von einer späten theologischen Tradition des Islam spricht, nicht aber vom Islam
schlechthin. Er spricht hier vor allem nicht vom Koran. Es
geht in diesem Diktum um Sprache, genauer: um die *religiöse Sprache* einer bestimmten theologischen Richtung
innerhalb des Islam. Wenn es heißt, der *aussageartige* Charakter der Sprache werde auf den *pragmatischen* „zurückgeführt", dann dürfte dieses „zurückgeführt" so zu verstehen sein, daß der pragmatische Sprachcharakter den aussa-
geartigen ersetzt, zumindest relativiert. *Die Sprache will
also nicht mehr sagen, was das Wesen des Gesagten ausmacht,* sondern nur noch, wie man sich angesichts dieses
Gesagten zu verhalten hat. Danach wäre der Islam eine Religion, in der von Gott nichts Wesenhaftes ausgesagt werden
kann, sondern nur ein bestimmtes Verhalten gegenüber dem
unaussagbaren Gott gefordert wird. Das würde allerdings
Craggs Verständnis von der Offenbarung im Islam nahe-
kommen: In ihr wird nicht das Wesen Gottes, sondern nur
der Wille Gottes geoffenbart. Jedoch ist der jeweilige theologische Kontext bei Cragg und Zirker ein anderer.
Es fällt auf, daß Renz unmittelbar im Anschluß an das Zir-
ker-Zitat, in dem ausdrücklich von einer bestimmten „Richtung muslimischer Theologie" die Rede ist, auf den *Koran*
und dessen pragmatisches Ziel zu sprechen kommt, aufgrund dessen der Muslim nach seiner islamischen Religion
leben muß. Aber Zirker ist nicht der einzige, der in seiner
Islam-Darstellung auf Sondermeinungen innerhalb dieser
Weltreligion eingeht. Gerade im Blick auf die uns hier inter-
essierende Auffassung von der Jenseitigkeit Gottes im Islam
sei noch eine der qualifiziertesten Publikationen genannt:
Annemarie Schimmel, Die Zeichen Gottes. Die religiöse
Welt des Islams.[168] Dieses Werk verrät die ungeheure hinge-
bungsvolle Akribie, mit der die Friedenspreisträgerin des
Deutschen Buchhandels (1995) geschrieben hat. Für den mit
der Islam-Literatur Vertrauten ist bekannt, daß sie ihr äußerst sympathisches Bild des Islam vor allem deshalb zu
zeichnen verstand, weil sie sich besonders auf mystische

---

[168] Deutsche Ausgabe 1995, englisches Original Edinburgh 1994:
Deciphering the Signs of God. Also noch aus der Zeit vor dem 11.
September 2001!

Richtungen und moderne Autoren des Islam bezog. So hat
sie das VI. Kapitel „Gott und Seine[169] Schöpfung" mit dem
modernistischen   ägyptischen   Theologen   *Muhammad
'Abduh* († 1905) eingeleitet: [170]

Über das Wesen des Schöpfers nachzudenken [...] ist dem menschlichen Intellekt verboten, weil es *keine Beziehung* zwischen den *Seinsweisen* der beiden gibt.

Und Annemarie Schimmel zitiert auch noch den Hadith:[171]

Denkt über die Schöpfung nach, aber denkt nicht über den Schöpfer
nach![172]

Die Autorin sieht in diesen Aussagen zutreffende Urteile
über das Gottesverständnis des Islam. Gott sei die absolute
Wahrheit, *al-ḥaqq*. Dieser Begriff sei später von den mysti-
schen Sufis verwendet worden, „um auf das innerste Wesen
Gottes hinzudeuten, das als die eigentliche und wahre Wirklichkeit erfahren wurde, als etwas, das alle Definitionen
überschreitet".[173] Nach sufitisch-mystischer Auffassung wird
also Gott als die eigentliche, die Existenz bestimmende
Wirklichkeit erfahren, im Sinne des Sufismus doch wohl:
mystisch erfahren. Christlich theologischem Denken entspricht, daß auch dieses islamische Denken Gott nicht definieren will. Ein definierter Gott wäre ja ein vom Menschen
produzierter Götze. Andererseits würde aber eine christlich
theologische Aussage „über"[174] Gott, wollte sie nur eine
mystische Erfahrung als Zugang zu Gott gelten lassen, nicht
mehr theologisch sein. Allerdings läßt Frau Schimmel von
den in der Theologie diskutierten drei Wegen *(viae)* der
Gotteserkenntnis neben der *via causalitatis* (Gott als Kau-
salität) und der *via negationis* (über Gott kann nur gesagt
werden, was er nicht ist) auch die *via eminentiae* zu, also

---

[169]   Man beachte die Großschreibung!
[170]   *Schimmel*, Die Zeichen Gottes, 272; Kursive durch mich.
[171]   Ein Hadith ist eine schriftliche Überlieferung von Taten und Aus-
sprüchen Muhammads außerhalb des Korans.
[172]   *Schimmel*, Die Zeichen Gottes, 272.
[173]   Ebd. 275.
[174]   Ohne Anführungsstriche wäre sie blasphemisch!

den theologischen Weg, wonach Gott immer und grundsätzlich vollkommener ist als alle irdischen Vollkommenhei-
ten. Die via eminentiae könnte man auch *via comparationis*
nennen, den Weg des Vergleichs. Jedoch: Die *via negationis*
scheint in ihren Augen die für das Denken der Jenseitigkeit
Allahs angemessenste Art zu sein. Sie beruft sich dafür u.a.
auf Sure 50,16[17]:

Man kann Gott als dem *deus absconditus* „am ehesten nahen [...],
indem man den 'Saum seiner Gnade' ergreift, das heißt, auf eine Seiner Manifestationen hinzudeuten [!], die Sein Wesen gleich Gewän-
dern, gleich Schleiern verhüllen. Wie könnte man über den Einen sprechen, der *absolut transzendent* ist und gleichzeitig dem Menschen 'näher als seine Halsschlagader' (Sure 50,16) ...".

Auch hier also - wie bei Zirker - die Rede von der absoluten
Transzendenz Allahs. Und das bei gleichzeitigem Hinweis
auf dessen intimste Nähe beim Menschen! Frau Schimmel
fügt dann unmittelbar danach noch hinzu: [175]

...so daß die Mystiker Ihn am Ende des Weges im Meer ihrer eigenen
Seele fanden und nicht in der Moschee, nicht in Mekka oder Jerusalem?

Wieder zu Zirker zurück! Wegen der Betonung der absoluten Transzendenz Gottes kann es nach seinem Urteil im Koran keine geschlossene Vorstellung (!) von Gott geben, letztlich kein „Gottesbild". Diese radikale Transzendenz und die
radikale Abgrenzung Gottes gegenüber der Welt erlaubten
es dem Islam nicht, Gott und Menschen in einem gemeinsamen Bund zu sehen. Daß sich Zirker daher nicht in der
Lage sieht, wie Cragg die christliche Auffassung von der
Inkarnation des Gottessohnes in der Nähe islamischen Denkens zu sehen, versteht sich von selbst. Renz zitiert dafür
Zirkers Aussage:[176]

Deshalb sind Vergleiche, nach denen dem christlichen Bekenntnis zur
'Inkarnation' von Gottes Wort der islamische Glaube an eine 'Inlibe-
ration' oder 'Inverbation' entspreche, fragwürdig.

---

[175] *Schimmel*, Die Zeichen Gottes, 276; Kursivierung durch mich.
[176] *Zirker*, Gottes Offenbarung nach muslimischem Glauben, 34-45;
zitiert bei *Renz*, An-Spruch Gottes. 248.

Offenbarung sei daher keine Selbstmitteilung Gottes, sondern eher eine *satzhafte Mitteilung*. Die Denkschwierigkeiten bleiben - Zirker sieht diese Schwierigkeiten als Schwierigkeiten der islamischen Theologie: [177]

> Wie könne man „den Koran [...] als wesenhaft [!] Gottes eigenes Wort nehmen, ohne in Gott eine Differenz einzutragen zwischen seiner unaufhebbaren Transzendenz und seinem der Welt vermittelbaren 'Wort' und ohne damit den Begriff seiner absoluten Einheit aufzuheben".

Es ist die Frage, ob diese Schwierigkeiten auf unausgeglichenes Denken im Islam oder auf Schwierigkeiten zurückzuführen sind, die sich die Interpreten des Islam selbst bereitet haben.

Für Renz ist Zirkers Darstellung des islamischen Gottesverständnisses zumindest nicht ohne innere Spannungen, wenn er einerseits mit Recht Aussagen von christlicher Seite über einen angeblich einsamen, unbewegten Gott im Islam zurückweist, andererseits aber selbst von radikaler Transzendenz und absoluter Verborgenheit Gottes und von satzhafter Willensoffenbarung spricht.[178] Was Renz schon zutreffend gegen Craggs Behauptung erklärte, nämlich daß Allah sich nicht in einer Wesensoffenbarung, sondern in einer Willensoffenbarung offenbare, trifft ebenso für seinen Einwand gegen Zirker zu.

Vielleicht klärt und rundet sich einiges von dem, was wir eben bedachten, noch etwas ab, wenn wir es vertiefen und bündeln, indem wir abschließend auf Zirkers informatives und gut lesbares Buch „Der Koran" eingehen. Es gelingt dem Autor, im Zusammenhang mit der Koran-Thematik islamische Grundgedanken angemessen darzustellen. Erinnern wir uns an das Problem, wie der transzendente Gott trotz seiner absoluten Jenseitigkeit in Beziehung zur immanenten Welt, als Schöpfer in Beziehung zu seinen Geschöpfen steht. Wie ist es möglich, so fragen wir im Blick auf den Koran mit seiner arabischen Sprache - also einer diesseitigen Sprache! -, daß Allah zu den Menschen spricht. Diese Pro-

---

[177]   *Zirker*, ebd. 41; zitiert bei *Renz*, An-Spruch Gottes, 253.
[178]   *Renz*, An-Spruch Gottes, 290.

blematik vor Augen, spricht Zirker vom *Dilemma* des Korans, das diesem wie *jedem monotheistischen Glauben eigen* sei:[179]

Er setzt Gott in Relation zu den Menschen und zur Welt - und dies geht nur in der Sprache menschlicher Beziehungen. Zugleich will er ihn aber auch der Welt enthoben wissen.

Dies mag zunächst einleuchten. Zirker fährt aber fort mit der Aussage:

Deshalb fordert er andernorts rigoros, die Einzigkeit Gottes auch als absolute Einzigartigkeit zu sehen.

Im Begriff der Einzigartigkeit steckt aber noch nicht notwendig die Unmöglichkeit, sich zu anderen kommunikativ zu verhalten. Doch Zirker urteilt:[180]

Das Einzigartige ist aber ebenso wie das der Welt völlig Jenseitige notwendigerweise zugleich das gänzlich Unaussagbare.

Halten wir fest: Das *gänzlich* Unaussagbare! Diese Argumentation würde schließen, hätte Zirker auf das eine Glied in der Argumentationskette verzichtet, nämlich das Einzigartige. Versuchen wir ihm daher auf seinem Wege zu folgen, indem wir nur dem, was uns argumentativ zwingend erscheint, zustimmen. Sein Verweis auf Sure 24,35 mit der Aussage „Gott führt zum Licht" dürfte auch dem biblischen Denken gar nicht so fremd sein. Zirker nennt dann die verschiedenen im Islam vertretenen Lösungen des genannten Dilemmas, „deren Spektrum von einem naiven Realismus über metaphorische Deutungen bis zu der Position reichte, daß es unmöglich sei, auszumachen, was die auf Gott bezogenen Begriffe an sich bezeichnen". Was er unmittelbar danach sagt, erinnert stark an Bultmann: Es sei Sinn des islamischen Redens von Gott, „daß es uns dazu verhelfe, *uns* und unsere Welt ihm gegenüber gläubig *zu verstehen* und diesem Glauben entsprechend zu leben".[181] Nicht ganz ein-

---

[179] *Zirker*, Der Koran, 122.
[180] Ebd. 123.
[181] Kursivierung durch mich

sichtig ist mir aber, wenn seiner Meinung nach diese Lösung
dem Koran nahe kommt, aber keine Lösung des Problems
bringt, „da der Bezug auf 'Gott' selbst dabei immer schon
als fraglos sinnvoll und höchst realistisch vorausgesetzt
wird". Jedoch sieht Zirker insofern das Ganze positiv, als ja
das *pragmatische Interesse* für den Koran entscheidend sei,
nämlich „das Leben der Menschen nach Gottes Weisung zu
ordnen und nicht eine Theorie über ihn zu lehren".[182]
Unbestreitbar hat Zirker die *Grundproblematik erfaßt*. Und
das sogenannte pragmatische Interesse des Korans ist ja keinesfalls spezifisch islamisch, sondern hat auch im christlichen
Denken seinen - relativen! - Ort. In der Tat steht Bultmanns
schon genannter Aufsatz „Welchen Sinn hat es, von Gott zu
sprechen?" in der Nähe solcher Überlegungen, auch wenn
die nach Gottes Weisung verfaßte islamische Ordnung nicht
ganz mit dem, was der Marburger Theologe mit Selbstverständnis des Glaubenden meinte, übereinstimmt. Daß das
islamisch-koranische Ordnungsdenken nicht einfach mit dem
gleichgesetzt werden kann, was in der reformatorischen
Theologie in polemischer Weise „gesetzlich" genannt wird,
muß ausdrücklich gesagt werden. Für Zirker vertritt auch
der radikale Monotheismus des Korans kein gesetzliches
Denken, da Gott in Sure 85,14 „der Liebevolle" und in Sure 11,90 „barmherzig und liebevoll" genannt wird.[183]
Von diesen Überlegungen zu Zirkers Sicht des Korans: Er
geht von dessen himmlischem Ursprung aus, von dessen
Präexistenz.[184] Aber diese Heilige Schrift des Islam sei auch
in irdischer Perspektive zu sehen. Er verweist auf das *Nebeneinander* von der *Perspektive Gottes* und der *Perspektive der Menschen*. Der formale Wechsel beider Perspektiven
im Koran geschehe in einer Folge von gegenständlicher Rede über Gott[185] und dem nach islamischer Überzeugung eigenen Wort Gottes. Das wohl weitgehend zutreffende Urteil
Zirkers über den Koran lautet[186]:

---

[182]   Alle Zitate ebd. 123.
[183]   Ebd. 124.
[184]   Ebd. 44.
[185]   Das Adjektiv „gegenständlich" ist natürlich für den theologischen
Hermeneutiker anstößig; aber es ist auch zu fragen, ob es wirklich islamischem Denken angemessen ist.
[186]   Ebd. 59.

So ist der Koran seiner Form nach deutlich mehr als nur eine Mitteilung Gottes, nämlich ein Text, der unterschiedliche Rollen vorgibt: In manchen Passagen müssen sich die Menschen, wenn sie sie hören, immer als Angesprochene begreifen; andere sind so in ihrer Sprache gehalten, daß sie sie unmittelbar als Äußerungen ihres eigenen Glaubens übernehmen können, auch wenn sie nicht originär von ihnen selbst formuliert sind, sondern ihnen als Teile des Koran übermittelt wurden. Gottes Wort ist in diesen Teilen aufgrund seiner sprachlichen Gestalt zugleich das der Glaubensgemeinschaft.

Zirker urteilt somit differenzierter über den Koran als andere. Erinnern wir uns, daß Cragg im theologischen Tiefgang vom Koran-Ereignis sprach und Renz dies in Parallele zum Christus-Ereignis sah. Zirker bleibt theologisch nicht unter Craggs Niveau. Paradoxerweise ist es aber gerade dieses hohe Niveau seiner theologischen Reflexion, das ihn, weil er überinterpretiert, den islamischen Glauben an die Transzendenz Allahs als Glauben an die absolute Transzendenz sehen läßt.

Wir haben uns zu Beginn unserer Überlegungen über den Islam die Aufgabe gestellt, zunächst einmal zu fragen, wer denn *Allah* nach islamischen Verständnis ist. Wir wollten dann aus der Antwort auf diese Frage ersehen, ob das, was sich uns heute als *islamistischer Terrorismus* zeigt, seinen Grund im Gottesglauben der Muslime hat oder ob nicht vielmehr dieser Terrorismus eine schreckliche kriminelle Karikatur des Islam ist. Wer Allah nach islamischem Verständnis ist, haben wir zumindest in den entscheidenden Konturen gesehen. Allah, so erkannten wir, ist der Eine, der einzige und zugleich auch der transzendente Gott, der aber kraft seiner Transzendenz in die Immanenz des Menschen hinein wirkt. Er hat sich als derjenige Gott offenbart, der in seinem Wesen als der Schöpfer und der Erbarmer seinen Geschöpfen liebend nahe ist, der aber ebenso der Gott des Gerichts ist. Insofern ist es eine Minimalisierung Gottes als des Offenbarers, wenn man seine Offenbarung nur als Willensoffenbarung begreifen will. Entscheidend und von hohem theologischem Gewicht ist, daß seine Offenbarung auch Entscheidendes von seinem Wesen erkennen läßt. Allerdings ist es, wie wir sahen, nicht möglich, in Allah den *absolut* transzendenten Gott zu sehen. Denn dies paralysierte letztlich den Gedanken der Offenbarung und würde dem ganzen

Gefüge des islamischen Glaubens widersprechen. Das hat
Renz in seiner Kritik an Cragg und Zirker deutlich gemacht.
Soweit wir nun von diesem Gottesverständnis her den
Glauben an Allah bedacht haben, läßt sich also der islamisti-
sche Terrorismus nicht erklären. Der islamische Glaube als
Glaube an Allah, der der Eine und einzige Gott ist, also der
Gott eines radikalen Monotheismus, ist kein Grund für isla-
mistische Attentats- und Mordkriminalität gegen Menschen,
die nicht Muslime sind.

Und bedenkt man, daß mit den verbrecherischen Anschlägen von New York oder Bali Islamisten sogar Muslime ermordet haben - das Töten von Muslimen verbietet der Koran ausdrücklich, Sure 2,93! -, so wird man den islamistischen Terror erst recht nicht aus dem Wesen des Islam fol-
gern können. Ist also der *Islamismus* die *Perversion des Islam*?

Fragen wir also, ob es nicht einen Argumentationsstrang
innerhalb des Islam gibt, um aus dem Koran oder der Sunna, der frühen verbindlichen islamischen Tradition, den kri-
minellen Islamismus als Verpflichtung herzuleiten? Wir sprachen von der *Willensoffenbarung* Allahs. Auch wenn nach
islamischem Glauben Allahs Selbstoffenbarung in wichtiger
Hinsicht Wesensoffenbarung ist, so nimmt doch seine Willensoffenbarung einen hohen Stellenwert ein; bestimmt doch
gerade sie das Leben des Muslims bis ins Detail! Und Allahs
vermeintlicher Wille ist auch die Triebfeder für die islamische Mission in aller Welt. Eroberungsfeldzüge gab es schon
seit Beginn der Existenz des Islam. Man könnte auch auf
bestimmte Imperative des Korans verweisen, z.B. Sure 9,73:

Du, o Prophet, kämpfe gegen die Ungläubigen und die Heuchler und
sei streng gegen sie. Ihre Wohnung wird die Hölle sein. Eine schlimme
Reise ist es dorthin.

Und unterscheidet nicht der Islam zwischen dem *dâr al-
harb*, Haus des Krieges, und dem *dâr al-islâm*, Haus des
Islam? Haus des Krieges, das ist die außerislamische Territorialität, in den Augen der Islamisten der Zustand des tat-
sächlichen oder des zwar anvisierten, zur Zeit aber noch
nicht durchführbaren oder durchgeführten Krieges gegen

nichtmuslimische Staaten. Haus des Islam, das ist die islamische Territorialität, also diejenige politische Situation, in der der Islam durch sein Gesetz, die *Schar'ia*, die Menschen reglementiert. *Bassam Tibi*, Professor an unserer Universität, bringt in seiner Schrift „Fundamentalismus im Islam" - die Lektüre sei Ihnen dringend empfohlen - eine Kurz-definition der *Schar'ia*: [187]

Islamisches Gottesgesetz, das die Vorschriften und Verbote der Religion aufstellt; nicht kodifizierte, post-koranische Konstruktion des islamischen interpretativen Rechtssystems auf der Basis von Koran, Sunna, *Idjma* (Konsens) und *Qiyas* (Analogieschluß).

Im 6. Kapitel thematisiert er die *Schari'a*. Er zitiert, den „bis heute als besten Kenner dieses Gegenstandes gerühmten Joseph Schacht", der das islamische Recht als Mark des islamischen Denkens versteht, als Kern und Wesen des Islam selbst. Nie sei im Islam die Theologie in der Lage gewesen, eine vergleichbare Bedeutung wie das Recht zu haben. Es sei unmöglich, den Islam zu begreifen, ohne das islamische Recht zu verstehen.[188] Tibi fügt aber sogleich hinzu, daß das Wort *Schari'a* im Koran nur einmal vorkomme (Sure 45,18) und „daß die *Schari'a* als Rechtssystem nur im historischen Sinne zentral ist: Sie ist post-koranisch und [...] nicht Bestandteil der islamischen Offenbarung". Im Zeitalter von Globalisierung und Zivilisationskonflikten pralle aber „die *Schari'a* als Rechtstradition mit universell ausgerichteten Ansprüchen mit dem ebenso universell ausgerichteten säkularen westlichen Rechtssystem zusammen."[189] In Ergänzung zu Tibi gesagt: Es ist bezeichnend, daß in dem Standardwerk von *Louis Gardet*, Islam, die *Schari'a* nur ganz am Rande erwähnt wird. Ich zitiere:[190]

Im Islam dagegen wird das Gesetz als Willensentscheid aufgefaßt; und strenggenommen verdient es seinen Namen nur dann, wenn es ein Entscheid des göttlichen Willens ist. Das ist der *Shar'* oder das geoffenbarte Gesetz. Gott allein ist Gesetzgeber (*shâri'*). [...] Die Folge ist,

---

[187] *Tibi*, Fundamentalismus im Islam, 207.
[188] Ebd. 87.
[189] Ebd. 87f.
[190] *Gardet*, Islam, 244f.

daß es kein von der menschlichen Vernunft aufgestelltes positives menschliches Gesetz gibt. Das positive menschliche Gesetz, *sharî'a*, ist in allem vom göttlichen Gesetz, *shar'*, abgeleitet. [...] Die vom *Shar'* abgeleitete *Sharî'a* ist nicht das Werk von Gesetzgebern im eigentlichen Sinn, sondern von Juristen.

Tibi schreibt:

Wer die politische Macht und die Möglichkeit hat, die Massen religiös zu steuern, wird bestimmen können, welchen Weg die islamische Zivilisation nimmt.

Das ist also das *Faktum*, das er referiert. Seine Folgerung:

In Europa dürfen deshalb Islamisten keine Macht gewinnen.

Es ist die viel beschworene Macht des Faktischen, mit der er rechnet, also die faktische Macht des Islamismus, deren Ende er anscheinend einstweilen nicht erwartet. Europa müsse also auf der Hut sein! Er verweist auf Bischof Huber, dem er in diesem Zusammenhang Naivität unterstellt, weil er den Staat zu weltanschaulicher Neutralität verpflichtet sieht.[191] Jedoch, so wendet Tibi ein, wer verteidigt das Grundgesetz der Bundesrepublik Deutschland gegen den Fundamentalimus? Sein Fazit:

Solche ihre protestantische Gesinnungsethik mit Toleranz verwechselnden Bischöfe können die säkulare Demokratie nicht gegen ihre Gegner verteidigen, dafür aber die Weichen für die Einführung der *Schari'a* in Europa stellen.

Ein hartes Urteil![192] Aber lassen wir die Frage nach der Geschichte der *Schari'a* beiseite, weil sie ja nur einen Partialaspekt unserer Fragestellung ausmacht. Unbestritten ist, daß nach islamischer Ansicht der Muslim als *homo religiosus* zugleich der *homo politicus* sein muß. Diese beiden Seiten der individuellen Existenz koinzidieren. Ebenso sollten Staat und „Kirche" eine politische und glaubensmäßige Einheit sein. Fallen aber für den Islam der Bereich des Glaubens und der Bereich der Politik zusammen, dann stellt

---

[191] Wird Tibi der *Intention* von Bischof Huber voll gerecht?
[192] Alle Zitate, *Tibi*, Fundamentalismus im Islam, 101.

sich die Frage ist, ob diese *islamische* Anschauung die Quelle *islamistischer* Verbrechen sein kann. Muß nicht ein politisches Gebilde, das sich als islamischer Staat versteht, mit aller Gewalt seine politischen Vorstellungen durchsetzen, weil nur so Gottes Willen durchgesetzt werden kann? Wenn zudem der Islam mit seinem universal missionarischen Verständnis eine *Mission der ganzen Menschheit* anstrebt, muß er dann nicht von seinem ureigenen Selbstverständnis her, das doch notwendig ein politisches und zugleich religiöses Selbstverständnis ist, die islamische Mission global durchsetzen, und wenn es sein muß, mit Krieg? Sind dann Menschenopfer auf seiten der Ungläubigen nicht das geringere Übel gegenüber einem Scheitern der Mission? Der islamische Begriff *djihâd* meint bekanntlich in erster Linie nicht den militärisch geführten Krieg gegen die Ungläubigen, sondern primär die persönliche Anstrengung des Muslims, seinen islamischen Glauben in seiner Lebensführung optimal zu verwirklichen. Da aber viele Muslime diesen Begriff als Krieg im eigentlichen Sinne verstehen, kann man dann *verstehen*, daß islamistische Muslime ihn als göttlichen Befehl zum Krieg *verstehen*? Wenn nun einmal Allah der Jenseitige ist, der uns Diesseitigen seinen erhabenen Willen, einschließlich des Willens zur Weltmission, kundtut, verlangt dann nicht der Islam - „Islam" immerhin von vielen als „Unterwerfung" unter Allah verstanden - vom unterworfenen Muslim, daß er *alles* in Bewegung setzt, um die ganze Menschheit zur Anerkennung Allahs zu bewegen? Wenn also der Westen in den Augen der Muslime in äußerster Dekadenz moralisch und religiös versagt, wenn es ihm an Gottesglauben, Menschenliebe und primitivstem Schamgefühl mangelt, wenn er vor allem aufgrund seiner kapitalistischen Strukturen die von ihm beherrschten Menschen in ihrem Innneren zerstört, mußte und muß der Islam dann nicht gegen einen so pervertierten Westen, gegen ein so gottfeindliches System mit allen Mitteln vorgehen? Haben die Mörder der in den Twin Towers in „westlicher" Gesinnung arbeitenden Menschen dann nicht mit ihrem nun wirklich selbstlosen Einsatz eine Schlacht gegen ein System, das die Menschenwürde mit Füßen tritt, erfolgreich gewonnen? Haben sie dann nicht auch in Bali Menschen getötet, die in schamloser Weise ihr eigenes Menschsein verrieten? Haben dann diese „Helden des Islam" nicht genau das fortgesetzt, was schon in den ersten Jahrhunderten nach Muhammads Tod die islamischen Siegeszüge erreichten, Siegeszüge, bei denen es ja erheblich mehr Tote gab als in den U.S.A. und auf Bali? Und haben nicht die Christen in ihrer polytheistischen Perversion den jenseitigen Einen Gott gelästert, indem sie ihn zu drei Göttern gemacht haben, indem sie ihm sogar die Zeugung eines Sohnes zuschrieben? Kurz: Fordert nicht der elende und Allah beleidigende Zustand der sogenannten westlichen Welt, daß man ihr korruptes Dasein ein für alle Mal beendet, mit welchen Mitteln auch immer? Diese Fragen klingen sehr rhetorisch. Ich habe sie auch bewußt als solche formuliert, denn es sind ja gerade solche rhetorische Fragen, die auf fanatisierte, fanatische Massen ungeheuren Einfluß haben, auf Menschen also, die für *Argumente* überhaupt nicht mehr zugängig sind. Der Koran freilich argumentiert differenzierter. Vor allem gegenüber Juden und Christen bringt er zum Teil recht maßvolle Aussagen, also gegenüber denen, die nach islamischer Terminologie „Schriftbesitzer" sind. Von ihnen werden die „Ungläubigen" im eigentlichen Sinne unterschieden. Man höre aber bitte einmal mit den Ohren islamistischer Muslime, z.B. solcher, die von Al-Qaida indoktriniert sind, die folgenden Abschnitte aus dem Koran, Abschnitte immerhin, die auf Muhammad selbst zurückgehen, wahrscheinlich aus seinen beiden letzten großen Verkündigungen in Medina, *sûrat at-tauba*, „Die Buße" (Sure 9) und *sûrat al-mâ'ida*, „Der Tisch" (Sure 5):

Zunächst noch einmal Sure 9,73:

Du, o Prophet, *kämpfe gegen die Ungläubigen und die Heuchler* und sei streng gegen sie. Ihre Wohnung wird die Hölle sein. Eine schlimme Reise ist es dorthin!

Sure 9,123:

O Gläubige, *bekämpft die Ungläubigen*, die in eurer Nachbarschaft wohnen; laßt sie eure ganze Strenge fühlen und wißt, daß Allah mit denen ist, welche euch fürchten!

Sure 5,34 [33]:

Doch der Lohn derer, welche sich gegen Allah und seinen Gesandten empören und sich bestreben, nur Verderben auf der Erde anzurichten, wird sein: daß sie getötet oder gekreuzigt oder ihnen die Hände und Füße an entgegengesetzten Seiten abgehauen oder daß sie aus dem Lande verjagt werden. Das ist ihre Strafe in dieser Welt, und auch in jener Welt erwartet sie große Strafe.

Bei diesen Aussagen des Korans bzw. Muhammads sollten wir vor Augen haben, daß dieser im Kampf mit seinen Gegnern alles andere als zimperlich war. In Medina ließ er durch einen ihm ergebenen Schiedsrichter alle jüdischen Männer im Alter der Mannbarkeit - es waren etwa sechshundert bis neunhundert - enthaupten und ihre Frauen und Kinder in die Sklaverei verkaufen. Mir sagte einer, mit dem ich nach dem 11. September 2001 ins Gespräch über den Koran gekommen war:

Ich habe den Koran gelesen. Meine erste Reaktion war, daß ich mir ein Gewehr kaufte.

Anton Schall spricht in seinem Artikel „Islam I" in der „Theologischen Realenzyklopädie" von dem eben erwähnten Judenprogrom und einem anderen Massenmord als den „beiden krassesten Fällen von Mord und Meuchelmord im Leben Mohammeds".[193]
Fassen wir zusammen: Wenn wir von den streng theologischen Aussagen zu Allah im Koran und anderen islamischen Glaubenszeugnissen ausgehen, dann gibt es keinen geraden und direkten Weg von diesen Zeugnissen zu den schwerstkriminellen Massenmorden durch Al-Qaida oder ähnliche islamistischen Organisationen. Wie freilich Muhammad aufgrund seines damaligen Verhaltens das Verbrechen von New York beurteilt hätte, weiß ich nicht.

---

[193] *Schall*, Art. Islam I, 324.

5. Der drei-eine Gott als der Eine hermeneutische Gott

Nicht ohne Grund habe ich dem Islam im 4. Kapitel so große Aufmerksamkeit geschenkt. Zunächst einmal wird er in Deutschland und anderen Staaten in breiten Bevölkerungskreisen kontrovers diskutiert, vor allem seit den Anschlägen vom 11. September 2001. Dann ist es der enge Kontakt, den wir seit Jahrzehnten mit den in unserem Lande lebenden Türken haben. In den Diskussionen geht es zumeist um das Verhältnis von Islam und Islamismus. Islamisten sind es vor allem, die von den Christen als den „Ungläubigen" sprechen, weil diese wegen ihres Glaubens an den dreifaltigen Gott in einer für Muslime gotteslästerlichen Weise mehrere Götter anbeteten und deshalb nicht den wahren und Einen Gott Allah verehrten. Doch sind auch und gerade die Islamisten über die Lehre vom Wesen der Trinität nicht recht informiert. Wir erinnern uns: Der angebliche Dreigötterglaube war schon das Ärgernis Muhammads am christlichen Gott: Dieser sei nicht Einer, er sei die Mehrheit von drei Göttern. Also Tritheismus statt Monotheismus! Und dann habe Gott auch noch einen Sohn gezeugt! Eine unwürdige Vorstellung für den erhabenen jenseitigen Gott! Nicht, als ob die Zeugung eines Sohnes etwas Anrüchiges wäre! Der Islam kennt keine Sexualfeindlichkeit. Im Gegenteil! Es wird ja vom Muslim erwartet, daß er Kinder zeugt. Aber einen derart irdischen Vorgang dem jenseitigen Gott zu unterstellen, das sei schon ein blasphemischer Gedanke, mehr noch, es sei ein blasphemisches Verhalten gegenüber Gott! In ähnlicher Weise sieht auch das Judentum im Glauben an Jesus als den von Gott gezeugten Sohn einen Verstoß gegen die Heiligkeit des Einen Gottes. Deshalb: Was bedeutet das Bekenntnis zur Trinität eigentlich? Da auch die Mehrzahl der Christen in Deutschland vom wahren Wesen

des drei-einen Gottes leider herzlich wenig wissen, wollen
wir nun zum Abschluß des Semesters darüber nachdenken,
was der christliche Glaube meint, wenn er von dem Einen
Gott in drei Personen spricht. Hören wir zunächst zwei Suren des Korans, nämlich *sûrat al-duhan*, „Der Rauch" (Sure 44,172) und *sûrat al-anbiya*, „Die Propheten", (Sure
21,97):

Sure 44,172:

Ihr Schriftbesitzer, überschreitet nicht die Grenzen eurer Religion und
sagt nichts anderes von Allah, als was wahr ist! Wahrlich, der Messias
Jesus, der Sohne Marias, ist ein Gesandter Allahs, und das Wort, das er
Maria niedersandte, eine Erfüllung Allahs und sein Geist! Glaubt daher
an Allah und seinen Gesandten, *sagt aber nichts von einer Dreiheit!*
Vermeidet das, und es wird besser um euch stehen! Es gibt nur einen
einzigen Gott. *Fern von ihm, daß er einen Sohn habe!* Sein ist, was in
den Himmeln und auf Erden ist. Allah genügt als Beschützer.

Sure 21,97:

Erinnere dich auch derjenigen, welche ihre Jungfräulichkeit bewahrt
hatte, die wir mit unserem Geist angeweht hatten und sie und ihren
Sohn als Wunderzeichen für alle Welt machten.

Sure 44,172 wendet sich in aller Deutlichkeit gegen den
christlichen Glauben an die Trinität und in diesem Zusammenhang gegen die Gottessohnschaft Jesu. Daß in dieser
Sure von Jesus als dem Sohne Marias die Rede ist, der keinen menschlichen Vater hatte, daß vielmehr Gott das Wort,
verstanden als der Geist Gottes, auf Maria herabgesandt hat
und dadurch ihre Schwangerschaft bewirkte, geht noch klarer aus Sure 21,97 hervor. Der Islam bekennt also die jung-
fräuliche Empfängnis Mariens. Keinesfalls besagt jedoch die
Vorstellung von der Sendung des Geistes Gottes, daß Jesus
Sohn Gottes ist.
Auf *sûrat al-bakarah*, „Die Kuh", (Sure 2,117) haben wir
bereits im 4. Kapitel verwiesen:

Es sagen einige: „Allah hat einen Sohn gezeugt."
Erhaben ist er darüber, fern ist ihm dies!

Ähnlich lesen wir in *sûrat al-ihlâs*, „Bekenntnis zur Einheit Allahs", den letzten Worten des Korans (Sure 112,1-5):

> Im Namen Allahs, des Allbarmherzigen! Sprich: Allah ist der alleinige, einzige und ewige Gott (der unwandelbare)! *Er zeugt nicht und ist nicht gezeugt*, und kein Wesen ist ihm gleich.

Aber, so müssen wir fragen, hat denn überhaupt Gott nach den Aussagen des Neuen Testaments diesen Jesus als seinen Sohn *gezeugt*? Wenn dieser in den Evangelien oder bei Paulus als der Sohn Gottes verkündigt wird, ist dann wirklich von seinem Gezeugt-Sein durch Gott die Rede, und zwar so, wie wir Menschen dieses Wort verstehen? Der Jude oder der Muslim könnte hier einhaken und entgegenhalten: Zwar sei das in diesen Schriften nicht der Fall, ausdrücklich aber könne man es in Apg 13,33 nachlesen, zweimal sogar im Hebräerbrief, nämlich in Hebr 1,5 und 5,5. Aber müßte nicht der Jude hier sehr vorsichtig sein, da doch an diesen drei Stellen ein Zitat aus dem Alten Testament vorliegt, nämlich Ps 2,7:

> Jahwäh sprach zu mir: „Du bist mein Sohn. Heute habe ich dich gezeugt"?

Doch der Jude hätte sehr schnell seine Antwort parat, und zwar mit vollem Recht! Denn er könnte darauf verweisen, daß in Ps 2 der liturgische Text vorliegt, nach dem der jeweilige aus der Dynastie Davids stammende König bei seiner Inthronisation in Jerusalem von Gott als Sohn Gottes *angenommen* wird. Vom Zeugen sei also hier lediglich im bildlichen Sinne die Rede. Und es stimmt: Die ägyptische mythologische Vorstellung vom Pharao als dem von Gott *physisch* Gezeugten wurde in Jerusalem nur als *metaphorische* Aussage rezipiert. Man interpretierte sie als *Adoption* des neuen Königs: Gott hat ihn bei seiner Inthronisation als seinen Sohn „adoptiert" (2 Sam 7,14).

Doch erneut könnte der Jude mit einem Einwand kommen: Findet sich aber nicht in *Hebr 1,5* ein ganz anderes Verständnis von der Zeugung des Sohnes Gottes als in der Jerusalemer Inthronisationsliturgie? Jesus als der Sohn Gottes ist doch nach dem Kontext Hebr 1,3 „Abglanz der göttli-

chen Herrlichkeit", er ist der in seinem *Wesen* „von Gottes *Wesen* Geprägte" (χαρακτὴρ τῆς ὑποστάσεως αὐτοῦ, *charaktêr hypostáseôs autoû*). Heißt es also in V. 5 mit dem Zitat Ps 2,7, Gott habe ihn gezeugt, so ist im theologischen Denken dieses neutestamentlichen Autors Jesu Herkunft aus Gottes Jenseitigkeit in unüberbietbarer Eindeutigkeit ausgesagt. Hat dann Gott nach dem Zeugnis des Neuen Testaments nicht doch einen Sohn im strengen Sinne des Wortes gezeugt, wenn auch nicht im Sinne der geschlechtlichen, sondern einer irdisch nicht beschreibbaren Zeugung?
Schauen wir noch einmal in die alttestamentliche Zeit zurück! Da nahmen wir ja zur Kenntnis, daß in der vorexilischen Zeit Israels Vorstellungen kursierten - in welchem Ausmaß, ist historisch nicht auszumachen -, nach denen Jahwäh eine Gemahlin hat, die Aschera. Wie hat man sich dort wohl das Zusammensein von Gott und Göttin vorgestellt? Dachte man da an eine sexuelle Gemeinschaft zwischen Jahwäh und Aschera? Hat Muhammad, um auf diesen zurückzukommen, womöglich an eine physische, also sexuelle Zeugung Jesu durch Gott gedacht? War er der Meinung, die Christen würden an einen Sohn Gottes glauben, der durch einen göttlichen sexuellen Akt entstanden sei, zwar nicht zwischen Gott und Göttin, aber wohl aber zwischen Gott und Maria?
Die Antwort des christlichen Theologen: Nach christlichem Glauben ist eine solche Übertragung sexueller Vorstellungen wurzelhaft falsch (s. auch Mk 12,24f.). Von einem nach unserem Verständnis von *physischer* Zeugung im sexuellen Sinn gezeugten Gottessohn ist im Neuen Testament keinesfalls die Rede, auch nicht in Hebr 1,5. Aber vielleicht würde uns Muhammad, könnte er mit uns kommunizieren, auf das Nizäno-Konstantinopolitanische Glaubensbekenntnis (325 / 381) hinweisen:[194]

Wir glauben an den einen Herrn Jesus Christus, Gottes eingeborenen (μονογενῆ, *monogenê*) Sohn, aus dem Vater geboren (γεννηθέντα, *gennêthénta*) vor aller Zeit: Gott von Gott, Licht vom Licht, wahrer Gott

---

[194] Es fällt auf, daß in der heute im liturgischen Gebrauch üblichen Form dieses Credos das Wort γεννηθέντα das eine Mal mit „*geboren*", das andere Mal mit „*gezeugt*" übersetzt ist - kurioserweise zuerst mit „geboren" und dann mit „gezeugt"!

vom wahren Gott, *gezeugt* (γεννηθέντα, *gennêthénta*), nicht geschaffen, eines Wesens mit dem Vater.

Hier könnten wir ihm entgegenhalten, daß ja all unsere Aussagen, die Gottes *Wesen* betreffen, Aussagen menschlicher Sprache sind, die nur in *analoger* Weise von Gott reden, sei es Hebr 1,5, sei es im Glaubensbekenntnis. Mit Begriffen - Begriffe können, wie wir schon mehrfach bedachten, nur Diesseitiges definieren - können wir aber auch in der christlichen Theologie Gottes transzendentes Sein nicht erfassen. Und so ist eben auch die Rede vom Gezeugt-Sein des Sohnes Gottes, auch nach christlichem Verständnis, keine Aussage über ein irdisch reales Geschehen, das wir in den Himmel projizieren könnten. Und folglich ist nach neutestamentlicher Sicht die Rede von Gezeugt-Werden des Sohnes Gottes notwendig nur ein *Bild* von dem, was grundsätzlich mit Begriffen nicht definiert werden kann - es sei denn, wir würden Gott zu einem irdischen Ding erniedrigen! Wir kommen einen entscheidenden Schritt weiter, wenn wir uns der Mühe unterziehen, den *Prolog* des *Johannes-Evangeliums* theologisch und hermeneutisch zu interpretieren. Der Anfang dieses Prologs dürfte allgemein bekannt sein; er lautet in der vertrauten Übersetzung Martin Luthers:

1 Im Anfang war das Wort,
und das Wort war bei Gott,
und Gott war das Wort.
2 Dasselbe war im Anfang bei Gott.
3 Alle Dinge sind durch dasselbe gemacht,
und ohne dasselbe ist nichts gemacht, was gemacht ist.

Luthers Übersetzung der Bibel war im 16. Jahrhundert eine exzellente, eine außergewöhnliche Leistung. Dieses Urteil hindert uns aber nicht, bei unseren eigenen Übersetzungen genauer zu sein. Die Schwierigkeit der Übersetzung ist in Joh 1,1f. vor allem dadurch bedingt, daß im griechischen Original zwischen „der Gott", dem artikulierten ὁ θεός, *ho theós*, und „Gott", artikellosem θεός, *theós*, unterschieden wird: „Der Gott" ist der, den wir im Deutschen ohne Artikel als „Gott" bezeichnen. Also: Im Anfang war der Logos als *theós*, und dieser war bei *ho theós*. Damit stellt sich die für die Auslegung des Prologs zentrale Aufgabe, die bei der

Luther-Übersetzung nicht erkennbare Differenz zwischen *ho theós* und *theós* zu interpretieren.

In der Forschung wurde bisher hauptsächlich danach gefragt, aus welchen *religionsgeschichtlichen* Zusammenhängen „das Wort", ὁ λόγος, *ho lógos*, im Johannes-Prolog stammt. Die Antwort ist schnell gegeben. Wir brauchen uns nur an die im 3. Kapitel bedachte transzendente Gestalt der Weisheit im Alten Testament zu erinnern, also an die Personifizierung der Weisheit. Sie tritt vor allem in Spr 8, Sir 24 und Weish 9 als eine eigene himmlische, aber trotz ihrer Transzendenz von Gott unterschiedene Person auf. Für Joh 1 verdient *Weish 9* besondere Aufmerksamkeit. Denn dieses Kapitel führt, wie wir schon sahen, in erhebliche theologische Schwierigkeiten. Einige seiner Aussagen können nämlich so verstanden werden, als existierte neben Gott eine zweite göttliche Person, unerschaffen und himmlische Teilhaberin an Gottes Weltherrschaft. Also der Einbruch einer himmlischen Gestalt in das Gott-Sein, zumal hier nicht die Rede davon ist - im Gegensatz zu Spr 8 und Sir 24 -, daß sie ein geschaffenes Wesen ist! Ihr eignet anscheinend keine bloß relative Präexistenz, sondern wie Gott selbst eine absolute Präexistenz! Und dann ist in Weish 9,1f., dem Anfang des Gebets Salomons, auch noch die Rede vom Schöpfungswirken der Weisheit:

1 Gott der Väter und Herr des Erbarmens,
der du das All durch dein Wort [ὁ λόγος, *ho lógos*] gemacht
2 Und durch deine Weisheit [ἡ σοφία, *hê sophía*] den Menschen geschaffen hast,
...
4 Gib mir die Weisheit, die Mitregentin auf deinem Throne!

Wir stehen vor folgendem Tatbestand: Von der *mit dem Wort identischen Weisheit*[195.196] wird Hohes, ja Höchstes

---

[195] Also in Weish 9 (wie auch in Prov 8 und Sir 24) ein Ansatzpunkt für eine *feministische Theologie*? Ich kann wegen des komplexen Umfangs dieses Problems auf diese Frage hier nicht eingehen, möchte aber wenigstens die Aufmerksamkeit auf dieses theologische Problem lenken. Freilich wird der feminine Charakter der Weisheit schon sofort zu Beginn von Weish 9 dadurch *neutralisiert*, daß Salomon in seinem Bittgebet an Gott Weisheit und Wort, Sophia und Logos, identifiziert.

ausgesagt; vor allem, es wird von ihr ausgesagt, was auch in
Joh 1,1f. vom Wort, vom Logos ausgesagt wird. Ihr eignet
himmlische Würde, sozusagen *quasigöttliche Würde!* Kein
Wunder, daß uns bei der Darstellung dieser Weisheitsgestalt
im 3. Kapitel der Gedanke kam, hier werde ein *Bitheismus,*
ein Glaube an zwei Götter, vertreten!

Wir fanden aber damals eine Möglichkeit, Weish 9 anders als
bitheistisch zu interpretieren. Sicherlich erinnern Sie sich,
daß wir unsere *Fragerichtung umkehrten.* Wir kamen dabei
zu folgendem Resultat: In hochmythologischer Denkweise
findet sich in Weish 9 die Vorstellung, daß sich Gott von
sich selbst distanziert, indem er die Hypostase der Weisheit
als *Sein* Gegenwärtig-Sein unter den Menschen, und zwar
um dieser Menschen willen, aus sich heraus entläßt.[197] Damit
war die Gestalt oder - wenn Sie so wollen - die Person der
Weisheit verstanden als das Sich Ereignen Gottes außerhalb
seiner selbst. Ist jedoch in diesem Sinne die Weisheit in ihrem Personifiziert-Sein als eigene *Person* vorgestellt, hat
also Gott sein Weise-Sein als eigene Person, genannt die
Weisheit, aus sich entlassen, so ist dies *als Vorstellung* die
unzulängliche und für unser der antiken Mythologie ent-
fremdetes Denken unverständliche Beschreibung dessen,
daß sich Gott in seinem Sein als der *Eine* in einer *Zweiheit*
manifestiert. Dies ist in unserer irdisch-immanenten Denk-
struktur notwendig *nur als Widerspruch aussagbar.* Das
transzendente Sein Gottes kann nicht *als* numerische *Vorstellung* adäquat ausgesagt werden. Damit meldet sich aber
an genau dieser Stelle unseres Nachdenkens die zu Beginn
des Semesters gestellte Frage, ob wir uns überhaupt mit
unserem numerischen Denken an das Problem der Trinität
Gottes heranwagen können, anders gesagt, ob diese antike
Vorstellung uns nicht vielmehr die Aufgabe stellt, sie auf den
durch sie veranschaulichten *Gedanken* zu befragen. So oder
so aber bleiben wir aber im Bereich des nur immanenten
Denkens.

Das göttliche Wesen wird zunächst in V. 1 als der männliche Logos
und dann in V. 2 als die weibliche Sophia ausgesagt!

[196]   *Hübner*, ATD.A. 4, 123f. Dort in Anm. 142 Druckfehler: Es muß
heißen Sap 9,1, nicht Sap 1.

[197]   S. 3. Kapitel.

Ich habe unsere früheren Überlegungen zur Weisheit in Weish 9 soeben noch etwas expliziert, um dadurch für die Frage nach der Beziehung von Gott und Logos in Joh 1 einen neuen Verstehenszugang zu ermöglichen. *Ändern wir also auch hier*, wie bei der Deutung von Weish 9, *unsere Interpretationsrichtung*! Bisher wurde in der Exegese von Joh 1,1ff. vor allem gefragt, auch im religionsgeschichtlichen Horizont, wie der Logos als *theós* in seinem Verhältnis zu „dem Gott", *ho theós*, zu verstehen sei.[198] Könnte es aber nicht so sein, daß es in Joh 1,1 gerade der Logos als *theós* ist, der uns das Wesen des *ho theós* in einem neuen Lichte sehen läßt?[199] Fragten wir für Weish 9, was die Gestalt der Weisheit von Gott erkennen läßt, so hier in analoger Weise, was die Gestalt des Logos von Gott erkennen läßt. Hat nun der Dichter des Prologs des Joh - wahrscheinlich nicht der Evangelist selbst - die ersten Verse in Kenntnis von Weish 9 geschrieben[200], so geht er jedoch insofern theologisch substantiell über den alttestamentlichen Text hinaus, als er vom Logos das Prädikat *theós* aussagt. Dem johanneischen Logos eignet mit diesem Prädikat *eindeutig* göttliches Wesen, während in Weish 9 ein göttliches Wesen der Weisheit *expressis verbis* nicht ausgesprochen ist. Nur am Rande sei gesagt: Daß jemand, der außerhalb der christlichen Glaubensgemeinschaft steht, den griechischen Urtext von Joh 1,1f. liest und in „der Gott" und „Gott" zwei Götter erblickt, also den Anfang des Prologs *bitheistisch* (= an zwei

---

[198] In dieser Hinsicht sind sich die Exegeten in wichtigen Punkten einig. Im Grunde sind es nur Nuancen, in denen sich die Meinungen der Exegeten unterscheiden. Wie immer man auch den Einfluß von Logos-Konzeptionen in der griechischen Philosophie oder bei Philon auf den Dichter des Joh-Prologs interpretiert, am Einfluß alttestamentlich weisheitlichen Denkens auf Joh 1 ändert dies kaum etwas.

[199] Diesen Aspekt habe ich ausführlich dargelegt in: EN APXHI ELΩ EIMI.

[200] Auf Einzelheiten der exegetischen Diskussion brauchen wir hier nicht einzugehen. Ich verweise nur auf *Schnelle*, ThHK 4, 31f.: Die religionsgeschichtliche Herkunft des joh Logos-Begriffs könne nicht monokausal erklärt werden. Aber auch er verweist in erster Linie auf die alttestamentlichen Aussagen über das Wirken des Wortes und der Weisheit, wobei er Weish 9,1f. zitiert. Er macht aber dann auch - mit Recht! - auf die griechische Philosophie aufmerksam, vor allem auf Heraklit und die Stoa.

Götter glaubend) auslegt, müssen wir zunächst einmal respektieren.

Ich denke, daß die Analogie unseres exegetischen Vorgehens bei Weish 9 und Joh 1 deutlich geworden ist. Beide biblischen Kapitel haben mit dem Problem zu tun, daß Gott als der Eine wegen einer anderen göttlichen oder quasigöttlichen Gestalt nicht mehr der Eine ist. Beide Male scheint es, als werde Gott regelrecht relativiert. Aber beide Male zeigt sich, daß wir deshalb ein numerisches Problem sehen, weil wir, notwendig in unserer irdischen Vorstellungs- und Denkwelt befangen, unsere numerischen Kriterien an Gottes Sein und Wirken legen. Bei unserem methodischen Vorgehen hat sich nun aber gezeigt: Ist der Logos „Gott" als artikelloser *theós*, so will das sagen, daß dieses Wort *göttlichen Wesens* ist. Ist aber das Wort solch göttlichen Wesens, anders formuliert: ist das Wort, ist der Logos das Sich-Äußern des göttlichen Wesens des *ho theós*, so besagt das für *den* Gott, für den *ho theós*: *„Der Gott" ist worthaften Wesens. Gott tritt* sozusagen *im Logos aus sich selbst heraus* und äußert sich in seinem mit ihm wesensgleichen Wort. Es gilt also das reziproke Verhältnis: *Nicht nur ist das Wort göttlich, sondern auch Gott ist worthaft.* Denn das ist die theologische Prämisse: *Gott will sprechen! Gott will anreden!* Das kann er aber nur, wenn er Wesen erschafft, die ansprechfähig sind, die hören können. Der Sohn Gottes ist also das Wort, das der Vater als Sein Wort „aus sich heraussetzt", weil er zu seinen Geschöpfen reden will, sich ihnen offenbaren will. Dies aber geschieht in einem *geschichtlichen Menschen*, nämlich in Jesus von Nazareth. Das ist nun die *Entmythologisierung* der mythologischen Weisheits- und Logosgestalt aus Weish 9: *Gottes* Offenbarung, Gottes Wort, von dem das Seins- und Wesensprädikat *theós* ausgesagt ist, ist in einem *Menschen* geschichtliche Wirklichkeit geworden. Rudolf Bultmann sieht hier die „Sprache der Mythologie". In ihr präge sich der Offenbarungsgedanke aus. Dieser besagt:[201]

---

[201]   *Bultmann*, KEK II, 38f.

1. daß Offenbarung ein Geschehen von jenseits ist,
2. daß sich dieses Geschehen, wenn es für den Menschen etwas bedeuten soll, in der menschlichen Sphäre vollziehen muß.

Es sei die *Paradoxie*, daß die göttliche Herrlichkeit, die δόξα, *dóxa*, nirgends anders als im „Fleisch", σάρξ, *sarx*, - das ist für Bultmann „die Sphäre des Vorhandenen" - zu sehen sei.[202] Er spricht zwar von der *Sprache* der Mythologie. Im Grunde aber kommt er unserer Auffassung, daß im Johannes-Evangelium die Entmythologisierung der alttestamentlichen Weisheitsgestalt stattfindet, recht nahe. Denn das Entscheidende ist ja bei seiner Auslegung dieser Texte, daß er die *Geschichtlichkeit* der Offenbarung Gottes in einem *geschichtlichen* Menschen, der wirklich *Mensch* ist, klar aussagt. Vielleicht kann man es, Bultmanns Wendung „Sprache der Mythologie" aufgreifend, so formulieren: *In der Sprache der Mythologie entmythologisiert der Evangelist.*

Ich weiß, es ist für denkende Menschen immer überaus schwierig, den Einen Gott in drei Personen zu denken. Es ist für sie schwierig, den Menschen Jesus von Nazareth, der vor zweitausend Jahren auf dieser Erde lebte, nicht nur als einen geschaffenen Menschen, sondern zugleich auch als den ungeschaffenen Gott, nämlich als die zweite Person in der Gottheit, zu denken. Es ist aber nicht nur schwierig, es ist letztlich unmöglich, weil die *Richtung* dieses Denkens prinzipiell falsch ist. Denn hier wird *vom Menschen*, von dem Menschen Jesus von Nazareth, her *zu Gott hin gedacht. Theo*-logisch müssen wir aber in die genau entgegengesetzte Richtung denken; wir müssen erkennen, daß im Prolog, wie auch im ganzen Johannes-Evangelium, *von Gott her zum Menschen argumentiert wird.* Gott will sich in seinem Logos äußern. Und so verläßt er in seinem Logos seine Transzendenz und begibt sich in die Immanenz, genauer: in die Welt des Menschen, in die Geschichte. *Gott wird* in einem geschichtlichen Menschen *zeitlich* und *geschichtlich*, so daß wir die Worte „Und das Wort ist Fleisch (= Mensch) geworden" in Joh 1,14, einen Höhepunkt des Prologs, um-

---

[202] Ebd. 40f.

formulieren können: *Und die Ewigkeit ist Zeit geworden, ist Geschichte geworden.*[203]

Vielleicht mag uns auch der Begriff *Komplementarität* nützlich sein, der zunächst im amerikanischen Pragmatismus begegnet (William James, † 1919), der aber in diesem pragmatischen Kontext für unsere Problematik unergiebig ist. Der dänische Physiker *Niels Bohr* hat diesen Begriff in die Physik eingeführt, und dessen Interpretation dieses Begriffes ist es auch, der uns in unseren Überlegungen weiterführen kann: Seiendes kann in zwei verschiedenen Erscheinungsformen auftreten, die miteinander *in logischer Hinsicht unvereinbar* sind, sich aber nicht voneinander trennen lassen und somit, wie der Fachterminus lautet, „unteilig" sind. Es war vor allem Bohrs weithin bekannte Erkenntnis, daß Materie und Energie sowohl als Teilchen als auch als Wellen vorkommen. Der Physiker und Philosoph *Wolfgang Pauli* hat in seinem Briefwechsel mit Niels Bohr die *ontologischen* Konsequenzen gefordert. Und das heißt, daß es ihm zu wenig war, den Gedanken der Komplementarität nur auf physikalische Phänomene zu beschränken. Ihm ging es darum, jedes Seiende, das in seinem Sein widersprüchlich ist, unter dem Gesichtspunkt der Komplementarität zu bedenken. Worum es mir hier geht, ist, daß es sinnvoll ist, den Gedanken der Komplementarität im Sinne Bohrs und Paulis als der *Untrennbarkeit widersprüchlicher Gehalte* auch als *Wesenselement des christologischen Dogmas* deutlich werden zu lassen. Nur sollte man hier nicht von widersprüchlichen Gehalten sprechen, sondern von den *grundsätzlich unterschiedlichen Seinsbereichen Gottes* und *des Menschen*. Transzendenz und Immanenz des inkarnierten Logos können *ontologisch* nicht als vermittelbare Einheit gedacht werden. Aber im christologischen Dogma wird von Jesus von Nazareth genau diese Einheit ausgesagt: Die Formel „Wahrer Gott und wahrer Mensch", verstanden als: Wahrer Mensch, aber zugleich auch die Gegenwart des Logos als *theós*, als Gott. Hier wird dogmatisch die Einheit von Transzendenz und Immanenz in *einer* Person ausgesprochen. Wird nun auch außerhalb der Theologie, genauer: außerhalb

---

[203] *Hübner*, Biblische Theologie des Neuen Testaments, Bd. 3, 200-205.

der Christologie, solche Komplementarität ausgesagt, so hat
dies Folgen für das Verständnis des christologischen Glaubens: Es gibt eine *Analogie* von *Christologie* und *irdischem
Geschehen* im Horizont des Gedankens der *Komplementarität*. Dieser m.E. theologisch fruchtbare Gedanke kann hier
nur kurz skizziert werden. Es ist Sache der Theologen, ob
sie ihn aufgreifen und explizieren wollen.[204] Wahrscheinlich
sind hier noch intensive Gespräche zwischen Naturwissen-
schaftlern, Philosophen und Theologen vonnöten, um das
Anliegen eines erweiterten Komplementaritätsbegriffs über
den Rahmen der Naturwissenschaften hinaus zu verstehen
und zu bedenken.

Das Entscheidende über die Inkarnation haben wir mit der
exegetisch-theologischen Frage nach dem Verhältnis von
„dem Gott" und dem Logos als „Gott" gesagt. Wie weit
das, was wir darüber hinaus zum Begriff der Komplementarität ausgeführt haben, das *Mit- und Ineinander* von *Gott*
und *Mensch* im Ereignis der Inkarnation und später dann im
christologischen Dogma als existenzrelevant zu vermitteln
vermag, kann nur der einzelne für sich selbst beurteilen. Ich
möchte Sie aber noch vom *indischen Denken* her auf einen
Weg aufmerksam machen, der erwägenswert sein könnte,
vor allem dann, wenn wir bereit sind, unser abendländisches
Denken nicht absolut zu setzen. Daß dem indischem Denken die Inkarnation eines Gottes nichts Fremdes ist, zeigte
sich ja bereits in der Bhagavadgîtâ an der Inkarnation Vischnus in Krischna.[205] Sie werden sich erinnern, daß ich im
Zusammenhang mit dem Monotheismus der Bhagavadgîtâ
den französischen Benediktiner *Henri Le Saux* und seinen
Indienaufenthalt erwähnt habe. Hat er auch nicht diese hinduistische Schrift thematisiert, sondern die Upanishaden, so
hat er doch in seinen Darlegungen einen „Begriff" herausgestellt, der hinduistisches und christlich theologisches Denken in bemerkenswerter Affinität zueinander erkennen läßt:

---

[204] *Hartmann*, Komplementarität im Abendland und Nicht-Abendland, 145f., versucht mittels des Begriffs der Komplementarität das
christologische Dogma an den christologischen Aussagen des Konzils
von Chalkedon (451) zu interpretieren.
[205] Wir sprachen von der Inkarnation auch im Zusammenhang unserer
Überlegungen über den Islam: *Cragg* sah in gewissen islamischen
Vorstellungen eine Vorstufe zur christlich verstandenen Inkarnation.

advaita, Nichtdualität. Vielleicht sollte man mit Le Saux statt vom *advaita*-Begriff besser von der *advaita*-Erfahrung sprechen.[206] Er wertete diese Erfahrung so hoch, daß er sogar das Christentum aufforderte, sie zu integrieren, wenn es seinen Universalitätsanspruch beibehalten wolle.[207] Eine solche „Konfrontation" - er versteht sie nicht im aggressiven Sinn - dürfe aber „nicht auf der Ebene der theologischen Diskussion (auch nicht der Dogmen), nicht einmal auf der Ebene der *Worte* dieser Schriften [Bibel und Upanishaden]" stattfinden.[208] Daß er in diesen Worten dennoch theologisch dachte, allerdings nicht theoretisch-begrifflich, sondern aus existentieller Erfahrung, zeigen seine weiteren Ausführungen. Im Sanskrit ist *advaita* ein verneinendes Wort, ähnlich wie in der griechischen Sprache Worte mit α-*privativum*. So ist *advaita* die Negation von *dvi*, der Kardinalzahl „zwei". Im christologischen Kontext ist mit *Nichtdualität* die Nichtdualität Jesu mit dem Vater gemeint, also Jesu *Erfahrung* seiner *Inkarnation*. Odette Baumer-Despeigne, die die Einführung in den Aufsatzband von Le Saux geschrieben hat[209], zitiert dessen letzte Eintragung in sein geistliches Tagebuch (September 1973; † 7. Dezember 1973), in der er Trinität und *advaita* zusammenbringt:[210]

Die Trinität wird nur in der Erfahrung des Advaita (der Nichtdualität) begriffen. Jesus hat diese zerreißende und erfüllende Erfahrung der Nichtdualität (mit dem Vater) gelebt, eine Erfahrung, die sich in einem Glanz, in einem Licht, in einer Herrlichkeit offenbart, die alles übersteigt, die einem alles entreißt, die über alles hinausführt: Gabe der Weisheit, tiefe Wesenseinheit *(connaturalité)*, Explosion, der sich keiner entziehen kann, der 'gespürt' hat [...]

Le Saux bietet hier gemäß seiner *expressis verbis* ausgesprochenen Intention keine begriffliche „Definition" vom Sohne Gottes als der *einen* Person in *zwei* Naturen, der göttlichen und der menschlichen. Die *connaturalité*, also die

---

[206] *Le Saux*, Die Spiritualität der Upanishaden, 66-72: Die Advaita-Erfahrung und die christliche Theologie.
[207] Ebd. 67f.
[208] Ebd. 68.
[209] S. o.
[210] *Le Saux*, Die Spiritualität der Upanishaden, 9.

tiefe Wesenseinheit, wird von der *Erfahrung Jesu* her beschrieben.[211] *advaita* ist in diesem Sinne die Überwindung
der „Zwei", die als existentielle Erfahrung der Einheit von
Gott und Mensch die *numerische Begrifflichkeit relativiert*,
ohne daß das Dogma „eine Person, zwei Naturen" bestritten werden soll. Wohl aber soll dieser christologischen Definition der dienende Platz angewiesen werden, der im theologischen Kontext Definitionen nun einmal zukommt. Die
Überwindung der Zwei in der eigenen Erfahrung, von der
aus er dann die Inkarnation des Logos in Jesu Erfahrung
des *advaita* verstand, hatte er bereits 1952 oder 1953 zum
Ausdruck gebracht:[212]

In sich selbst hinabtauchen in die Tiefe seiner selbst, sein eigenes Ich
vergessen. Sich verlieren im *aham* [ich] Gottes, das im Ursprung meines Seins ist und des Bewußtseins, daß ich bin ... Nicht ich erreiche
den Grund, der Grund selbst offenbart sich, indem er dieses 'Ich' vernichtet. Ich kann nur untergehen, aber wenn ich untergehe, erwache ich:
resurrexi et adhuc tecum sum ['ich bin auferstanden, und seither bin
ich mit dir'].

Knitter zitiert für die Überwindung der Zwei keinen Geringeren als *Raimundo Panikkar*, dessen Aussage sich in einigen Formulierungen mit unseren Überlegungen berührt,
wenn er auch - eben als Inder - aus einer ganz anderen
Richtung heraus denkt:[213]

Mensch und Gott sind *weder zwei noch einer* ... Es gibt keine zwei
Wirklichkeiten: Gott und Mensch (und die Welt), aber auch nicht nur
eine: Gott oder der Mensch ... Die Wirklichkeit selbst ist theandrisch[214] ... Theandrismus ist die paradoxe Art (denn man kann nicht
anders reden) der Unbegrenztheit des Menschen ... und der Begrenztheit Gottes[215].

---

[211] Das ist natürlich nicht als psychologistische Auflösung des christologischen Dogmas intendiert!
[212] *Le Saux*, Die Spiritualität der Upanishaden, 12f.
[213] *Panikkar*, The Category of Growth in Comparative Religion, 115f.;
zitiert in: *Knitter*, Theozentrische Christologie, 141; Kursivierung durch
mich.
[214] Theandrisch meint „gott- und menschhaft in einem".
[215] Im Sinnzusammenhang der Inkarnation ist die zunächst anstößige
Rede von der *Begrenztheit Gottes* noch nicht einmal eine Irrlehre.

Es bedarf keiner Begründung, daß es nicht möglich ist, die Gottes-*Erfahrung* des Henri Le Saux, von der her er Jesu *advaita*-Erfahrung zu verstehen vermochte - *verstehen* im vollen hermeneutischen Sinn! - , imitierend zu übernehmen. Denn Erfahrungen kann man nicht übernehmen, Erfahrungen muß man selber machen. Vielleicht kann uns aber Le Saux mit gerade seiner Art des theologischen Denkens, seiner Art des theologischen Existierens vermitteln, daß Trinität mit „Begriffen" nicht zureichend erfaßt werden kann. Zumindest aber könnte uns das indisch-hinduistische *Gott*-Denken, wie es sich in der Bhagavadgîtâ zeigt und wie es Le Saux persönlich erfahren hat, zum tieferen Nachdenken über den drei-einen Gott leiten, in dem durch die Inkarnation und unser Hineingenommen-Sein in das Heilsgeschehen die Zwei und die Drei als bloß numerische Klassifikation relativiert sind.[216]
Wir müssen aber die Übersetzung von Joh 1,1 noch weiter präzisieren. Im Anfang, so heißt es gewöhnlich in deutschen Übersetzungen, war das Wort. „Im Anfang", griechisch: ἐν ἀρχῆ, *en archê*, meint aber hier primär gerade nicht den chronologischen Anfang, sondern das *Sein vor und jenseits aller Zeit*, das *Urprinzip der Entstehung von allem geschöpflichen Sein (ens creatum)*. „Im Anfang" - das ist eine *ontologische* Bestimmung, *keine (primär!) chronologische*. Auch das NT kommt ohne Ontologie nicht aus! Joh 1,1 will sagen: Vor allem geschöpflichen Sein, und das heißt „vor" allem zeitlichen Sein[217], *ist* Gottes jenseitiges Sein. Als dieses ewige Sein „ruft" er das diesseitige geschöpfliche Sein ins Sein, d.h. also, er ruft als der Transzendente die Immanenz ins Sein. Und so erschafft er aus seiner *Ewigkeit*, die wir als zeitliche Wesen nicht beschreiben, nicht einmal anfangsweise verstehen können, die *Zeit. Augustinus* wird wenige Jahrhunderte nach der Niederschrift des Johannes-Evangeliums in seinem Werk „*Confessiones*", Buch XI, Ar-

---

[216] *Knitter*, Jesus - Buddha - Krishna, 322, Anm.75, macht auf *Parrinder*, Avatar and Incarnation, vor allem120-127, aufmerksam. *avatâra* ist der Sanskrit-Begriff für Inkarnation.
[217] Streng genommen, gibt es vor allem zeitlichen Sein kein chronologisches Vor! Für Aussagen jenseits der Zeit fehlen uns in irdischer Diktion die Möglichkeiten einer zutreffenden Terminologie.

gumente für seine Überzeugung vortragen, daß Gott, als er
die Welt erschuf, die Zeit miterschuf. Und so bedeutet auch
im Prolog des Johannes-Evangeliums in Joh 1,1-5 die griechische Verbform ἦν, *ên*, zwar wörtlich „war"; aber im Zusammenhang dieser Sätze ist die Übersetzung von Joh 1,1a
„Im Anfang *war* der Logos" verfehlt. Denn die ersten Worte des Prologs sind gerade keine Aussage über die Vergangenheit, sondern „über" das ewige Sein in Gottes Jenseitigkeit.[218] *Es gibt keine vergangene Ewigkeit! Und es gibt keine vergangene Jenseitigkeit!* Gemeint ist also in Joh 1,1: *Im
Ur-Anfang aller zeitüberlegenen Ewigkeit ist das Wort als
Sein Gottes.* Ich werde Ihnen gleich noch eine paraphrasie-
rende und damit interpretierende Übersetzung wichtiger
Verse des Prologs vorlesen. Zunächst aber weiter in unseren
Überlegungen zu diesem Prolog des Joh!
Es gibt zu dieser Thematik - oder sollen wir besser sagen: zu
dieser Problematik? - einen weiteren hermeneutischen
Aspekt, den ich Ihnen nicht verschweigen sollte. In seinem
programmatischen Aufsatz „Welchen Sinn hat es, von Gott
zu reden" aus dem Jahre 1925 steht der ebenfalls pro-
grammatische Satz:

Will man von Gott reden, so muß man offenbar *von sich selbst reden.*[219]

Rede ich aber von mir selbst, so rede ich zugleich von meiner Welt. *Zu meinem „In-der-Welt-sein" gehört* jedoch
mein gegenwärtiges Weltbild, auch *mein naturwissenschaft-
liches Weltbild.* Frage ich also, wie ich von Gott reden kann
und mich dabei notwendig mit einbeziehe, so darf ich die
naturwissenschaftliche Komponente meines Weltverstehens
nicht übergehen, und zwar gerade im Blick auf Joh 1,1. Wir
sahen, daß ἐν ἀρχῇ, *en archê*, die ersten Worte des Prologs,
primär gerade nicht den chronologischen Anfang der
Schöpfung, sondern das im Jenseits zu „lokalisierende" Urprinzip der göttlichen Hermeneutik aussagen. Mit Joh 1,1 ist

---

[218] S. auch *Frey*, Die johanneische Eschatologie II, 157: „Im Unterschied zum Schöpfungsakt (ἐποίησεν) ist hier ein *Sein* (ἦν) des Logos ausgesagt." Frey spricht zutreffend vom ἦν als *durativem Imper-
fekt.*
[219] *Bultmann*, GuV I, 28.

also das *Geschehen* der Erschaffung der Welt *aus der Ewig-keit* zum Ausdruck gebracht und somit ein Geschehen, das mit irdischer Begrifflichkeit nicht ausgesagt werden kann. Das gilt jedenfalls dann, wenn wir *Immanuel Kant* folgen, der - m.E. mit Recht - die reinen Verstandeskategorien auf die Erscheinungen der Immanenz beschränkte. Über die Ewigkeit, also über einen wesentlichen Aspekt der Trans-zendenz, können wir nur die *negativen* Aussage machen, daß Ewigkeit *nicht* eine chronologisch ablaufende Zeit ist. Ist aber ἐν ἀρχῇ, *en archê*, das Wirken Gottes aus seiner jenseitigen Ewigkeit, so bleibt es für uns im Geheimnis ver-borgenes Geschehen.

Nun gibt es eine interessante Entsprechung zu diesem bibli-schen ἐν ἀρχῇ, *en archê*, von Joh 1,1 und dem Anfang des Universums, dem sogenannte Urknall. Auch dieses Gesche-hen bleibt nämlich im Mysterium verhüllt - vorausgesetzt, der Urknall sei in der Tat, wie die meisten Kosmophysiker meinen, der *absolute* Anfang. Die Parallele ist damit gege-ben, daß wir über die „Zeit" bis zu 10^{-43} sec nichts zu sagen vermögen. Es ist ungewiß, ob in dieser überaus kurzen, nur denkbaren, aber nicht wirklich vorstellbaren „Anfangszeit" die physikalischen Gesetze galten. Unterscheiden wir also *theologisch* zwischen den Seinsweisen des transzendenten und des immanenten Bereichs, so entspricht dem in *physi-kalischer* Hinsicht die Differenz zwischen dem Bereich, in dem die uns bekannten physikalischen Gesetze gelten, und dem Bereich, von dessen naturwissenschaftlicher Gesetz-lichkeit wir nichts wissen. Gibt es in der „Zeit" bis zum „Zeit"-Punkt 10^{-43} sec nach dem Urknall, also nach der so-genannten Planckschen Mauer, überhaupt das, was wir Zeit nennen? *Theologisch gilt:* Über das Ur-Prinzip von Joh 1,1 können wir nichts sagen, weil wir sonst etwas über ein aus der Ewigkeit Kommendes sagen müßten. Hier gibt es kei-nerlei Zugang für irdisches Denken. *Kosmophysikalisch gilt:* Über die Anfangs-"Zeit" können wir nichts sagen, weil es auch dafür, jedenfalls beim augenblicklichen Stand der kosmophysikalischen Forschung, keinen Denkzugang gibt. Und doch: Ist diese Entsprechung nicht gerade für den an der Theologie Interessierten bedenkenswert? Ein physikali-sches Geschehen, das ein theologisches Geschehen in ein neues Licht stellt? Schließen wir diesen Abschnitt mit einem

Ausspruch des französischen Philosophen *Jean Guitton*, der im Gespräch mit den Physikern Grischka und Igor Bogdanov im Blick auf das Geschehen unmittelbar nach dem Urknall sagte:[220]

Muß man in diesem Phänomen nicht eine wissenschaftliche Interpretation der göttlichen Ewigkeit sehen? Ein Gott, der keinen Anfang hat und kein Ende haben wird, befindet sich nicht zwangsläufig außerhalb der Zeit, wie allzuoft behauptet wurde: *Er ist die Zeit selbst*, sowohl quantifizierbar als auch unendlich, eine Zeit, in der eine einzige Sekunde die Ewigkeit birgt. Ich glaube nämlich, daß ein transzendentes Sein eine absolute sowie relative Dimension der Zeit erreicht.

Was Guitton - er ist vor kurzer Zeit gestorben - sagte, ist ein wenig different zu meinen Ausführungen. Ich meinte aber, es sei so aufschlußreich, das ich dieses Zitat bringen sollte. Hören wir aber auch die Antwort der Brüder Bogdanov, deren Arbeitsgebiete die Astrophysik und die Theoretische Physik sind!

Grichka Bogdanov sagte:[221]

Tatsächlich haben die Physiker nicht die geringste Vorstellung von dem, was das Auftauchen des Universums erklären könnte. Sie können bis 10^{-43} Sekunden vordringen, aber nicht weiter. Sie stoßen an die berühmte „Plancksche Mauer", die deshalb so genannt wird, weil der berühmte Physiker als erster darauf hingewiesen hatte, daß die Wissenschaft außerstande ist, das Verhalten der Atome unter Bedingungen extremer Gravitation zu erklären. In dem winzigen Universum des Anfangs hatte die Gravitation noch keinen Planeten, keinen Stern und keine Galaxie, auf die sie ihre Kraft hätte ausüben können; dennoch war diese Kraft bereits vorhanden und interferierte mit den Elementarteilchen, die von den elektromagnetischen und den Kernkräften abhängen. Genau das hindert uns daran zu erfahren, was vor 10^{-43} Sekunden geschehen ist. Die Schwerkraft errichtet für jede Forschung eine unüberwindbare Schranke: hinter der Planckschen Mauer ist das totale Geheimnis.

---

[220] *Guitton*, Gott und die Wissenschaft, 36.
[221] Ebd, 37.

Und Igor Bogdanov fügte hinzu:[222]

10^{-43} Sekunden. Das ist die Plancksche Zeit, nach dem schönen Ausdruck der Physiker. Es ist die äußerste Grenze unserer Kenntnisse, das
Ende unserer Reise zu den Ursprüngen. Hinter dieser Mauer verbirgt
sich noch eine unvorstellbare Realität. Etwas, was wir vielleicht nie
werden verstehen können, ein Geheimnis, das eines Tages zu lüften die
Physiker sich nicht einmal vorstellen.

Wir befinden uns zwar noch nicht am Ende unserer theologischen Argumentation, wohl aber an einem überaus wichtigen Ort unserer Überlegungen. Ich glaube nicht, daß ich
übertreibe: Wir sind am zentralen Ort unseres *theologischen*
Nachdenkens angekommen. Wir reflektierten soeben über
Gott in seinem Logos-Sein, über sein Sich-Äußern als Sein
Wort und somit über den in seinem Worte präsenten Gott,
der als dieser Logos im Menschen Jesus von Nazareth anwesend war. *Gottes Ewigkeit* wurde durch ihn, durch dieses
geschichtliche Ereignis, zu *Gottes Zeitlichkeit*. Gottes Ewigkeit wurde so inmitten der Geschichte zur geschichtlichen
Zeit, Ewigkeit und Zeit kamen zusammen im Beieinander
von Schöpfer und Geschöpf. Schuf der ewige Gott wohl
deshalb Zeit und Geschichte, um auf diesem Hintergrund
seine Ewigkeit um so heller aufleuchten zu lassen? Das Wissen darum, was Ewigkeit als solche ist, ist uns als zeitlich-
geschichtlichen Wesen natürlich versagt. Auch hier sind unserem Denken und Verstehen Grenzen gesetzt.
Wenn ich also in meinen Ausführungen den Akzent so sehr
auf *Geschichte* und *Geschichtlichkeit* setze, so tue ich es
infolge der Wirkungsgeschichte von *Aufklärung* und *Romantik*, jenen geistesgeschichtlichen Perioden, in denen das
geschichtliche Denken aufkam und alte Denkstrukturen auf-
gebrochen wurden. Damals ist uns Europäern das Verständnis für unser eigenes geschichtliche Sein aufgegangen -
sei es in der Aufklärung durch kritisches Denken über alles
Geschichtliche, sei es durch das in der Romantik wurzelnde
Gefühl unseres Heimisch-Seins in der Geschichte, von der
wir herkommen. Und dann hat auch die Philosophie das
Ihre dazu getan. *Wilhelm Dilthey* verdanken wir die Philosophie der Geschichtlichkeit des Menschen, eingebunden in

---

[222]   Ebd, 37.

eine Philosophie der Hermeneutik. *Martin Heidegger* durchdachte in seinem ersten Hauptwerk „Sein und Zeit" des Menschen Existenz in ihrem In-der-Welt-sein, ihrer Zeitlichkeit und ihrer Geschichtlichkeit.[223] Hinter dieses bewußte oder auch unbewußte geschichtliche Denken können wir nicht mehr zurück. Ideologen aber wußten und wissen, daß genau dieses geschichtliche Denken ihr Todfeind ist. So waren es auch in Deutschland Ideologien, die unter dem Deckmantel der Reform das Unhistorische förderten, indem sie dem Geschichtsunterricht den Garaus machten und den Deutschunterricht in ihrem Sinne umzufunktionieren versuchten. Gerade wir Älteren haben dieses Unwesen noch in böser Erinnerung. Geschichtliche und literarische Unkenntnis macht „Menschenmaterial" manipulierbar. Es ist schon schlimm und beschämend, wenn heutzutage Studenten nicht mehr wissen, wer Bismarck war oder wenn Goethes Faust eine *terra ignota* ist.

Was heißt nun *Geschichtlichkeit* für das *theologische* Denken? Früher eignete den christlichen Dogmen eine gewisse Statik. Das Sein des drei-einen Gottes wurde weithin in einem spezifischen metaphysischen Denken als ein eigenartig unbewegliches Sein gedacht. Typisch dafür ist die Rede von der *immutabilitas Dei*, von der Unbeweglichkeit Gottes - ein Gott der Starre! So definierte es das Vierte Laterankonzil (1215), so erneuerte es das Erste Vatikanun (1869-70). Man lese als befreienden Kontrast *Karl Rahner*, um zu erfahren, was sich seitdem an echtem theologischen Denken getan hat![224] Und was das christologische Dogma angeht, so wurde vor der theologischen Wende im letzten Jahrhundert auch die Definition von Jesus Christus als der zweiten Person der Gottheit in fast statischer, nämlich ungeschichtlicher Denkweise rezipiert. Natürlich wurde auch damals schon die Inkarnation als geschichtliches Geschehen verstanden; aber, und daran hängt theologisch alles, ein *eigentlich* geschichtliches Sein im Sinne einer geschichtlichen *Existenz* wurde nicht gedacht! Heute aber können wir vom geschichtlichen Existenz-Denken her die Existenz des Menschen Jesus von

---

[223] *Scholtz*, Geschichte, 382f.; *von Renthe-Fink*, Geschichtlichkeit, 405-407.
[224] *Rahner*, Theos im Neuen Testament, z.B. 99-103.

Nazareth als das geschichtliche Ereignis Gottes denken, auch im Wissen um uns als Existenz. Es ist der Logos als *theós*, der in diesem *geschichtlichen Menschen* die Dynamik des Heilswirkens Gottes repräsentiert. Man muß das nicht unbedingt, wie ich es soeben getan habe, in Annäherung an Heideggers Terminologie formulieren. Wichtig und unverzichtbar ist aber, daß die christliche Dogmatik in ihrer geschichtlichen und existentiellen Wirklichkeit erfaßt wird.

Vertiefen wir das zuletzt Gesagte, indem wir noch intensiver über das existentielle Denken, besser noch, über das *Denken aus Existenz* nachdenken! Geht es nämlich um Gottes Wort-Werdung in seinem Logos als *theós*, so ist der Zweck dieses göttlichen Handelns *Gottes Anrede an den Menschen.* In seiner im Logos präsenten Selbstoffenbarung spricht Gott sein Ich und sein Du zum Menschen. Ist Gott wesensmäßig Logos, so lag es im Wesen der Schöpfung, daß der Mensch als ansprechbares, hörendes und sprechendes Wesen erschaffen wurde, daß er als Ich sich seines Ichs bewußt sein kann, daß er wie im Mitsein mit seinen Mitmenschen auch in religiöser Weise vom Du her lebt. Versuchen wir, Gottes Anrede an den Menschen von der Anrede als existentiellem Geschehen schlechthin zu verstehen. Der große jüdische Gelehrte *Martin Buber* hat in seiner Schrift „Ich und Du" (1923) genial die beiden Grundworte des Menschen herausgestellt, nämlich als *das eine Grundwort* das *Wortpaar Ich-Du* und als *das andere Grundwort* das *Wortpaar Ich-Es:*[225]

Das Grundwort Ich-Du kann nur mit dem ganzen Wesen gesprochen werden. Das Grundwort Ich-Es kann nie mit dem ganzen Wesen gesprochen werden.

Nur im Grundwort Ich-Du ist der Mensch im eigentlichen Sinne Mensch, auch wenn zum Leben natürlich auch das andere Grundwort gehört. Nur im ersten Grundwort, das die Welt der Beziehung stiftet[226], ist der Mensch wirklich das Ich:[227]

---

[225]   *Buber*, Das dialogische Prinzip, 7.
[226]   Ebd. 10.
[227]   Ebd. 15.

Das Du begegnet mir von Gnaden - durch Suchen wird es nicht gefunden. Aber daß ich zu ihm das Grundwort spreche, ist Tat meines Wesens, meine Wesenstat. Das Du begegnet mir [...] Ich werde am Du; Ich werdend spreche ich Du. Alles wirkliche Leben ist Begegnung.

Damit ist das Wort genannt, das dem Menschen seine eigentliche Menschlichkeit, seine Ehre und Würde gibt *Begegnung*! In der Begegnung des Ich mit dem Du ist der Mensch zu seinem ureigenen Wesen gelangt. Vom Grundwort Ich-Du kommt Buber auf den Menschen als *Person* zu sprechen:[228]

Das Ich des Grundworts Ich-Du erscheint als Person und wird sich bewußt als Subjektivität [...] Person erscheint, indem sie zu andern Personen in Beziehung tritt.

Ein letztes Zitat zur Person:[229]

Der Mensch ist um so personhafter, je stärker in der menschlichen Zwiefalt seines Ich das des Grundworts Ich-Du ist.

Mit der Zwiefalt meint Buber die Zerstörung der wahren Ich-Du-Beziehung in der Überbetonung des Grundwortes Ich-Es. Einen solchen Menschen charakterisiert er als „Eigenmenschen", dessen Ich mißtönig sei.

Das Grandiose dieses Mensch-Denkens vom Ich-Du her ist das *personale Denken*, das hier betont wird. Dem gegenüber sehen wir ja heutzutage in dem schon mehrfach genannten Terrorismus die Verachtung des Menschen, die Unfähigkeit von Fanatikern, etwas von der Würde des Menschen zu erfassen. Wenn Julius H. Schoeps zum 125. Geburtstag Martin Bubers in der Tageszeitung DIE WELT vom 8. Februar 2003 schrieb, „Ich und Du" sei „sein wohl wichtigstes Werk", so stimme ich dem zu. Dieses Buch ist in der Tat das wahre jüdische Erbe der Biblia Hebraica! Schoeps sagt mit Recht:

Mit „Ich und Du" [...] ist bereits Gehalt und Gestalt der Lehre zum Ausdruck gebracht, die sich vielleicht so beschreiben läßt, daß echte

---

[228] Ebd. 65.
[229] Ebd. 68.

Religiosität sich nur in der dialogischen Begegnung zwischen Gott und Mensch findet.

Und so lesen wir dann im dritten und letzten Teil von „Ich und Du": [230.231]

Die verlängerten Linien der Beziehungen schneiden sich im *ewigen Du*.

Denn wer das Wort Gott spricht und wirklich Du im Sinn hat, spricht, in welchem Wahn immer er befangen sei, das wahre Du seines Lebens an, das von keinem anderen eingeschränkt zu werden vermag und zu dem er in einer Beziehung steht, die alle andern einschließt.

Genau dieser Gedanke ist es aber, der im Prolog des Joh und in den johanneischen Schriften (Joh 13,34f.; 1 Joh 4,16.19) in theologischer Tiefe zum Ausdruck kommt: Gott hat den Menschen als das Wesen erschaffen, das Ich sagen kann, indem es zugleich das Du mit meint; es kann das Du sagen und wird erst damit zu seinem eigentlichen Ich. Dieses *personale Wesen des Menschen gründet im Angesprochen-Sein durch Gott* und *im antwortenden Gebet als dem Reden zu Gott*. Im Prolog geht es also wie zwei Jahrtausende danach bei Martin Buber um die Person des Menschen, der in der personalen Begegnung zu Gott und zum Mitmenschen steht. Wer sich als personales Wesen versteht, der ist es, der die Theologie des Prologs versteht! Und wer die Theologie des Prologs versteht, der ist es, der sein eigenes personales Wesen noch besser versteht. Denn der personale Gott ist der Erschaffer des Menschen, der die Fähigkeit zur personalen Begegnung besitzt. Diese Erkenntnis ist die Voraussetzung zum Verstehen dessen, was in Joh 1 geschrieben ist.
Lassen Sie mich an dieser Stelle unserer theologischen Erörterungen einen etwas ungewöhnlichen, vielleicht sogar Sie ein wenig befremdenden Gedanken vortragen, über dessen Brisanz ich mir durchaus im klaren bin. Wir hören oft in dogmatischem Tone, Gott hätte die *Freiheit* gehabt, die Welt samt dem Menschen zu erschaffen oder es auch nicht zu tun. Doch, was wäre das für eine Freiheit? Für uns, die

---

[230]   Ebd. 76; Kursivierung durch mich.
[231]   Ebd. 77.

wir soeben über Gott als den hermeneutischen Gott nachgedacht haben, ein unmöglicher Gedanke, eine Karikatur
göttlicher Freiheit! Denn sein Wort-Sein ist der Wesenszug,
mit dem sich uns Gott nicht zuletzt auch als unser Schöpfer
offenbart. Wollten wir nun *als* Geschöpfe mittels unseres
Verstandes, der ja auch etwas Geschaffenes ist, über nicht
genutzte Fähigkeiten seines Schöpfers nachdenken und speziell darüber, daß Gott diese Welt samt dem Menschen auch
nicht erschaffen haben könnte, so wäre das ein unlogisches
Unterfangen, es wäre substanzlose Spekulation! Doch Spe-
kulationen dieser Art laufen ins Leere, sie produzieren einen
Götzen, der mit Gott verwechselt wird. Also: Wenn wirklich
zum hermeneutischen Wesen Gottes sein Reden-*Wollen* gehört, so ist es sinnlos darüber zu spekulieren, ob dieser von
diesem seinem *Wesen* her reden wollende Gott die Freiheit
gehabt hätte, die Welt samt ihrer ansprechbaren Menschen
zu schaffen oder sie nicht zu schaffen, und folglich, ob er die
Freiheit gehabt hätte, auf sein Reden-Wollen zu verzichten.
Eine solche Spekulation über Gott ist ein Stück Vermessen-
heit des theologischen Denkens! Es ist kein theologisch ver-
antwortbarer Gedanke, daß Gottes Freiheit so weit ginge,
daß er auch frei vom eigenen Wesen sein könnte. *Eberhard
Jüngel* dürfte in seinem theologischen Denken in die gleiche
Richtung gehen, wie ich es versuchte, wenn er schreibt:

Theologie hat also allemal mit dem - sie doch nur ehrenden! - Einge-
ständnis anzufangen, daß sie eben nichts anderes als Theologie ist, daß
sie *Gott als den von sich aus Redenden zur Sprache bringt.* [...]
Theologie ist [...]wesentlich Lehre von Gott. Als solche ist sie dann
auch *Lehre von der Ansprechbarkeit des Menschen.*[232]

Ich gebe Ihnen nun im Anschluß an unsere letzten Überlegungen eine freie, nämlich interpretierende Übersetzung,
eine Paraphrase wichtiger Verse des Prologs, in der vor allem die *theo*-zentrische Aussageintention zum Ausdruck
kommen soll:

---

[232] *Jüngel*, Gott als Geheimnis der Welt, 217f; Kursivierung durch
mich.

Joh 1,1-5: Das ewige Sein des göttlichen Logos

1a Aus dem Ursprung göttlicher Ewigkeit - jenseits aller Zeit - *ist* das Wort.
1b Und das Wort *ist* wesenhaft sein göttliches Mit-Sein
Mit dem sich in ihm *aus*-sprechenden Gott,
Mit dem in seinem *Wesen* also *hermeneutischen Gott.*
1c Weil Gott worthaft *ist,*
Ist das Wort gotthaft.
2 Dieses *ist* vom Ursprung seiner Ewigkeit her wesenhaft göttliches Mit-Sein mit Gott.
3 Alles hat Gott durch dieses sein Wort erschaffen,
Und ohne das Wort entstand - nichts!
4 Im Worte Gottes *ist* das aus sich heraus Leben schaffende göttliche Leben.
Und dieses Leben Gottes *ist* das die Menschen hell erleuchtende Licht.
5 Selbst in der Finsternis scheint das lebendige Gottes-Licht.
Doch die Finsternis konnte es nicht verstehen,
Denn sie hat es nicht ergriffen.

Joh 1,14.18: Das geschichtliche Geworden-Sein des göttlichen Logos[233]

14 Und das gotthafte Wort der Ewigkeit ist ein Mensch *geworden,*
Ewigkeit ist Zeit und Geschichte *geworden,*
Das in der Ewigkeit gründende Wort ist ein geschichtlich existierender Mensch *geworden.*

---

[233] Zur Frage der Übersetzung des Prologs s. meine Vorlesung für Hörer aller Fakultäten im Sommersemester 2002: *Hübner,* Goethes Faust und das Neue Testament, 83-85, und zwei Aufsätze in *Grötzinger / von Lüpke* (Hg.), Im Anfang war das Wort: *Haacker,* Im Anfang war - das Wort?, 9-20; *Karrer,* „Im Anfang war das Wort", 21-39.
Karrer verweist auch auf das Gedicht „Das Wort" von *Rose Ausländer,* das hier zitiert sei:
„Am Anfang
war das Wort,
und das Wort war bei Gott"
Und Gott gab uns
    das Wort
und wir wohnen
    im Wort
Und das Wort ist
    unser Traum
und der Traum ist
    unser Leben.

Wir aber, *wir* haben seine gotthafte Herrlichkeit gesehen!
Eine Herrlichkeit aus der Ewigkeit als die des einziggeborenen Sohns
des göttlichen Vaters -
Voll der uns rettenden Gnade, voll der durch Gott verbürgten Wahrheit.
18 Niemals hat ein Mensch Gott gesehen.
Doch der einziggeborene Gott,
wesenhaft in der Einheit mit dem göttlichen Vater existierend -
Er, nur er, hat den sich in ihm aussprechenden Gott in menschlicher
Sprache kundgetan.
In seinem ewigen Sohn hat sich Gott selbst in der Geschichte exege-
siert.

Was haben wir zuletzt getan? Wir haben den Prolog des Joh
theo-zentrisch gedeutet, wir haben den Logos so interpretiert, daß er von „*dem* Gott" als seinem göttlichen Vater her
eben diesen Gott in seinem Offenbarungscharakter und Of-
fenbarungs-Sein zu verstehen gab. Der Logos tut somit *den*
Gott als den monotheistischen und zugleich hermeneutischen Gott kund. Ist der Logos in diesem Akt der göttlichen
Offenbarung als *theós* in den *ho theós* integriert, so sind
beide im *Ereignis* des Offenbarens derart eine Einheit, daß
derjenige, der den antiken philosophischen Horizont der Rede von dem Einen Gott in drei Personen nicht vor Augen
hat, eben diese Rede von der Person des Vaters *und* der
Person des Sohnes bei gleichzeitiger Einheit des Wesens
Gottes mißverstehen muß. Unsere Überlegungen zu Joh 1,1
erinnern uns daran, daß wir in der ersten Vorlesung zu Beginn dieses Semesters nach den *Grenzen der irdischen Mathematik* für den *christlichen Glaubenssatz vom drei-einen
Gott* fragten. Jetzt sehen wir, wie die beiden, die im Dogma
als zwei „Personen" formuliert sind, uns erkennen lassen,
daß *zwei zu einem werden* und zugleich *einer zu zweien
wird.* Wir sehen also, wie uns Begriffe der Logik unserer
Immanenz, werden sie auf den transzendenten Gott ange-
wendet, leicht zu gravierenden Mißverständnissen führen
und verführen. Lassen wir es bei der auch von *Kierkegaard*
erklärten Paradoxie: *ho theós* und *theós* sind zwei und zugleich doch einer. Und lassen wir im Respekt vor dem
theologischen Denken im vierten Jahrhundert das christologische Dogma als kirchliches Dokument gelten, das im Verstehenshorizont der damaligen Zeit formuliert worden ist.

Und genau an diesem Ort unserer Auslegung von Joh 1 werde ich jetzt einen Schritt tun, mit dem Sie vermutlich nicht gerechnet haben. Ich lenke nämlich unseren Blick erneut auf den *Islam*, der an dieser Stelle eine erstaunlich auffällige Nähe zur theologischen Argumentation im Joh-Prolog aufweist. Dabei werde ich mich wieder auf *Annemarie Schimmel* beziehen, und zwar auf das Kapitel „Das Wort über Gott und von Gott" in ihrem Werk „Die Zeichen Gottes. Die religiöse Welt des Islams". Ich zitiere:[234]

> Das Wort ist zentral im Islam: Es kommt von Gott, ist gewissermaßen ein Bote von ihm, der Seinen Willen verkündet.

Sie stellt dann - auch aus der Perspektive der theologischen Diskussionen im Islam - die *hermeneutische Frage*, ob Menschen überhaupt das Wort Gottes *verstehen* können. Könne man sich überhaupt dem Sinn der Offenbarung nähern? Ihre Antwort, wohl eine der wichtigsten Aussagen in ihrem Buch, heißt:[235]

> Der Prophet, so empfanden [!] die Muslime, *ist* ein Wort von Gott, der Sein Wort in die Seelen aller Propheten gelegt hat, es in Jesus inkarnierte und schließlich im Koran 'inlibrierte', in Buchform mitgeteilt und die Verbreitung dieses buchgewordenen Wortes nun Muhammad anvertraut hat.

Der Prophet Muhammad, der ein Wort von Gott *ist*? Das *Sein* dieses Propheten als Wort von Gott? Der Kursivdruck des Wortes *„ist"* in diesem Zitat - darauf sei eigens aufmerksam gemacht - geht auf Frau Schimmel selbst zurück. Jedem aufmerksamen Leser müßte eigentlich sofort die *Assoziation an Joh 1,1* kommen, wo Jesus das Wort Gottes *ist*. Und ausdrücklich nennt auch sie in diesem Zusammenhang Jesus, nennt sogar ausdrücklich seine Inkarnation! In fast allen Publikationen über Muhammad und den Koran wird die Unvergleichlichkeit Jesu und Muhammads betont herausgestellt, und das mit weithin einleuchtenden Argumenten, die ich im wesentlichen teile. Hier aber wird eine auffällige Entsprechung genannt. Daß dennoch erhebliche

---

[234]   *Schimmel*, Die Zeichen Gottes, 150; Kursivierung durch mich.
[235]   Ebd. 156; Unterstreichungen sind Hervorhebungen durch mich.

Differenzen nach islamischem Glauben zwischen dem Sein Jesu und dem Sein Muhammads bestehen, will ich und kann ich natürlich nicht bestreiten. Aber die Entsprechung sollte man schon in ihrem theologischen Gewicht be-*denken!*
Es wird immer wieder darauf verwiesen, daß die *eigentliche Entsprechung* nicht die von Jesus und Muhammad sei, sondern die von Jesus und dem Koran. Daran ist unbestreitbar etwas Richtiges. Beiden eignet die Präexistenz, beiden eignet das Kommen vom Himmel her. Der Koran, wie er jetzt als Buch vorliegt, ist nach islamischer Auffassung die „Illiteration", also die geschichtliche Buchwerdung des himmlischen Korans, der „Mutter der Schrift". *Hans Zirker*, der auf die himmlische Urkunde, die ewige Norm aller innerweltlichen Verkündigungen des „Wortes Gottes" verweist, also auf die himmlische Präexistenz des Korans, erklärt im Blick auf Sure 43, wo es als Spruch Gottes heißt „Wir [Gott] machten sie - gemeint ist die himmlische 'Mutter der Schrift' - zu einem arabischen Koran":[236]

> Wie in christlichem Glauben dem 'Wort Gottes' Jesus Christus die ewige Präexistenz zugesagt wird ..., so sieht der Koran seinen Ursprung allen geschichtlichen Zeugnisse voraus bei Gott:
> *auf einer wohlverwahrten Tafel,* (85,22)
> *in einer wohlverwahrten Schrift,* (56,78).

Natürlich wurde Muhammad, den Annemarie Schimmel mit dem Worte Gottes gleichsetzte, im Islam nicht die Präexistenz wie der himmlischen Urschrift des Korans, der „Mutter der Schrift", zugesprochen. Es stellt sich also die Frage nach dem „ist" in dem Urteil „Muhammad *ist* das Wort Gottes". Wollen wir dieses Verhältnis von Muhammad und Wort Gottes *theologisch* verstehen - ein Verhältnis wohlgemerkt, das in gewisser Hinsicht die *Identität* des Propheten mit dem Wort Gottes meinen könnte -, so müssen wir es gedanklich von einer anderen Seite angehen: Annemarie Schimmel könnte mit ihrer Aussage „Muhammad *ist* das Wort Gottes" recht haben, *sofern* sich eine Perspektive eröffnet, unter der eine solche Identität anvisiert werden könnte. Es ist die Frage nach dem *Sein* Gottes, nach dem *Sein*

---

[236] *Zirker*, Der Koran, 44.

des Wortes Gottes, nach dem *Sein* des präexistenten Jesus, nach dem *Sein* Muhammads. Philosophisch und theologisch zugleich formuliert: Es ist die Frage nach der *theologischen Ontologie*. Ontologie ist freilich eine Sparte der *Philosophie*, nämlich diejenige Sparte, die nach dem Sein und dem Seienden fragt. Stellt aber die Philosophie in ihrer Ontologie die Frage nach dem Sein - Martin Heidegger fragte in seinem fundamentalontologischen Grundwerk „Sein und Zeit" nach dem „Sinn von Sein" (§ 5) -, so wird die Theologie zunächst einmal eingestehen müssen, daß die philosophische Ontologie in der Auslegung der Heiligen Schrift ein Wort mitzureden hat. Haben also Theologie und Philosophie in dieser Hinsicht ein gemeinsames Thema, so sind folglich beide Wissenschaften untrennbar aufeinander angewiesen. Ehe es überhaupt Theologie im heutigen Sinne gab, war schon in der Heiligen Schrift beider Testamente vom Sein die Rede, z.T. sogar unter griechischen Einfluß. In der Heiligen Schrift begegnet das *Sein Gottes*, z.B. in 2 Mos 3,14, dem Gotteswort „Ich *bin*, der ich *bin*", auch wenn das *Sein* des „Ich *bin*" vom hebräischen Denken her anders konnotiert ist (s.u.). Es begegnet auch das *Sein des Menschen*, nämlich das *Sein des Sünders* als das Sein unter der Sündenmacht (Röm 3,9) und, im Gegensatz dazu, das *Sein des Glaubenden* in der Theologie des Paulus als „*Sein* in Christus". Die Wirklichkeit des Menschen wird somit als dessen Sein theologisch reflektiert.

Die grundsätzliche, die eigentliche Schwierigkeit besteht nun darin, *wie* Gottes und des Menschen Sein aufeinander zu beziehen sind. Wir fragen: Hat das Sein des Menschen irgend etwas mit dem Sein Gottes zu tun? Gibt es nach biblischem Glauben Überschneidungen, Überlappungen von göttlichem und menschlichem Sein? Wie sieht das Problem im Islam aus, wo das Sein des Menschen Muhammad mit dem Sein des göttlichen Wortes Gottes - wie auch immer - zusammenhängt, jedenfalls dann, wenn Annemarie Schimmel in dieser Hinsicht zumindest in die richtige Richtung gewiesen haben sollte?

Ehe wir aber auf die Frage nach ihrem Muhammad-Verständnis eine Antwort geben, sollten wir das Problem eventueller Überschneidungen von göttlichem und menschlichem Sein thematisieren und damit die Frage, ob Muhammad im Horizont dessen gesehen werden kann, was in christlicher Terminologie die Inkarnationsproblematik ist, in einen größeren theologischen und anthropologischen Zusammenhang stellen. Ich frage also: Wie ist in der Heiligen Schrift das Verhältnis des Seins des Menschen zum Sein Gottes verstanden? Das Problem entsteht dadurch, daß mehrfach im Neuen Testament das Sein des Menschen in fast anstößiger Weise gewissermaßen ins Göttliche erhoben ist. Am massivsten geschieht das in *2 Petr 1,4*, wo dem Christen verheißen wird, er werde *„teilhaft der göttlichen Natur"* (θείας κοινωνοὶ φύσεως, *theías koinônoi phýseôs*), anders übersetzt: *„teilhaft des göttlichen Wesens"*. Weithin versucht man diese Aussage dadurch zu relativieren, daß man sie als Einbruch philosophisch-hellenistischen Denkens in die spätneutestamentliche Verkündigung interpretiert (2 Petr ist als pseudopetrinischer Brief die jüngste Schrift des Neuen Testaments, erste Hälfte des 2. Jahrhunderts n.Chr.) und sie deshalb nicht als vollgültige theologische Aussage gelten läßt. Aber damit macht man sich die Sache zu einfach.[237] Denn so singulär ist die theologische Auffassung von 2 Petr 1,4 gar nicht. Der Apostel Paulus schreibt am Ende des hermeneutisch wichtigen Kapitels 2 Kor 3, wir würden von Herrlichkeit zu Herrlichkeit umgeformt werden, *2 Kor 3,18*. Während es in 2 Petr 1,4 um die Verheißung für die Zukunft geht, meint es hier die Beschreibung des bereits gegenwärtigen Heils. Für Herrlichkeit steht im griechischen Original δόξα, *doxa*. Dieses Wort, einer der wichtigsten biblischen Begriffe überhaupt, meint als offenbarungstheologischer Begriff Gottes Epiphanie, Gottes Erscheinen in der Geschichte der Menschen. Doxa umschreibt also die göttliche Herrlichkeit, vor allem als das von Gott ausgehende Geschehen. Dann aber ist 2 Kor 3,18 so zu interpretieren, daß wir als glaubende *Menschen* von einer *göttlichen* Herrlichkeit in die andere göttliche Herrlichkeit umgeformt werden. Hier wird nichts Geringeres ausgesagt, als daß wir immer mehr an der göttlichen Herrlichkeit partizipieren. Wir sahen schon bei unseren Überlegungen zur Paradiesesgeschichte, daß nach Röm 3,23 die Stammeltern bei ihrem Ungehorsam

---

[237] *Hübner*, Biblische Theologie des Neuen Testaments, Bd. 2, 405-407.

im Paradies ihre Doxa, also ihre Bekleidung mit der göttlichen Herrlichkeit, verloren. Erst dadurch wurden sie nackt.

Wie kommen wir aber theologisch damit zu Rande, daß der glaubende Mensch derart stark in das *Sein* Gottes hineingenommen ist? Wir haben ja schon früher gefragt, ob nicht mit solchen Aussagen der Blasphemie Tür und Tor geöffnet sind, weil die Grenze zwischen Gott und Mensch, zwischen Transzendenz und Immanenz nicht mehr berücksichtigt wird. Um zu einer schlüssigen Antwort zu gelangen, müssen wir noch fundamentaler fragen: *Was heißt „Sein" im biblischen Denken?* Bemühen wir uns zunächst von der eben schon zitierten Stelle *2 Mos 3,14* her um eine Antwort. Die wörtliche Übersetzung lautet: „Ich bin, der ich bin.". Doch gerade mit ihr ist der originäre, der eigentliche Sinn der Gottesaussage verschleiert. Denn Jahwäh will ja dem Mose aus dem brennenden Dornbusch heraus keine göttliche Definition über sein göttliches Sein im Sinne der griechischen Philosophie geben. Der brennende Dornbusch ist kein philosophischer Vorlesungsraum in einer Wüstenuniversität. Vielmehr will Jahwäh dem Mose sagen, er sei der, der gnadenhaft an seinem Volke Israel wirken wird. Das Verb „sein" (היה, *hajah*) meint nämlich im Hebräischen *wirkendes Sein.* Wo also biblisch vom Sein Gottes die Rede ist, da ist eine Situation geschildert, in der sich Gottes Wirken *ereignet*, sei es zum Gericht, sei es zur Gnade. Was nach 2 Mose 3 geschieht, ist Gottes Sein als *Ereignis*[238], Gottes Sein als Gottes *Sich-Ereignen* in der Geschichte, wobei der Mensch in dieses Sich-Ereignen Gottes mit *hineingenommen* ist. Gottes Wirken geschieht da, wo auch Menschen Wirkende sind, auch wenn nach reformatorischer Überzeugung, was das Heil der Menschen angeht, Gott der allein Wirkende ist. Dieses Verständnis vom Sein als Ereignis liegt auch im Neuen Testament den Seinsaussagen zugrunde. Wo also vom Partizipieren am göttlichen Sein, am göttlichen Wesen, an der göttlichen Herrlichkeit die Rede ist, da meint dies das Hineingenommen-Sein von Menschen in den Bereich des göttlichen Heils. Es ist der *Wirkbereich des Göttlichen*, in dem sich der Begnadete aufhält - als positives Spiegelbild zum negativen Geschehen des Aufenthalts im Wirk-

---

[238]   Zum Begriff „Ereignis" s.o.

bereich der als Macht vorgestellten Sünde (Röm 3,9: Jeder [sündige] Mensch befindet sich im Wirkbereich der Sündenmacht, der ἁμαρτία, *hamartía*). Auf die vor Jahrzehnten so heftig geführte Kontroverse, ob es eine Analogie zwischen dem Sein Gottes und dem Sein des Menschen (die sogenannte *analogia entis*) gäbe, gehe ich hier nicht ein, weil es zu weit von unsrer Thematik wegführte.[239]

Kommen wir von Johannes zu *Paulus*! Es läge zunächst nahe, von Joh 1,1-3 aus auf 1 Kor 8,6 zu schauen, wo beide Male die Schöpfungsmittlerschaft des Logos bzw. des Kyrios (Herr) zur Sprache gebracht ist. Da aber 1 Kor 8,6 nicht unmittelbar im Kontext der Theologie vom Worte Gottes steht, verzichte ich auf eine Deutung dieser Stelle, zumal *Wolfgang Schrage* in seiner Studie über den „Monotheismus" des Paulus Wichtiges zu ihr gesagt hat.[240] Was wir im Kontext der Wort-Gottes-Theologie im Blick auf das Sein als Wirken gesagt haben, läßt sich besonders gut an der programmatischen Stelle *Röm 1,16f.* explizieren. Paulus verweist auf die zentrale Rolle der Verkündigung des Evangeliums, also auf die ureigene Aufgabe der Kirche. Zunächst die wörtliche Übersetzung aus dem griechischen Urtext:

Ich schäme mich des Evangeliums nicht. Denn es ist eine Macht Gottes zum Heil für jeden Glaubenden, zunächst für den Juden und dann für den Griechen. Denn in ihm offenbart sich[241] die Gerechtigkeit Gottes aus dem Glauben zum Glauben, wie es geschrieben steht: Der aus Glauben Gerechte wird leben.

Ich interpretiere den Text durch eine Paraphrase:

Ich bekenne *das Evangelium*! Denn es *ist* die worthafte Präsenz des mächtigen Gottes, also der im Wort mächtige Gott, doch nur für den, der glaubt, zunächst für den Juden, dann aber auch für jeden Nichtjuden. Denn im Evangelium offenbart sich *der gerechte* und deshalb

---

[239] Dazu *Hübner*, Martin Heideggers Götter und der christliche Gott, vor allem 137-149; ders., Seynsgeschichtliches und theologisches Denken, vor allem 72-85.
[240] *Schrage*, Unterwegs zur Einheit und Einzigkeit Gottes, 167-175; geringfügige Unterschiede zu meiner Deutung von 1 Kor 8,6 (Biblische Theologie des Neuen Testaments, Bd. 2, 155-164) spielen für unsere Semesterthematik kaum eine Rolle.
[241] ἀποκαλύπτεται verstehe ich als Medium im reflexiven Sinn.

gerechtmachende Gott. So wächst der Mensch ständig in seinem Glauben an den in diesem Evangelium präsenten Gott! In diesem Sinne sagt es schon der Prophet Habakuk: Nur wer aus seinem Glauben gerecht ist, der wird leben!

Anstelle von „Macht Gottes" habe ich in dieser Paraphrase - und darauf kommt es mir vor allem an - von dem „im Wort mächtigen Gott" gesprochen und entsprechend von dem „gerechten und deshalb gerechtmachenden Gott". Das konnte ich aber aus guten theologischen Gründen sagen: Aus systematisch-theologischer Sicht gibt es keine reale Trennung von sogenannter Substanz und sogenannten Eigenschaften in Gott. Ist also von der Macht Gottes die Rede, so gehört sie als Wesens-"Eigenschaft" zu Gottes Wesen. Wo demnach von seiner Macht gesprochen wird, da wird in Wirklichkeit von ihm als dem mächtigen Gott gesprochen. Im griechischen Urtext heißt „Gottes Macht" δύναμις θεοῦ, *dýnamis theou*, also: Gottes dynamisches Sein, der Gott der himmlischen Dynamik. Und mit dieser Dynamik Gottes sind wir wieder bei seinem Sein als Wirken. Wer also glaubt, der *ist* im Bereich des göttlichen Heilswirkens (Heidegger: „In-Sein"). Gott wirkt als der in seinem Evangelium Präsente. Gottes Wort *ist* Gottes machtvolle Gegenwart - freilich nur da, wo es glaubend gehört wird!
Vielleicht läßt sich das theologische Anliegen der neutestamentlichen Christologie besonders gut an einer Vorstellung verdeutlichen, die aber gar nicht eine Vor-Stellung im strengen Sinne des Wortes ist, die also etwas vorstellbar vor Augen stellt. Ich meine die schon erwähnte „Vorstellung" des *In Christus Seins* in den Briefen des Paulus und seiner Schüler und im Johannes-Evangelium. So schreibt *Paulus* z.B. in 1 Kor 1,30:

Durch Gott *seid* ihr in Christus.

Ich formuliere um, damit der *ontologische* Gehalt deutlicher wird:

Euer *Sein* ist durch Gott ein „*Sein* in Christus".

Ein paulinisches Bild der Kirche ist der „Leib Christi". Es heißt in 1 Kor 12,13:

Wir sind alle durch den einen Geist in den einen Leib Christi hineingetauft.

Dieser Vers erscheint uns *zunächst* als eine klare mythologische Aussage. Denn wie können wir in eine Person, die Gott repräsentiert, *hinein*-getauft werden? Als *Vorstellung* ist diese Aussage unsinnig. Man kann als Person nicht in eine andere Person eingefügt werden! Man kann diese Vorstellung nicht wörtlich nehmen. Daß aber auch Paulus selbst sie nicht als mythologische Vorstellung intendiert hat, legt allein schon die Tatsache nahe, daß er dieses Bild einer Rede des römischen Patriziers Menenius Agrippa entlehnt hat. Dieser hatte Streitende mit folgendem Vergleich zur Versöhnung aufgerufen: Sie seien als Gemeinschaft *ein* Leib und dürften als die Glieder dieses *einen* Leibes nicht gegeneinander kämpfen! Ein Zweites kommt hinzu: Paulus bringt das „Sein in Christus" an einer anderen Stelle seiner Schriften auch in entgegengesetzter Aussagerichtung. In Gal 2,20 schreibt er:

Nicht mehr ich lebe, sondern Christus lebt in mir.

Also das eine Mal „wir sind in Christus", das andere Mal „Christus ist in uns". Offensichtlich will Paulus mit diesen „räumlichen"[242] Aussagen auf einen tieferen Sinn verweisen: Es geht um die überaus enge Beziehung zwischen den Glaubenden und Christus, der Gott repräsentiert. Wo Gott ist, „dort" sind auch die, die an ihn glauben. Wo diese sind,

---

[242] Zur Existenzaussage der Räumlichkeit s. *Hübner*, Biblische Theologie des Neuen Testaments, Bd. 2, 179-189: Exkurs: Theologische Zwischenbilanz; dort zu *Ernst Cassirer*, Philosophie der symbolischen Formen, 3 Bde., darin ihm vor allem in Bd. 2 seine Ausführungen über den Raum im mythischen Bewußtsein. Ich habe in meinem Exkurs auf Cassirer hingewiesen, weil seine Ausführungen über den mythischen Raum und somit über die *Räumlichkeit* der Existenz als Ergänzung zu Bultmanns existentialer Interpretation der ntl. Texte unter dem Gesichtspunkt der *Geschichtlichkeit* der Existenz dienen können.

„dort" ist auch Gott. Daß auch das Wort „dort" nicht im eigentlich räumlichen, sondern im *existentiellen* Sinne gemeint ist, versteht sich wohl von selbst.

Auch *Johannes* kennt dieses reziproke Denken. In den Abschiedsreden Jesu heißt es in Joh 14,20:

An jenem Tage - gemeint ist der Tag, an dem die Jünger den Heiligen Geist als den Geist der Wahrheit empfangen - werdet ihr erkennen, daß ich in meinem Vater bin und ihr in mir und ich in euch.

Dieser Vers ist schon im Blick auf die Trinität eine eigenartige Aussage! Jesus sagt, er sei *im* Vater. Und dieses „Sein *in*" behauptet er sofort anschließend von seinen Jüngern: sie seien *in* ihm! Zwar geht es hier nicht um eine dogmatische Trinitätsaussage, sondern um die Existenz der Jünger. Aber immerhin wird deutlich, daß sich der transzendente Gott durch Jesus, den Logos, diesen Jüngern als der ihnen in ihrer Immanenz Nahe zusagt. Wiederum kommt zum Ausdruck: Irgendwie werden sie in den Bereich Gottes hineingenommen, und zwar so, wie es fast scheint, als gebe es keine Grenze mehr zwischen Gott und Mensch. Irgendwie wird gewissermaßen der transzendente Gott zum immanenten Gott. Aber - sagen wir es im Paradox - er wird es, indem er dennoch der Transzendente bleibt. Auf jeden Fall wird hier nicht das numerische Moment der Trinität herausgestellt. Wenige Verse danach lesen wir in Joh 14,23:

Wer mich liebt, der wird mein Wort halten: und mein Vater wird ihn lieben, und wir werden zu ihm kommen und Wohnung bei ihm nehmen.

In diesem Ausspruch Jesu ist bereits das Motiv der Liebe genannt. Es kommt noch deutlicher in folgender Vers-Sequenz zum Ausdruck, Joh 15,9-13:

9. Wie mich mein Vater liebt, so liebe ich auch euch. Bleibt in meiner Liebe!
10. Wenn ihr meine Gebote haltet, so bleibt ihr in meiner Liebe, wie ich meines Vaters Gebote halte und in seiner Liebe bleibe.
11. Das sage ich euch, damit meine Freude in euch bleibe und eure Freude vollkommen werde.
12. Das ist mein Gebot, daß ihr einander liebet, wie ich euch liebe.

13. Niemand hat größere Liebe als der, welcher sein Leben für seine Freunde hingibt.[243]

Haben wir wiederholt herausgestellt, daß sich der transzendente Gott - transzendent bleibend! - in die Immanenz zur Menschenwelt begibt, so ist das tiefste Band zwischen Gott und Mensch nach diesem biblischen Zeugnis die *Liebe*. Gottes und des Menschen Liebe werden geradezu eine Einheit. Der Kreuzestod Christi macht anschaulich, was Liebe in letzter Konsequenz bedeutet.

Gottes und der Menschen Liebe ist somit der unmythologische Kern von Aussagen, die zunächst als mythologische erscheinen, aber nach der Intention der neutestamentlichen Autoren alles andere als mythologisch sind. Anders gesagt: Die Intention der vordergründig mythologischen Aussagen dieser Schreiber ist ihre ureigene Entmythologisierung. Nicht erst Bultmann wollte entmythologisieren, nein, die *Autoren des Neuen Testaments* sind es bereits, die - zumindest im Ansatz - *ihre eigene Mythologie entmythologisieren*. Halten wir fest: Gott ist der Transzendente. Gott ist der Immanente, der Immanente aber *als* der Transzendente. Gottes Botschaft in seinem Logos ist also: Ich bin bei euch in eurer Welt! Mit den Worten Jesu, Lk 17,20:

Siehe, das Reich Gottes ist mitten unter euch.

Es ist die Liebe, die Transzendenz und Immanenz verbindet. In den Abschiedsworten Jesu war schon vom *Heiligen Geist* die Rede. Damit sind wir aber auch schon bei dem wichtigen Thema des Geistes. Die Darstellung des ersten christlichen Pfingstfestes schildert Lukas im Bild des Brausens, schildert es als ein stürmisches Ereignis vom Himmel her, Apg 2. Der Erfolg: Tausende von Bekehrten! Der Heilige Geist ist also insofern Gott, als er in seiner transzendenten Dynamik Menschen zum Glauben und zur Liebe bewegt. Dadurch wird dieser Geist Gottes auch der Geist der Glaubenden. Er ist die Dynamik Gottes, die da wirkt, wo es Gott gefällt. Denn: „Der Wind weht, wo er will", sagt Jesus im nächtlichen Gespräch mit Nikodemus, Joh 3,8. Die übli-

---

[243] Joh 15,9-12 der Luthertext; V. 13 jedoch frei übersetzt.

che Übersetzung von πνεῦμα, *pneuma*, mit „Wind" ver-
deckt aber den Sinn dieses Jesuswortes. Denn πνεῦμα bedeutet im griechischen Urtext sowohl „Wind" als auch
„Geist". Der Verfasser des Johannes-Evangeliums hat sich
dieses Wortes bedient, um ein in der deutschen Sprache
nicht mögliches Wortspiel zu bieten: Der Wind - also der
Geist! - weht, wo er will. Dieser göttliche Geist ist seit dem
Pfingstfest der den Menschen geschenkte Geist. Jesus verheißt ihn in den Abschiedsreden des Joh, verheißt ihn als
den Geist der Wahrheit (Joh 14,17; 15,26; 16,13), er verheißt den Heiligen Geist als den Lehrer (Joh 14,26). Die
nach der dogmatischen Nomenklatur dritte Person der Trinität wird weder im Joh noch in der Apg im Sinne der
dogmatischen Trinitätslehre vorgestellt, sondern als das
Band zwischen Gott und Mensch. Gott schenkt mit Seinem
Heiligen Geist dem Glaubenden einen Anteil an der göttliche
Heiligkeit. Also immer wieder *die gleiche theologische
Denkbewegung*: Gott nimmt den Glaubenden in den Bereich
seiner Heiligkeit hinein. *Der tiefere theologische Sinn der
Unterscheidung der drei göttlichen Personen ist im Trinitätsdogma das Heilswirken Gottes am Menschen.* Die
theologische Intention des Trinitätsdogmas ist also eine soteriologische.
Reden wir nun dogmatisch vom Heiligen Geist als der dritten Person der Trinität, so müssen wir theologische Stotterer bleiben. Haben wir zu Beginn des Semesters rhetorisch
zugespitzt gefragt, ob man im Himmel bis drei zählen kann,
also gefragt, ob himmlische und irdische Mathematik identisch seien, so sagen wir jetzt als eben diese Stotterer: Un-
zweifelhaft ist von dem *Einen Gott* als den *drei göttlichen
Wirkenden* die Rede. Denn wir sprechen vom göttlichen
Vater, von seinem Sohn, dem Logos, und vom Geiste Gottes, der sowohl der Geist des Vaters und des Sohnes als
auch der uns gegebene und in uns wohnende Gott ist. Wie
schwer ist es allein schon, Einheit und Zweiheit bei „*dem*
Gott" und dem Logos als „Gott" in eine einsichtige, eine
„logische" Aussage zu bringen! Und nun noch das Zueinander von Christus und dem Heiligen Geist im Zusammenhang mit uns als der Wohnstatt sowohl des Geistes Gottes
(Röm 8,9.11) als auch Christi (Röm 8,10)!

Sagen wir es so: Das Neue Testament bringt Vater, Sohn und Heiligen Geist - in Koordination in Mt 28,19 ausgesagt - im theologischen Rahmen einer theologisch-soteriologischen Gesamtdynamik, bringt diese drei als den *soteriologischen Gesamtprozeß des Einen Gottes* zur Sprache.[244] Die Dreiheit des trinitarischen Gottes hat aber ihren „numerischen" Sinn in der Einheit. Es ist der Eine Gott, dessen Gesamtwirken in der trinitarischen Darstellung des Neuen Testaments anschaulich wird. Im Bilde des Drei-Einen wird, wie wir sahen, die Hineinnahme des Menschen in das Wirken Gottes dargelegt. Die Immanenz des Menschen gerät in den Gnadenbereich der Transzendenz Gottes - das auszudrücken ist die Intention. Die *Drei-Ein*heit Gottes ist somit Ausdruck eines *bereichernden Monotheismus*. Gottes - man erlaube es mir, es einmal so zu formulieren - „Innenleben" ist so groß und so reich, daß wir, die wir Gott nicht in Begriffe, auch nicht in die der Mathematik zu fassen vermögen, hier nur mit Ps 145,3 sprechen können:

Der Herr ist groß und sehr zu loben /
und seine Größe ist unausforschlich.

Mit unserer menschlichen Sprache scheitern wir immer wieder. Um den trinitarischen Monotheismus in seinem transzendenten Sein adäquat zu formulieren, müßten wir eigentlich die von Paulus im Hohen Lied der Liebe 1 Kor 13,1 genannte Sprache der Engel verstehen und sprechen können - eine Unmöglichkeit, wie wir wissen. Hat uns aber Gott als irdische Wesen erschaffen, deren sprachliche Fähigkeiten aufgrund ihres Erschaffen-Seins an die Begrenzung aller Immanenz gebunden sind, dann ist es eben diese unsere Begrenztheit, die uns mit Hilfe unseres irdischen Zahlenverständnisses von dem *Einen* Gott und zugleich von den *drei* „Personen" sprechen läßt.

Ich greife noch einmal auf die Dissertation der amerikanischen Exegetin *Marianne Meye Thompson* „The God of the Gospel of John" zurück. Für sie ist der Evangelist Johannes am lebendigen Gott als dem das Leben schenkenden Gott

---

[244] Um nicht mißverstanden zu werden: Das ist nicht im Sinne eines Sabellianismus gesagt.

interessiert. Vielleicht hat sie es recht gut formuliert, wenn sie in diesem Zusammenhang sagt:

The figures of the Father and the Son are not simply fused.

Und im Blick auf C.K. Barretts Deutung der johanneischen Christozentrik als Theozentrik schreibt sie, sozusagen als Summe ihrer Joh-Deutung:

It is not as though we are to imagine an ellipse with two foci; or as though we had two 'centers' in John that simply exist side by side. Rather, the image is that of *concentric circles*, in which *the Christological circle lies within* and shares its center with *the larger theological circle*.[245]

Ich meine, dieses Bild wäre gut mit der von uns verfolgten Intention zu verbinden.

Die Situation bleibt: Es ist schwer, in unserer christlichen theologischen Sprache den bereichernden Monotheismus der Trinität denen zu vermitteln, die ihren Monotheismus von der Zahl Eins her definieren. Und damit sind wir wieder beim Thema Islam. Hat dieser *Islam* von seinem Denken her überhaupt die Möglichkeit, wenigstens einen anfänglichen Zugang zum Verstehen dessen zu gewinnen, was wir zu erläutern versuchten? Könnten unsere zuletzt angestellten Überlegungen Muslim-Theologen dazu bewegen, sich auf sie zunächst einmal nur aus dem Grunde einzulassen, um das, was wir mit unserem, dem christlichen Gottesgedanken aussagen wollen, wenigstens versuchsweise ein wenig besser zu verstehen? Man wird hier skeptisch bleiben müssen. Dem Islam ist aber zuzugestehen, daß er keine *absolute* Transzendenz Gottes behauptet, wenn er den *Einen* Gott so stark akzentuiert. Das haben wir ja im 4. Kapitel erkannt. Auch der Islam kennt die gegenseitige Beziehung von Gott und Mensch. Aber dem islamischen Gottesverständnis widerspricht, daß Gott den Menschen in seinen göttlichen Gnadenbereich hineingenommen hat. Die islamische Anthropologie kennt keine Aussagen wie 2 Petr 1,4 oder 2 Kor 3,18. Die trinitarischen Aussagen des Neuen

---

[245] *Thompson*, The God of the Gospel of John, 239; Kursivierung durch mich.

Testaments bezeugen aber, wie wir gesehen haben, nichts mehr und nichts weniger als einen bereichernden Monotheismus, einen Monotheismus nämlich, der die Glaubenden in seinen göttlichen Reichtum hineinnimmt. Hier bleibt wohl bedauerlicherweise, zumindest einstweilig, die eigentliche Differenz im Gottesverständnis zwischen uns und dem Islam.

Halten wir zum Schluß fest: Weder der theologisch vom Neuen Testament her verstandene christliche Monotheismus, noch der von seiner numerischen monotheistischen Intention her verstandene islamische Monotheismus, noch irgendein anderer Monotheismus ist als solcher ein Fluch. Zum Fluch wird ein Monotheismus dort, wo er von anderen Faktoren her so interpretiert wird, daß er in Terrorismus mündet. Nicht der Monotheismus als solcher führt und verführt zum Verbrechen und Terror. Es sind die geschichtlichen Umstände, in denen ein fanatisches, polemisches und aggressives Vorverständnis von Religion und Gott den behaupteten Gott, christlich gesprochen, zum Satan, islamisch gesprochen, zum Schaitan pervertieren läßt. Gott wird auf diese frivole Weise seiner Gottheit beraubt. Glaube verkehrt sich in schreckliche und widerliche Blasphemie, Religion in Pseudo- und Antireligion. Es ist die Aufgabe der Theologen, auf welcher Seite sie auch immer stehen, aus ihrer theologischen Verantwortung heraus und in Achtung vor Gott *und* dem von Gott begnadeten Menschen die Liebe und Barmherzigkeit Gottes als Ansporn für das eigene Verhalten zu sehen. Ob jüdische Religion, ob christliche Religion, ob islamische Religion oder welche Religion es auch immer sei - sie alle haben in sich das Potential des Segens. Sie alle können aber zum furchtbaren Fluch für die Menschheit entarten. Bemühen wir uns um das Potential des Segens!

Verzeichnis der Bibelstellen (in Auswahl)

Literaturverzeichnis

Hier wird zunächst nur Literatur genannt, soweit sie, entsprechend der Intention einer Vorlesung für Hörer aller Fakultäten, für interessierte Nichtspezialisten weiterführend sein könnte. Wer sich wissenschaftlich mit der Monotheismus-Thematik beschäftigt, weiß ohnehin, wo ausführlichere bibliographische Angaben zu finden sind. Zuweilen habe ich aber auch, um - über die genannte Intention hinaus - die theologische Diskussion über das hier Gesagte zu initiieren, einige weitere Titel aufgelistet. Abkürzungen erfolgen nach *S.M. Schwertner*, Theologische Realenzyklopädie, Abkürzungsverzeichnis, Berlin / New York ²1994.

Bhagavadgita - Aschtavaragita. Indiens heilige Gesänge. Aus dem Sanskrit übertragen und kommentiert von *Leopold von Schroeder* und *Heinrich Zimmer*, Kreuzlingen / München ⁹2000

G. Börner, Das unendlich Große, in: Spektrum der Wissenschaft. Spezial 1/2003, 70-77

G. Braulik, Art. Monotheismus, III. Biblisch-theologisch: 1. Altes Testament: ³LThK, Bd. 7, 424-426

Ders., Das Deuteronomium und die Geburt des Monotheismus, in: *ders.*, Studien zur Theologie des Deuteronomiums (Stuttgarter biblische Aufsatzbände 2), Stuttgart 1988, 257-303

Ders., Die Ablehnung der Göttin Aschera in Israel, in: *ders.*, Studien zum Buch Deuteronomium (Stuttgarter Biblische Aufsatzbände, Altes Testament, 24), Stuttgart 1997, 84-95

M. Buber, Das dialogische Prinzip, Heidelberg ³1973.

R. Bultmann, Das Problem der Hermeneutik, in: *ders.*, Glauben und Verstehen, Bd. 1, Tübingen ⁵1968, 232.

Ders., Welchen Sinn hat es, von Gott zu reden?, in: *ders.*, Glauben und Verstehen. Gesammelte Aufsätze, Tübingen ⁸1980, 26-37

Ders., Neues Testament und Mythologie. Das Problem der Entmythologisierung der neutestamentlichen Verkündigung.

Nachdruck der 1941 erschienen Fassung hg. von E. Jüngel, München 1985

Ders., Theologie des Neuen Testaments, 9. Auflage, durchgesehen und ergänzt von *Otto Merk*, Tübingen 1984

A. Calder, Das Unendliche - Prüfstein des Konstruktivismus, in: Spektrum der Wissenschaft. Spezial 1/2003, 54-61

M. Claus, Geschichte Israels. Von der Frühzeit bis zur Zerstörung Jerusalems (587 v. Chr.), München 1986

K. Cragg, The Call of the Minaret, New York [2]1967 (rev. 1985)

Ders., Christian-Muslim Dialogue, in: AThR 57 (1975), 109-120

Ders., The Christian and Other Religion. The Measure of Christ, London / Oxford 1977

Ders., Bible Studies: God and Man, in: Christian Presence and Witness in Relation to Muslim Neighbours. A Conference Mombasa, Kenya 1979, Geneva [2]1982, 6-16

Ders., Jesus and the Muslim. An Exploration, London 1985

H. Donner, Geschichte des Volkes Israel und seiner Nachbarn in Grundzügen, 2 Bde. (GAT 4/1 und 2), Göttingen [2]1995

F.X. D'Sa, Zur Eigenart des Bhagavadgîtâ-Theismus, in: *Strolz* und *Ueda*, Offenbarung als Heilserfahrung, 97-126.

Duns Scotus, Doctoris Subtilis et Mariani Ioannis Duns Scoti Ordinis fratrum Minorum Opera Omnia, hg. von *P.C. Balic*, Vatikanstadt 1950ff., Bd. VI

J. Frey, Die johanneische Eschatologie, Bd. II: Das johanneische Zeitverständnis (WUNT 110), Tübingen 1998

H. Fritsch, Das unendlich Kleine in der Physik, in: Spektrum der Wissenschaft. Spezial, 1/2003, 62-69

L. Gardet, Islam, Köln 1968

B. Gemser, Sprüche Salomos (HAT 16), Tübingen 1963

H. von Glasenapp, Indische Geisteswelt, Eine Auswahl von Texten in deutscher Übersetzung., Sonderausgabe von Band I und II in einem Band, Baden-Baden o.J. (Vorwort 1958)

M. Görg, Anfänge israelitischen Gottesglaubens, Kairos 18 (1976), 256-264

A. Grötzinger / J. von Lüpke (Hg.), Im Anfang war das Wort. Interdisziplinäre theologische Perspektiven (Veröffentlichungen der Kirchlichen Hochschule Wuppertal, Neue Folge, Bd. 1), Neukirchen 1998:

K. Haacker, Im Anfang war - das Wort? Goethes Meinung zur Bibelübersetzung, ebd. 9-20

E. Haag (Hg.), Zur Entstehung des Monotheismus in Israel (QD 104), Freiburg / Basel / Wien 1985

G.K. Hartmann (Hrsg.), Interkulturelle Texte, Bd. 1, Katlenburg-Lindau 2002

Ders., Komplementarität im Abendland und Nicht-Abendland, ebd. 130-152

M. Heidegger, Sein und Zeit, Tübingen [18]2000

Ders., Beiträge zu Philosophie (Vom Ereignis), hg. von F.-W. von Herrmann (Gesamtausgabe, Bd. 65), Frankfurt a.M. 1989

S. Herrmann, Geschichte Israels in alttestamentlicher Zeit, München 1973

F.-W. von Herrmann, Wege ins Ereignis. Zu Heideggers „Beiträgen zur Philosophie", Frankfurt a.M. 1994

H. Hübner, Biblische Theologie des Neuen Testaments, Bd. 1, Göttingen 1990; Bd. 2, Göttingen 1993, Bd. 3, Göttingen 1995

Ders. (Hg.), Die Weisheit Salomons im Horizont Biblischer Theologie (BThSt 22), Neukirchen-Vluyn 1993

Ders., Die Sapientia Salomonis und die antike Philosophie, ebd. 55-81

Ders., Die Weisheit Salomons. Liber Sapientiae Salomonis (ATD.A 4), Göttingen 1999

Ders., Goethes Faust und das Neue Testament, Göttingen 2003

Ders., Was ist existentiale Interpretation?, in: *ders.*, Biblische Theologie als Hermeneutik, Gesammelte Aufsätze, hg. von *A.* und *M. Labahn*, Göttingen 1995, 229-251

Ders., Deus hermeneuticus, in: *Th. Söding* (Hg.), Der lebendige Gott. Studien zur Theologie des Neuen Testaments, FS Wilhelm Thüsing (NTA 31), Münster 1996, 50-58

Ders., Martin Heideggers Götter und der christliche Gott. Theologische Besinnung über Heideggers „Besinnung" (Band 66 [Gesamtwerke, Bd. 66]), Heidegger Studien 15 (1999), 127-151

Ders., Die paulinische Rechtfertigungstheologie als ökumenisch-hermeneutisches Problem, in: *Söding* (Hg.), QD 180, 76-105.

Ders., Zuspruch des Seyns und Zuspruch Gottes. Martin Heidegger und die Hermeneutik des Neuen Testaments, in: *P. Pokorný* and *J. Roskovec*, Philosophical and Biblical Exegesis, Tübingen 2002, 144-175

Ders., Bultmanns „existentiale Interpretation" - Untersuchungen zu ihrer Herkunft, ZThK 100 (2003), 280-324

Ders. EN APXHI EΓΩ EIMI [deutsche Übersetzung: Im Anfang: Ich bin], in: *M. Labahn, K. Scholtissek, A. Strotmann*, Israel und seine Heilstraditionen im Johannesevangelium, FS J. Beutler, Paderborn 2003, 107-122

S.P. Huntington, Kampf der Kulturen. Die Neugestaltung der Weltpolitik im 21. Jahrhundert, München / Wien 1996 (amerikanisches Original: The Clash of Civilization, New York 1996

J. Jeremias, Der Prophet Hosea (ATD 24/1), Göttingen 1983

E. Jüngel, Gott als Geheimnis der Welt. Zur Begründung der Theologie des Gekreuzigten im Streit zwischen Theismus und Atheismus, Tübingen 5. durchgesehene Auflage 1986

M. Karrer, „Im Anfang war das Wort". Zum Verständnis von Joh 1,1-18, in: *Grötzinger / von Lüpke*, Im Anfang war das Wort, 21-39.

O. Kaiser, Gottes und der Menschen Weisheit, Berlin 1998

O. Keel (Hg.), Monotheismus in Alten Israel und seiner Umwelt, Fribourg 1980

A. Th. *Khoury*, Der Islam und die westliche Welt. Religiöse und politische Grundfragen, Darmstadt 2001

S. Kierkegaard, Die Krankheit zum Tode, in: *ders.*, Gesammelte Werke, Abt. (GTB 620), Gütersloh [3]1991

Ders., Die Krankheit zum Tode, in: *ders.*, Gesammelte Werke, Hg. von E. Hirsch, H. Gerdes und H.M. Junghans, Abt. (GTB 620), Gütersloh 1991

Ders., Abschließende unwissenschaftliche Nachschrift zu den philosophischen Brocken, Gesammelte Werke Erster Teil, in:, 16. Abt., Gütersloh [3]1994

E. Kinder / K. Haendler, Lutherisches Bekenntnis. Eine Auswahl aus den Bekenntnisschriften der evangelisch-lutherischen Kirche, Berlin / Hamburg 1962

K. Koch, Spuren des hebräischen Denkens. Beiträge zur alttestamentlichen Theologie. Gesammelte Aufsätze, Neukirchen-Vluyn 1991

Ders., Die hebräische Sprache zwischen Polytheismus und Monotheismus, ebd. 25-64

Der Koran. Das heilige Buch des Islam, Nach der Übertragung von *L. Ullmann* neu bearbeitet und erläutert von *S.W. Winter* (Goldmanns Gelbe Taschenbücher 521-522), München 1959

H.-J. Kraus, Psalmen. 2. Teilband (BK XV/2), Neukirchen 1961

Th. Leinkauf / T. Trappe, Art. Setzen, Setzung, HWP Bd. 9, 697-721

H. Le Saux (= *Swami Abhishiktananda*), Die Spiritualität der Upanishaden (Diederichs Gelbe Reihe 26), München [4]1994

O. Loretz, Psalmenstudien III. Eine kanaanäische *short story*: Ps 82, UF 3 (1971), 113-115

J. Maier, Geschichte der jüdischen Religion (GLB), Berlin / New York 1972

O. Marquard, Lob des Polytheismus, in: ders., Abschied vom Prinzipiellen. Philosophische Studien (Reclam Universal-Bibliothek Nr. 7724), Stuttgart 1981

H. Ott, Martin Heidegger. Unterwegs zu einer Biographie (Reihe Campus 1056), Frankfurt a.M. / New York 1992 (= 1988)

W. Pannenberg, Systematische Theologie, Bd. 1, Göttingen 1988

G. von Rad, Das fünfte Buch Mose. Deuteronomium (ATD 8), Göttingen [4]1983

Ders., Weisheit in Israel, Neukirchen-Vluyn 1970

H.-P. Raddatz, Von Allah zum Terror? Der Djihad und die Deformierung des Westens, München [2]2002

S. Radhakrishnan, Die Bhagavadgîtâ, Sanskrittext mit Einleitung und Kommentar. Mit dem indischen Urtext verglichen und ins Deutsche übersetzt von *S. Lienhard*, Baden-Baden 1958

K. Rahner, S.J., Theos im Neuen Testament, in: *ders.*, Schriften zur Theologie, Bd. 1, Einsiedeln / Zürich / Köln, 1954, 91-167

L. von Renthe-Fink, Art. Geschichtlichkeit, HWP Bd. 3, 404-408

A. Renz, An-Spruch Gottes. Offenbarungsverständnis und Menschenbild des Islam im Urteil gegenwärtiger christlicher Theologie (Christentum und Islam, Bd.1), Würzburg 2002

G. Sauer, Jesus Sirach / Ben Sira (ATD.A 1), Göttingen 2000

A. Schall, Art. Islam I: TRE 16, 315-336

W.H. Schmidt, Alttestamentlicher Glaube in seiner Geschichte (NStB 6), Neukirchen-Vluyn ⁶1987

U. Schnelle, Das Evangelium nach Johannes (ThHK 4), Leipzig 1998

G. Scholtz, Art. Geschichte, II-VI, HWP Bd. 3, 345-398

W. Schrage, Unterwegs zur Einheit und Einzigkeit Gottes (BThSt 48), Neukirchen-Vluyn 2002

R. Seeberg, Lehrbuch der Dogmengeschichte, 3. Bd.: Die Dogmenbildung des Mittelalters, Darmstadt 1959 (= Leipzig ⁴1930)

K. Seybold, Die Psalmen (HAT I/15), Tübingen 1996

M.S. Smith, The Origins of Biblical Monotheism. Israel's Polytheistic Background and the Ugaritic Texts, Oxford 2001

W.C. Smith, Vergleichende Religionswissenschaft: Wohin - warum?, in: *M. Eliade / J.M. Kitawaga* (Hgg.), Grundfragen der Religionswissenschaft. Acht Studien, Salzburg 1963, 75-105.239-256

Ders., Participation: The Changing Christian Role in Other Cultures, in: *W.G. Oxtoby* (Hg.), Religious Diversity. Essays by Wilfred Cantwell Smith, New York u.a. 1976, 117-137

Ders., Islamic History as a Concept; in: *ders.*, On Understanding Islam. Selected Studies, The Hague / Paris / New York 1981, 3-25

Th. Söding (Hg.), Worum geht es in der Rechtfertigungslehre? Das biblische Fundament der „Gemeinsamen Erklärung" von katholischer Kirche und Lutherischem Weltbund (QD 180), Freiburg / Basel / Wien 1999

Ders., What is Scripture? A Comparative Approach, Minneapolis 1993

F. Stolz, Monotheismus in Israel, in: *Keel* (Hg.), Monotheismus im Alten Israel und seiner Umwelt, 143-184

Ders., Einführung in den biblischen Monotheismus, Darmstadt 1996

W. Strolz und *Sh. Ueda* (Hgg.), Offenbarung als Heilserfahrung im Christentum, Hinduismus und Buddhismus (Veröffentlichungen der Stiftung Oratio Dominica), Freiburg u.a. 1982

Å.V. Ström, W.H. Schmidt, E. Starobinski-Safran, Ch. Schwöbel, Art. Monotheismus, TRE Bd. 23, 233-262

M.M. Thompson, The God of the Gospel of John, Grand Rapids, Michigan / Cambridge U.K., 2001

B. Tibi, Fundamentalismus im Islam. Eine Gefahr für den Weltfrieden?, Darmstadt ³2002

U. Ulfkotte, Der Krieg in unseren Städten. Wie radikale Islamisten Deutschland unterwandern, Frankfurt a.M. 2003

N. Walter, Sapientia Salomonis und Paulus. Bericht über eine Hallenser Dissertation von Paul-Gerhard Keyser aus dem Jahre 1971, in: *Hübner*, Die Weisheit Salomons im Horizont Biblischer Theologie, 84-108

E. Würthwein, Die Erzählung vom Gottesurteil auf dem Karmel, ZThK 59 (1962), 131-144

Ders., Das Erste Buch der Könige. Kapitel 1 - 16 (ATD 11,1), Göttingen 1977; Die Bücher der Könige. 1. Kön. 17 - 2. Kön. 25 (ATD 11,2), Göttingen 1984

H. Zirker, Christentum und Islam - Entsprechungen und Differenzen im Verständnis von Welt und Geschichte, in: J. Schwarz (Hg.), Der politische Islam - Intentionen und Wirkungen, Paderborn 1993

Ders., Der Koran. Zugänge und Lesarten, Darmstadt 1999

Ders., Gottes Offenbarung nach muslimischem Glauben, Lebendiges Zeugnis 54 (1999), 34-45